历史学的实践丛书

历史学的实践丛书

近代德国及其历史学家

〔法〕安托万·基扬（Antoine Guilland）著
黄艳红 译

北京大学出版社
PEKING UNIVERSITY PRESS

图书在版编目(CIP)数据

近代德国及其历史学家/(法)基扬著;黄艳红译. —北京:北京大学出版社,2010.4

(历史学的实践丛书)

ISBN 978-7-301-16809-7

Ⅰ. 近… Ⅱ. ①基…②黄… Ⅲ. 史学-研究-德国-近代 Ⅳ. K095.16

中国版本图书馆 CIP 数据核字(2010)第 049052 号

本书译自 Antoine Guilland, *Modern Germany and Her Historians*, London: Jarrold & Sons, 1915。

书　　名:近代德国及其历史学家

著作责任者:〔法〕安托万·基扬　著　黄艳红　译

责 任 编 辑:岳秀坤

封 面 设 计:奇文云海

标 准 书 号:ISBN 978-7-301-16809-7/K·0687

出 版 发 行:北京大学出版社

地　　址:北京市海淀区成府路 205 号　100871

网　　址:http://www.pup.cn　　电子邮箱:pkuwsz@yahoo.com.cn

电　　话:邮购部 62752015　发行部 62750672　出版部 62754962
　　　　编辑部 62752025

印　刷　者:北京山润国际印务有限公司

经　销　者:新华书店

650mm×980mm　16 开本　18.5 印张　257 千字

2010 年 4 月第 1 版　2010 年 4 月第 1 次印刷

定　　价:35.00 元

目录

译者的话 I

导 论 1

第一章 先驱者 25

第一节 尼布尔 25

第二节 列奥波德·冯·兰克 43

第二章 特奥多尔·蒙森 85

第三章 海因里希·冯·聚贝尔 123

第四章 海因里希·冯·特赖奇克 183

结 论 237

参考文献 257

索 引 271

译者的话

这是一部史学史名作，最初发表于1899年，原本是用法语写的，题为“新德国和它的历史学家们”（*L'Allemagne nouvelle et ses historiens'*）。本书的作者安托万·基扬是19世纪末法国史学大家加布列尔·摩诺（Gabriel Monod，1844—1912）的学生，作为历史学者，基扬的职业生涯主要是在瑞士渡过的，曾在瑞士综合理工学院任教数十年。关于他的其他作品，我们所知很少，现在能搜到的只有1920年发表在《美国历史评论》上的一篇论文“1914—1920年德国的历史著作”。

《近代德国及其历史学家》的英文本在1915年问世后，美国历史学家绍特韦尔评论说，这是一部“出色的著作”，并认为它避免了作者在书中谴责的民族主义的狭隘立场。[1]另一位评论者说，所有历史学教师和作者都应当逐行阅读该著，因为它提供了珍贵的告诫和警示。[2]

当然，这些话早已是过去的事了，今天的读者完全可以有不同的看法。但译者认为，不管我们的具体评判如何，该著一个很大的价值是，它为我们提供了有关德意志历史学派的思想和政治方面的背景；我们对德国历史学家的认识不再是抽象的方法论上的，他们是有情感和抱负的个体，甚至他们的文字风格也各具特色。另外，鉴于作者对德国历史学家的某些严厉批判、特别是他在结论中的不安的预言——不幸的是，他的预言某种程度上应验了——译者认为有必要在这里对该著的时代背景、对德意志历史学派和历史主义说上几句，权当引玉之砖。

这本书发表于1899年，正值民族主义思潮泛滥的时代。考虑到作者的法国背景，我们必须回想到1870年普法战争给法国思想界带来的冲击。[3]虽然一些文化史专家认为这场战争对法国的影响非常小,但政治史家的看法大不相同。这场战争对法国政治思想史的发展影响十分深远。我们这里感兴趣的只是法德关系的演变。普法战争前,法国思想界洋溢着某种普遍的乐观主义精神,法国人对自己国家的文明充满信心,并认为它毫无疑问地居于欧洲和世界的领先地位。另一方面,当时的法国知识分子认为祖国和普遍的人道主义密不可分,换言之,他们是普世主义者。不过他们很少关心德国,在他们的想象中,德国人是诚实的、爱沉思和幻想的民族,某种意义上说,他们对德国怀有好感。但正如作者在书中揭示的那样,19世纪的德国经历了一场深刻的思想变迁,启蒙时代理想主义的、世界主义的、康德的德国变成了一个讲求实际、甚至为了实际目标而不惜要弄手腕的德国,俾斯麦就是这个新德国最完美的化身。德国的知识分子,首先是它的历史学家们积极投身最为广阔和现实的政治生活,朱利安·本达所称的"知识分子的背叛"这时已经在德国出现。但是,除了埃德加·基内和帕拉多尔·普雷沃斯特之外,法国思想界很少有人意识到这个咄咄逼人的新德国的潜在威胁,当普法战争到来时,法国人几乎不怀疑他们的国家会赢得战争。

对战败的法国来说,战争中失去的不仅仅是物质财富和土地,它还感到自己的文明受到了威胁,它对自己文化的信心发生了动摇。这首先表现在政治观念中。法国人的爱国主义是普世的,如米什莱认为,法国有为其他民族带去自由的使命;而德国人的爱国主义是个别化的,它源自某种自卑情结,是在外来的压迫下催生的,并在对抗、特别是同法国的对抗中发展。在19世纪,曾十分贴近于法国人思想观念的莱布尼茨和康德的理想主义,已经被黑格尔主义取代,历史学家们在聚贝尔和特赖奇克的带领下为民族统一、为反对法国而斗争。从思想根源上说,法国的理想和德国的理想是不可调和的。前者尊奉理性主义,倾向于否认各民族之间的特殊差异,后者是浪漫主义的,它植根于原始的、不可遏制的日耳曼特性之上。获胜的德国能取代法国,成为各民族精神上的领袖吗?这个问题不安地撞击着法国人的思想深处。[4]译者认为,基扬的这本书某种程度上可以视为这场思想斗争的一个回响。

作者在该书序言的后半部分已经十分清晰地陈述了自己对于德意志历史学派(实际上他指的是小德意志派的史学家,即普鲁士历史学派)的看法。我们可以看到,作者在很多方面与后者是对立的。比如权利观念,基扬倾向于强调权利是在对不公正的现实的批判中产生的,他反对一味地从历史中为现存权利(这种权利也可能是某种弊端)寻找依据。换句话说,他更喜欢向前看,而不是向后看。当涉及历史评判时,他抨击德国历史学家们的现实主义立场,而倾向于认为历史学家应采取普遍的道德标准。在他的言论当中,我们依稀能看到启蒙运动和法国大革命的遗产。

这种遗产恰恰是德国的历史学派所要否定的。我认为,基扬对这几位德国历史学家的论述,几乎可以视为他对"历史主义"的评判,他的见解与后世论者——无论是历史主义的批判者还是持肯定态度的人——有着惊人的一致。虽然19世纪的德国历史主义某种程度上已经成为历史,但在今天,这种学说的某些核心意识仍以变形的方式隐藏在世界范围内的思想论争中。对于历史学者来说,德国历史主义还直接涉及史学研究的道德立场问题。因此本人想在这里谈一些粗浅甚或不恰当的看法,供读者参考并指正。

美国学者费舍尔(David Hackett Fischer)对历史主义曾有这样一段评论:

> 历史主义对于不同的人有着不同的含义,但按一般的理解,它在认识论上是唯心主义的,在政治上是反民主的,在美学上是浪漫主义的,在伦理上,它的核心观念是邪恶的,即无论发生什么事情都是正当的。
>
> 历史主义在伦理学上的经典表述是席勒的名言:"世界历史就是世界法庭"(Die Weltgeschichte ist das Weltgericht)。这个信条把伦理(还有更多其他的东西)限定在历史的领域。这是极端有害的……伦理历史主义通常采取两种站不住脚的形式中的一种。一些历史主义者——兰克是个突出的例子——不知不觉地把某种伦理体

> 系偷运到历史学中，然后揭示说，历史本身的客观教益就是这种伦理。另一些人则把伦理历史主义转变为伦理相对主义。比如，梅尼克声称，“从事物最深刻的个体本质中产生的东西不可能是不道德的。”[5]这种学说必然变成某种伦理虚无主义。它将拒绝任何对从纳粹的“最深刻的个体本质”中产生的污物进行道德评判……[6]

这番话对历史主义的批判无疑是严厉的，当然读者对此大可见仁见智。但可以指出的是，基扬在书中的一些论断堪称费舍尔的先声，虽然他并没有使用“历史主义”一词，因为这个术语在英法两国曾长期是陌生的[7]，即使在德国也出现得很晚。译者认为，后世学者对历史主义的研究不仅有助于对本书的理解，也有助于对19世纪德国历史学的认识，因此在这里稍作交代，并期望学界能对历史主义问题能有更为广泛和深入的研究。

根据梅尼克的看法，德语中的历史主义(Historismus)一词最早出现在1879年维尔纳(K. Werner)出版的《维柯的哲学历史主义》一书中，当时这个术语还没有谴责的意味，但在1884年的一场经济学争论中，奥地利学者门格尔在反驳德国经济学家施默勒时使用的历史主义一词已带有责备的意思，门格尔在这篇题为“德国国民经济学中的历史主义谬误”的文章中认为，德国的国民经济学派过分夸大了历史的意义。[8]不过，作为深受德国历史主义传统熏陶的学者，梅尼克积极地为历史主义辩护。在他看来，历史主义是宗教改革以后德意志民族在思想上取得的最伟大的成就，这场思想运动虽然是全欧洲的现象，但它在德国达到了顶峰。他的巨著《历史主义的兴起》用一半的篇幅探讨了英、法、意等国的历史主义运动，但著作最后归结于歌德和兰克。

梅尼克这样界定历史主义：“历史主义的核心在于以一种个体化的视角来取代对于历史和人类力量的普遍化视角。”他接着又说，“但这并不意味着历史主义完全排斥对人类生活的普遍法则和类型的探索”[9]。不过，梅尼克在著作中着力论证的显然是前一个命题，我们很少看到历史主义是怎样与普遍法则协调起来的。因为在他看来，历史主义运动是对普适的"自然法"思想的克服过程。[10]他眼里的自然法思想是僵硬、抽象、甚至是虚伪的，因为这种思想对人类的理想、对所有时代的人性都抱有一成不变的信念。《历史主义的兴起》一书就是描述欧洲的思想家们如何克服这种思想的历程，当然，这个历程在德国达到了最高峰。

因此，历史主义运动可以说是对自然法思想的反动，它是一种新的思考方式，其影响远远超出了历史学领域。对于作为历史主义反命题的自然法，梅尼克的看法是消极的，至少他认为这种思想方式无法揭示历史中的生成发展和个性特征。这里我们不妨看看二战以后意大利学者卡洛·安东尼关于自然法的简要介绍。他在评介前代学者的研究时说，恩斯特·特勒尔奇已经指出了自然法传统在西方文明史中的决定性意义，尤其是在拉丁和盎格鲁—撒克逊各民族中的重大意义。在古代各共和国瓦解、古典自由也随之淹没的时候，斯多噶主义者设想出一种有关人类共同本性和普遍理性的观念，普遍的自然法便来自于这种观念。这种自然法高于各个民族的具体风俗制度、高于武力和强权；因此立法应该符合这一永恒的准则。这种观念经罗马的哲学家和法学家传给了拉丁教父们，但希腊教父并未受其影响。具有神秘主义和悲观主义倾向的路德同样排斥理性法则，但加尔文宗和盎格鲁—撒克逊的各新教派别则接受了理性主义原则。这种原则和观念在17世纪正式以自然法的形态表现出来，到18世纪，它变成了法国大革命的理想原则。在梅尼克看来，自然法观念是现代世界中人道主义和民主主义理想的基础，德国历史主义所摧毁的正是这个观念。在梅尼克眼里，两千年来作为西方文明灯塔的普遍理性思想无非是个抽象的、空洞的、尤其是虚伪的观念，德国历史主义已经用个别化、具体化的思考方式取代了这种抽象的、一概而论的思想。18世纪的世界主义者徒劳地探讨人性，而德国的历史主义谈论的民族是拥有独特的灵魂、思想和历史的活生生的有机体。[11]

无疑，历史主义对历史认识论的发展具有重大的积极意义。它至少提醒研究者，不可贸然用某种普遍的、特别是自己时代的道德原则和价值标准去评判别的文明、别的时代和别的民族，不可草率地将自己的观念见解投射到别的时代和别的民族身上。有距离感和差异感才会有历史感。具体到德国而言，历史主义也是德国学者寻求民族文化自尊的一场自觉运动。但必须指出的是，历史主义首先是对曾占据支配地位的18世纪法国文明的一场反叛，也是对源自法国的、已构成世界主义之欧洲的共同遗产的文学、哲学和风尚的反叛。[12]这场运动波及许多学科，如埃希霍恩和萨维尼的历史法学派——他们是历史学派的最早的奠基人之一；如从李斯特、罗雪尔到施默勒的历史经济学派——德国的经济学家们也像历史学家一样强调民族特性，拒斥普遍主义学说，首先是西方的古典自由主义经济学。[13]但历史主义无疑最明显地体现在历史学中，特别是在政治史中。

晚年的兰克曾说过，拿破仑时代以后的复辟运动是德国现代历史学的奠基者："历史研究正是在反对拿破仑观念的专断统治中发展起来的"，"个别形态的生活是普遍支配权的反命题"[14]。换句话说，德国的历史学是对法国大革命和拿破仑征服的回应，从政治上说，德意志历史学派是保守的，即使兰克本人的政治立场绝非中立的。在19世纪那样一个思想斗争激烈、民族主义思潮兴起以致泛滥的年代，那些认为兰克史学、乃至德国史学家客观公正的看法未免太牵强。如果说兰克罕见的平和冷静尚能掩盖自己的政治色彩的话，特赖奇克则坦言："我并不想被人称作不偏不倚的历史家，我不想得到那样的名声……苍白无力的客观性无疑与真正的历史感是相违背的。"[15]特赖奇克是坦诚的，他很清楚自己工作的性质，那就是从历史中创造出一个德意志民族来，在现实中则要为普鲁士的制度和其"德意志使命"、为它的强权政策辩护。

卡尔·曼海姆在分析德国保守主义者对自然法的系统批判时，提到了前者对"社会契约说"和"人民主权说"的批驳。[16]德国的思想家和历史学家们不喜欢契约论的国家学说，他们笔下的国家、首先是普鲁士国家，更像是道德主体，甚至是神物。黑格尔说："人们必须崇敬国家，把它看作地上的神物。"[17]这种国家崇拜同样表现在德国的历史学家们那里，并一定程度上决定了他们的研究取向。战后的德国历史学者评论说，19

世纪德国那些重要的历史著作积极评价近代的绝对君主制国家，它们以国家的内部建设和“重大国家行为”为研究导向，国家被视为自然构成物，它的权力发展和扩张是个自然过程，而政治家们的意志和行为则是“国家理性”的同一体。他们完全从国家的角度来研究政治史，在史料上十分注重政府档案。[18]但是，他们对国家行为缺少批判精神，这场学术上对国家的“enchantement”运动也是对源自西方的民主思潮的反击。基扬在书中也指出了这一点，对此我们还可以做一些补充。

黑格尔已经在哲学中证明，对德国而言，民主制已经是落后的东西，它已经被更高级的国家观念克服。[19]黑格尔所称的更高级的国家观念无疑是普鲁士的强权国家观念。不幸的是，这并非他个人的看法。1918年，德意志民族伟大的文学家托马斯·曼坚持认为，德国文化的卓越之处、它之所以“优越于”西方文明，完全是因为它是在一个强大的、独立于多数人意志的、无微不至的国家的保护下发展起来的。[20]德国的历史学家们无疑是这种信念的主要缔造者，普鲁士国家的惊人成就似乎也为他们提供了足够的论据。但是，他们在为普鲁士和德国的国家理性辩护时，其立场之偏颇表现得十分明显。读者将在聚贝尔和特赖奇克等人那里发现这一点，我们还可以先看看德国历史主义最雄辩的代言人梅尼克是怎样分析孟德斯鸠的。

在梅尼克看来，孟德斯鸠在很多方面试图突破自然法思想，他对国家行为的理解与马基雅维利颇有相通之处。梅尼克说，孟德斯鸠最大的成就在于，他动用了当时所有的知识成就，为的是给政治家提供有关国家生活的最深刻的认识、并在此基础上提供最佳最可靠的治国箴言。孟德斯鸠比伏尔泰高明，因为他认识到非理性对国家的使用价值。他延续了马基雅维利的传统，认识到人类的狂热、愚蠢和弱点在政治中的利用价值。他考虑到了具体条件所造成的法律的多样性，等等。我们必须承认，梅尼克掌握的文献十分丰富，他的有些看法的确很有见地。比如他说，启蒙时代的法国贵族考虑的更多是如何维持和再生，而不是某种持续的进步。由于受到没落的威胁，他们在思想上很容易导向人类生活的循环论。[21]

但是，令人遗憾的是，他在批驳孟德斯鸠的“自然法”思想痕迹时，竟没有注意到后者关于任何权力都有可能被滥用的一般性论断，从而也看不到孟德斯鸠分权理论中的一般人性论基础；虽然他注意到孟德斯鸠不仅从统治者的角度、而且从被统治者的角度审视政治生活，但他的分析也到此为止，因而忽视了孟德斯鸠关于制度设置的构想的目的和意义。总之，梅尼克看到的是一个如何继承国家理性学说、如何为国家服务、如何反对僵硬的自然法和普遍理性的孟德斯鸠，而不是自由思想史上的孟德斯鸠。

之所以有这样的偏颇，一个重要原因是，梅尼克认为权力（kratos）和道德（ethos）是可以融合在国家理性中的。黑格尔已经给国家披上了一层神圣灵光。但贺麟早就指出，黑格尔关于王权的理论完全是“朕即国家”说的逻辑加工[22]，了解西方政治思想史的读者也许不难发现，他对国家的神化与绝对君主制的理论家博叙埃的说法颇有几分相似。只是类似的理论后来在法国和英国被质疑、批判和抛弃，国家在王权和人民的冲突中被剥去了神圣色彩。但普鲁士的情况有所不同，它并没有类似的王朝国家与民族之间的全面冲突。德国学者对国家的认识之所以与西方的契约论国家学说有这样大的差异，我想与德国和普鲁士的历史经历有关。是普鲁士王朝国家给了德国人一个统一的祖国。而普鲁士走过的的确是一段奇特的历史。在它的崛起过程中，国家似乎起了决定性的作用。普鲁士锐意进取，它组建的军队、学校和官僚制度堪称一流。在法国大革命的冲击下，普鲁士国家又通过自身的改革迎来了生机，但也回避了一场真正意义上的政治革命。人们似乎有理由认为，这样的国家可以摆脱法国政治中那种腐化堕落的东西，既然它已经从如此恶劣的环境中创造出如此卓越的业绩，人们似乎应该有这样的期待。另一方面，普鲁士的崛起又是一段残酷斗争的历史，它的国土分散零落，从莱茵河一直延伸到涅曼河，从地缘政治的角度看，它是欧洲各大国中形势最不利的，因此它必须时刻为自己的生存和安全保持警惕——当然也不会放弃任何扩大版图的机会。普鲁士学派的历史学家们之所以青睐马基雅维利的学说，大概是因为他们所看到的普鲁士的历史处境与马基雅维利的历史处境有某种类同之处:国家的生存是头等要务,普鲁士的政策不能不是务实的。但是,历史学家们在论证现实主义的国家行为时走向了极端。当然,他们有自己的一套解释原则,那就是历史主义的伦理,对他们而言,人道、正义之类的普遍道德标准毫无意义,"世界历史就是世界法庭",历史本身已经对是非善恶作出了判决,失败者总是错的。不难想象,当这种历史观与19世纪后半期的社会达尔文主义结合在一起时,必然会导致最为反动的政策。

卡洛·安东尼在分析梅尼克的著作时说,梅尼克自认为从德国历史主义中发现了一个伟大的真理,但实际上,他指出的是一个悲剧性的错误,这个错误曾给欧洲带来了可怕的灾难。梅尼克的分析的确让我们十分清晰地看到了德国精神和政治史上的一个支配性主题,某种程度上也是18世纪以降欧洲历史的主题。但梅尼克的理论也使我们懂得,由于德国思想的影响,欧洲文明在抛弃自然法传统之后所遭受的不幸。在安东尼看来,否认普遍的人类价值观,完全以封闭的个体价值观取而代之,这个错误是悲剧性的。在私人生活领域,这导致浪漫主义者混乱的个人主义,进而导致对怪诞的个体的崇拜。当这种观念运用到民族生活中时,其后果更为不幸。民族意识从此把民族周围的世界看作对其独特本质的永恒威胁,民族不再是生存在与人类的合作和联系之中,它始终处于敌对关系中。民族之间的关系准则从此变成了战争,而这正是克劳塞维茨和特赖奇克等人教导的法则。

我们还需认识到,从史学方法上说,梅尼克所推崇的历史主义并不必然能保证获得可靠的历史知识。若按严格的历史主义的逻辑,普遍价值完全是不可靠的,人类的思想因而也很难有什么共性。但是,如果不承认人类的思想活动有某种普遍性的话,任何对具体个别现象,对个人、民族、国家或文明的历史判断都是不可能的。安东尼还认为,历史主义对自然法、世界主义、人道主义的攻击同样威胁到基督教的基础。[23]换言之,历史主义走向极端之后将是彻底的相对论,它将威胁到不同文明和不同时代之间的对话、交流和理解的基础。

在19世纪的欧洲,德国的命运与意大利有较大的相似性,它们的国家统一都是迟到的。但安东尼指出,德国的民族观念跟马志尼和加富尔的民族观念有很大的不同。在后两人眼里,民族并不意味着对普遍人道观念的否认。意大利的民族主义者仍怀有世界公民的理想,加里波第在为自己祖国的自由而奋斗时,同样认为所有国家都应享有自由。安东尼认为,德国和意大利民族主义思想的差异的一个重要原因在于,前者更多接受的是赫尔德诗性的、浪漫主义的历史观,而后者受斯塔尔夫人的自由主义影响很深。[24]

这样看来,德国的历史学家们对现代德国的历史命运负有不可推卸的责任。1945年5月,当大战的硝烟尚未从欧洲大陆上散尽时,托马斯·曼已经开始反思近代德国的历史命运。他说,德国悲剧的一个原因是,“德国从来没有发生过革命,从来没有把民族的概念和自由的概念结合到一起”[25]。当然,并不是所有德国人都能接受他的看法,但他看来指出了德国民族主义的特点。德意志的民族观念,很大程度上是外族入侵的结果,是19世纪德国的历史学家们创造出来的,它的基础在于语言和种族,而观念的实现靠的是历史学家们极力讴歌的王朝国家。而现代法国的民族观念,最初是在民族与王朝国家的内部斗争中提出的,它首先是一种政治权利上的诉求。实际上,早在19世纪末,法国人勒南就已意识到德法民族观念上的差异,并对德国人提出了警告。[26]德国人可以以历史为依据而对阿尔萨斯和洛林提出要求,但斯拉夫人同样可以根据历史而对德国提出要求。

的确,历史是有用的,但历史的运用还须有某种道义原则,历史学家也应该有某种道德立场;每个民族在文化上都可以和应该拥有自尊和特性,但这并不必然意味着对其他民族和文化共性的排斥。这大概就是德国历史主义带给我们的启示吧。

本书的翻译依据的是英文版,后来译者在网上找到了法文版,对于个别费解之处,译者试图根据法文做一些对照,但仍无结果。这些盲点只好保留下来,期待读者能给予批评指正。译者最初在学校读书时看到此书,并开始翻译工作。在一个偶然的机会里,北京大学出版社岳秀坤先生得知此事,欣然把该书纳入出版计划,并对译者的工作提供了很多支持,本人在此深表感谢。

译者谨识

2009 年 3 月于中国社科院世界历史研究所

注 释

〔1〕 James T. Shotwell, "Review of *Modern Germany and her historians*", *Political Science Quarterly*, Vol. 31, No.4 (Dec., 1916), pp. 617-619.

〔2〕 Charles Downer Hazen, "Review of *Modern Germany and her Historians*", *American Historical Review*, Vol. 22, No. 1 (Oct. 1916), pp. 151-153.

〔3〕 关于这一冲击,请特别参阅:Claude Digeon, *La crise allemande de la pensée française* (1870—1914), Paris, 1959;米歇尔·维诺克著:《自由之声—19 世纪法国公共知识界大观》(吕一民等译,中国人民大学出版社 2006 年)中的有关章节。

〔4〕 Claude Digeon, *La crise allemande de la pensée française*, pp. 75-76.

〔5〕 原文为:Denn unsittlich kann nicht sein, was aus der tiefsten individuellen Natur eines Wesens stammt。——引者

〔6〕 转引自 H. Aram Veeser ed., *The New Historicism*, London, 1989, pp. 190-191.

〔7〕 Carlo Antoni, *Historisme*, Genève, 1963, p. 7.

〔8〕 Friedrich Meinecke, *Die Entstehung des Historismus*, München, 1959, p. 1. 另可参阅约瑟夫·熊彼特:《经济分析史》,第三卷,朱泱等译,商务印书馆,1994 年,85—98 页。

〔9〕 Friedrich Meinecke, *Die Entstehung des Historismus*, p. 2.

〔10〕 Ibid., p. 13.

〔11〕 Carlo Antoni, *Historisme*, pp. 4-5.

〔12〕 Ibid., p. 21.

〔13〕 可参阅李工真:“德意志‘历史学派’传统与纳粹主义”,《世界历史》2002 年第四期,8—20 页。

〔14〕 Ulrich Muhlack, “Historie und Politik im Vormärz”, in *Staatensystem und Geschichtsschreibung*, Berlin, 2006, p. 304.

〔15〕 Charles Downer Hazen, “Review of *Modern Germany and her Historians*”.

〔16〕 卡尔·曼海姆:《保守主义》,李朝辉等译,译林出版社,2002 年,109—112 页。

〔17〕 黑格尔:《法哲学原理》,范扬等译,商务印书馆,1961 年,285 页。

〔18〕 Rudolf Vierhaus, “Absolutismus”, in *Deutschland im* 18 *Jahrhundert*, Göttingen, 1987, pp. 63-83.

〔19〕 Werner Conze, “Demokratie”, in *Geschichtliche Grundbegriffe*, Band 2, Stuttgart, 1975, p. 880.

〔20〕 H. A. Winkler, “Umkehr nach dem Untergang”, in *Spiegel* (2005)(纪念二战结束 60 周年专刊), pp. 16-21.

〔21〕 Friedrich Meinecke, *Die Entstehung des Historismus*, pp. 116-167.

〔22〕 黑格尔,《法哲学原理》,20 页。

〔23〕 Carlo Antoni, *Historisme*, pp. 5-7.

〔24〕 Ibid., pp. 4-5, 28-29.

〔25〕 H. A. Winkler, “Umkehr nach dem Untergang.”

〔26〕 见米歇尔·维诺克:《自由之声:19 世纪法国公共知识界大观》,549—550 页。

导 论

研究德国统一历程的学者都对历史学家们在这一过程中扮演的重要 9
角色印象深刻:他们是民族自由主义政策的推动者,而在 1866 年和 1870 年的胜利之后,这一政策达到了辉煌的顶峰。

历史学家们以他们的学说来塑造德意志民族,并使得上述政策成为可能;稍后他们又成为德国公众舆论的指路人——而在卢森堡问题上,德国的舆论已经表现出了咄咄逼人的民族主义特征。经济学家施默勒(Schmoller)说:“没有历史学家们的合作,帝国绝不可能找到它的立足点。”阿克顿(Acton)爵士也说:“他们将历史和民族命运联系到了一起,并使历史具有在法国之外所不具有的影响力;他们用历史营造了比法律还强大的舆论。”[1]

德国人是最早认识到他们的历史学家的意义的。汉斯·德尔布吕克(Hans Delbrück)说:“试图去确定和解释像兰克(Ranke)、魏茨(Waitz)、
基泽布雷希特(Giesebrecht)、豪伊瑟(Häusser)、德罗伊森(Droysen)、格奈 10
斯特(Gneist)和特赖奇克(Treitschke)这样的思想家之间的紧密联系或迥然不同之处是个广阔而困难的事业;这方面的工作迄今做得很少,有朝一日如果有一本书论述这一课题,那将是新颖而又轰动的著作。”[2]

本书不敢妄想完全弥补这些空缺。全面论述这个课题需要更大的篇幅,并且必须涉及智识生活的方方面面——法律、神学、政治经济学和文学;不过历史方法是表达民族观念的主要手段,它不仅应用于政治史,同样也牵涉学术的各个分支。

我们仅限于政治史领域,毕竟这是最重要的一环,而且普鲁士的民族主义理想也最鲜明地体现在这个领域。

19 世纪德国所有伟大的政治史学家——尼布尔(Niebuhr)、达尔曼(Dahlmann)、兰克、魏茨、基泽布雷希特、德罗伊森、豪伊瑟、马克斯·邓克尔(Max Duncker)、聚贝尔(Sybel)、蒙森(Mommsen)和特赖奇克都赞成普鲁士占支配地位的“小德意志”。对他们而言,“小德意志”是从过去的教训中清晰显露出的历史必然,他们把揭示这一必然当作自己的任务:或是通过叙述普鲁士或德意志的历史、或是援引别国的历史来证明这一点。在他们看来,一个民族的形成过程在所有国家都是一样的,这简直就像确定的法则一样。

这些大学里的讲学者在讲坛上宣扬他们的学说,并通过著作把这些
11 学说传递给外面世界的大众。他们都具有卓越的才智,要么是作家,要么是演说家,好多人同时具有这两种身份。他们以清晰有力、明白生动的著作创造了一个强大的德国历史学派,这个学派是英国和法国各学派的榜样和竞争者。

就气质而言,这个学派纯粹是亲普鲁士的。它反对天主教的大德意志,代表的是一个有限的德意志联盟,从性质上说它是新教和自由主义的。诚然,它的自由主义与坎宁(Canning)和格拉斯顿(Gladstone)的自由主义毫无共同之处,而是普鲁士的自由主义——这种自由主义将经济和思想自由与政治自由轻易地混为一谈,或者说,只要能享有前一种自由,它就并不在乎后一种自由。我们知道,在萨多瓦和色当的胜利之后,这种自由主义到底有多大的抵制力量。俾斯麦深知该如何让自由主义者在原则上让步:他把“文化斗争”(Kulturkampf)这块骨头扔给他们去啃,并适时地向他们展示一下法国复仇和革命的幽灵。这时候已经没有多少自由主义了,帝国主义倒是迅速膨胀起来。

作为普鲁士传统的捍卫者和后来俾斯麦政策的支持者,这些人最初于 1840—1848 年间在公共生活中崭露头角,那时候他们是真正的“新德意志帝国的历史学家”,尽管他们(特赖奇克除外)的著作是在帝国建立前写就的。

因此,对这些人的研究就意味着对德国统一事业中的一个重要因素

的考察，而要透彻地理解这一因素，在考察这些学者之前，我们必须了解 12
他们成长的土壤和造就他们的环境。

民族主义历史学家们的第一个要素是德意志爱国主义情绪。我们知道，这一情绪在德意志各民族中的产生是何等缓慢。18 世纪行将结束之时，所有伟大的古典作家——克罗普施托克(Klopstock)、维兰(Wieland)、席勒(Schiller)和歌德(Goethe)——从情感上说都是世界主义的。赫尔德(Herder)将古代人的爱国主义视为“怪物”[3]，莱辛(Lessing)则写道：“我不能理解人们对自己国家的热爱。在我看来，这顶多只能算是一种英雄主义式的缺点，幸好我没有这个缺点。”

但我们必须注意到，对这些哲人和诗人的言谈的理解不能太过字面化。在每个德国人的心中——不管他看起来多么超脱——总在某个角落里保留着情感上的爱，这种情愫就像让-雅克·卢梭(Jean-Jacques Rousseau)对于他出生于其中的教堂的感情一样。

不管这些人在理论上多么愿意宣称自己是“世界公民”，但毕竟他们都深深眷恋着这片养育他的土地和他的种族，并首先眷恋着他所处的世界的原则。如果某个外来者可能会摧毁他们的家园和构成他们故土的“共同记忆的遗产”，他们会立刻变成狂热的爱国者。这就是耶拿战役之后发生的情况，是拿破仑重新唤起了沉睡已久的爱国主义情感。

从未有哪个人像拿破仑那样，如此之快就被人们发现其天纵英才；之 13
所以如此，首先正是因为受到这种理想主义的民族观念的热情鼓动。黑格尔(Hegel)称拿破仑为“世界的灵魂”。历史学家约翰内斯·冯·缪勒(Johannnes von Müller)歌颂他是“现代英雄”，并把他与腓特烈大帝相提并论。歌德也对拿破仑充满了赞叹之情，并向那些准备发愤图强的爱国者呼吁道：“努力摇晃你们的锁链吧！对你们而言，这个人太强大了。你们永远也不能砸碎锁链，只能使其更深地嵌入你们的血肉中！”海涅(Heine)是个嘲弄一切的怀疑主义者，但他从小就怀有对(拿破仑)“皇帝”的崇拜之情。[4]

如果你认为这只是思辨哲人的激情和诗人的梦想，那就请听听杜林

谔(Döllinger)博士,一个沉稳慎重的人,看看他是怎么表达当时生气勃勃的德国青年的情感的:

> 我和我的同学都觉得,对一个完美偶像的渴求是我们生命的一部分,我记得拿破仑是怎样点燃我们的想象力的,尽管从事实上说,他还不是这种无限的激情所倾注的确切对象……在维尔茨堡,我组织了一批好奇的年轻人,当拿破仑去那里视察工事的时候,我们就亦步亦趋地跟在他身后。我看见他穿着绿色的军服,戴着三角帽,在我眼中,他黝黑的面容和棱角分明的脸庞看起来就像青铜雕刻一般。[5]

14 像杜林谔这样的人,德国有好几百个!历史学家兰克当时是一个偏远地方的教师,他同样崇拜拿破仑,认为拿破仑是人类的英雄,并负有神圣的使命(eine göttliche Mission)。[6]

但是,这类感情不久就发生了急剧的变化。曾被视为解放者的拿破仑一夜之间就成了"难以驯服的暴君"。这个变化只需一天的功夫,这就是耶拿。

对这个民族来说,耶拿之后,拿破仑给普鲁士套上的枷锁,比此前任何外来的奴役都要沉重。皇帝想要消灭这个王国,而且认为他已经做到了这一点,当时的欧洲也认为是这样。普鲁士国库耗尽,军队七零八落,城市被占领,国土缩减一半[7],看来普鲁士的命运走到了尽头。拿破仑在给土耳其苏丹的信中说:"普鲁士已经告终,已经从欧洲的地图上消失。"根茨(Gentz)也说:"恢复这个国家可能更为荒谬。"

所有这些人都错了。他们不知道,在这个国家的根基中有一种潜在的力量,这一力量是一时的厄运所不能消灭的。普鲁士没有其他的资源,但它的历史可以成为力量的源泉。

作为普鲁士的摇篮,勃兰登堡走过的道路确实是一段奇特的历史。
15 有人曾说,"那个是被一些流淌在桦树林中的毫无生气的河流灌溉的沙坑国家"[8],平原开阔,偶尔点缀着几处山丘,它的北方是一些小湖、池塘和沼泽。

这些贫瘠的地方，欧洲最穷困的地区，是如何产生出一个强国的呢？

这被解释为普鲁士君主们的功业。它拥有其他国家无法比拟的一系列的令人钦佩的统治者，从最初的边地伯爵（Margraves）（他们的坚韧顽强和其具备的实践知识在德意志的统治者中无人能出其右）一直到大选侯、腓特烈一世和腓特烈二世这样为人称颂的伟大人物。

大选侯时代的普鲁士在欧洲还没有立足之地，它由三大块相互分割的领地构成：普鲁士公国、勃兰登堡和克莱夫公国，另外还有一些三十年战争期间获得的土地。庆幸的是，大选侯接收了被路易十四赶出法国的新教徒。他们数量庞大，开化了这个国家，构建了柏林城，排干了沼泽，并在很短的时间内将这个“沙坑”几乎变成了一块肥沃的园地。有谁曾提及法国给普鲁士带来的东西呢？

在腓特烈一世和腓特烈二世时期，普鲁士进入了欧洲大国的行列。腓特烈一世——路易十五同时代的君主——尽管是位国王，但毫无排场，他只热爱实际和可靠的东西，对他的人民像对自己一样严厉；他挥舞着手杖，坚信那“对不服其戒律的子民的惩罚一直延续到第三和第四代人”的
以色列神的存在：他深信他必须使人民“不由自主地幸福”[9]，为此他展 16
现了惊人的能力；他实际上没有宫廷，大臣被贬低到抄写员的地位，他事无巨细，必自躬亲；他为人贪婪粗暴，身披旧外套坐在白木桌边收账，人们都知道一分钱也休想瞒过他，任何事务他都要过问。他充实了国库；他建立了一支优良的军队，军中多有身材魁梧者；同时他还培养了堪称楷模的公职人员，他给这些人的薪水低得可笑，但后者的工作业绩却很出色。

但更令人惊奇的是他的儿子腓特烈二世，一个典型的霍亨索伦君主，他头脑活跃敏锐，但没有任何狂热的妄想，对现实从未看走眼，他善于征服，也善于巩固征服的成果，善于让被征服者忘却这一过程的残暴。他是个不知疲倦的工作狂，总是一大早就第一个开始劳作，身着军装，时刻准备上马巡查军营，检阅队列；账目也须他过目，当然他也会吹吹笛子，写写法文诗。他极为简朴，超人的简朴，他知道人生的价值，蔑视那些外在的

东西，他只为实在之物而生。言谈之间他愤世嫉俗，喜欢揭露人类的虚
17 伪，但他是个有责任感的人——那些“该死的职责（verfluchte Pflicht）”，用他的话来说，“我们不能逃避”。

整个普鲁士的历史可以以这种责任感来解释。施托菲尔（Stoffel）上校说：

> 这种情感在国家的所有阶层发展到这样的程度，以致人们在研究普鲁士人民时的惊叹之情从未停止过。我不想追问这一事实的原因，而只是陈述之。这种对责任的忠诚最明显的例证就是王国各级行政机构的职员的人格特征。这些人的薪水低得让人吃惊，绝大多数人家庭包袱沉重，但他们都整日怀着永不消退的热情工作着，毫无怨言，甚至没有想过要找一个轻松一点的职位。有一次俾斯麦对我说，“我们最好不要扰乱这一局面，工作辛苦、报酬低微的官僚是我们成就中最出色的一部分，是我们最可宝贵的财富之一”。[10]

有一件事是肯定的，那就是：没有哪个方面像这一官僚体制那样为普鲁士赢得了新教德国如此多的同情和好感。17 和 18 世纪，所有的革新者，从普芬道夫（Puffendorf）、托马齐乌斯（Thomasius）、莱布尼茨（Leibniz）到施皮讷（Spener），都已经把目光投向了这个国家，在他们眼中，普鲁士是最先进的国家之一，并且是最锐意进取的国家。在德国，普鲁士第一个实行免费义务制教育。它的大学开始引入现代观念，正在与旧的经院精神决裂。当德国的教授们还在用拉丁语授课时，普鲁士第一个提倡
18 使用民族语言。[11]它的行政体制的方方面面都表现了这种革新精神，通过对一些细节的改进，政府体制有了长足的进步，而在其他国家，这种进步只有到法国大革命后才开始。从那一刻起，人们就会明白，为什么更多的德国启蒙者——他们都是这个国家精神优越性和道德价值的热情卫士——倒向了普鲁士一边。

耶拿战役之后，这一倾向更为普遍。乍看来这是件奇怪的事。难道普鲁士不是耶拿的失败者吗？是的。但是在这炮火弥漫的战场上，那些

对普鲁士怀有希望的德国人看到他们的希望似乎就要破灭,此刻他们迸发出了爱国激情,急切地去挽救他们的希望。这时候已经有大量德国人在柏林服务:施坦因男爵(Baron Stein)来自拿骚,哈登堡亲王(Prince Hardenburg)和沙恩霍斯特少校(Major Scharnhorst)来自汉诺威,格奈泽瑙(Gneisenau)和费希特(Fichte)来自萨克森,尼布尔来自石勒苏益格-荷尔斯泰因。还有其他人正在赶来,他们都同时认识到这一事实:“我们必须使普鲁士重获新生以拯救整个德意志。”

更让人惊奇的是,当这些人看到普鲁士政府无法完成他们所称的德意志的使命时,他们便接过了普鲁士的遗产,并试图将它与整个民族联系 19
起来。

只是到稍后的时期内,普鲁士的统治者似乎才懂得,普鲁士要获胜就应该依靠人民的支持。不过在1807年,在弗雷德里希·威廉三世时期,这一想法就开始出现。威廉三世胆小、犹疑、褊狭,这一刻他最大的缺点暴露无遗,他不像王后路易莎(Louisa)那样生来就是与厄运抗争的人,他首先想到的是向拿破仑卑躬屈膝。他写道:“陛下,您已经以您的才智和美德将您的尊严再次置于顶峰。”只是当他发现这位皇帝对他的谄媚无动于衷,发现除了丧失自己的尊严外别无所得时,他才无奈地进行斗争。但这是一种什么性质的斗争呢?一场真正要命的斗争,它关系到普鲁士的存亡。幸运的是,在这生死存亡的关头,他没有像往常那样马虎了事,而是向一位伟大的博士请教,这就是施坦因男爵,后者已经洞悉普鲁士的病因,并准备实施疗救之方。

在19世纪德国统一的缔造者当中,施坦因男爵是最早、也是最杰出的人之一。施坦因并没有预见到所有要解决的问题,但他至少了解,就问题的整体范围而言,普鲁士的未来与德意志的未来必须紧密相连。

在这个意义上,历史学家特赖奇克也许说出了施坦因的业绩:“我们 20
政策的每一步骤都会让我们回到施坦因男爵的观念之中。”

施坦因确实是那些把经济自由置于政治自由之前的民族自由党人的先驱。不过在这方面他绝非先锋派,他的同代人比他更为敏锐,比如,

1805年哈登堡亲王写道：

> 法国大革命——目前的战争只是它的延续——使法国在风暴和血腥中获得了难以料想的推动力。沉睡的力量苏醒了。已经过时的旧组织，它的缺陷和弱点，它的罪孽和成见，还有其中优良的东西，都已经被清除和消灭……有人曾认为，若更加坚定地维护旧组织、无情地打击新原则，这场革命就会被最有效地抵制，但是革命正是因为受到抵制才最为有效，发展得最为迅猛。革命原则的力量在于，拒绝接受这些原则的国家也得承认它们，否则就自取灭亡……从革命的最佳意义上说，它应该由政府的智慧来造就，而不是由外部的暴力来完成，这就是我们的目的，我们的指导原则。在我看来，一个君主制政府中的民主原则是符合时代精神的恰当方案。[12]

21 施坦因可能从未想到过这样的革命。他认为政治改革应从属于社会和行政改革，他所有的注意力都集中在后一方面。

但这些改革实施起来并非易事。这样做必然要摧毁普鲁士贵族的所有特权。但这一顾虑并没有吓倒这位帝国的老贵族。“在德国北部，只能指望从农民和中产阶级那里得到一些东西：富有的贵族需要享用他们的产业，穷贵族需要一个职位和谋生之路：军官们总有这样一种受雇的感觉。如果不刺激一下这些阶级，他们将仍然缺乏动力，而且他们的榜样会酿成祸害的。”[13]

施坦因男爵设想的所有改革中只施行了两项：给予城市自治权的市政改革和尚未完成的行政改革。但改革精神一直存在。施坦因是南德人，但情感上倾向于普鲁士，他觉得，德国如果不和霍亨索伦王朝紧密联系在一起就没有出路。他给出的理由如下：“霍亨索伦家族是真正的德国人：普鲁士是一个新教国家，两百年来，一种伟大而多姿多彩的生活、一种自由探索的精神已然发展起来，已经不能被压制或被误导。”另一方面，他这样评价哈布斯堡家族：“哈布斯堡家族不能指望去领导德国人，因为真正的德意志精神已经被耶稣会的思想败坏，这是致命的……奥地利不是未来的保障。”

这样的观念一旦成型，普鲁士的未来政策的蓝图也就拟定了。“但是 22
这时候普鲁士不能同德意志分离，它必须获得足够的力量以确保自己的防卫而不耗尽资源、不拿自己的政治命运去冒险：它必须强大而独立。”[14]在施坦因看来，普鲁士的强大不仅意味着它的制度扩展为全德意志的制度，还意味着领土的扩张，这些领土或是被外国兼并的德意志的土地，或是由像萨克森国王那样的“已经忘记自己的责任的德国君主们”控制的土地。从1810年起他就建议采取兼并措施。“为使普鲁士有一个可靠和连续的边境，我们必须合并梅克伦堡、荷尔斯泰因和萨克森选侯的土地。”[15]但施坦因认为，普鲁士要想真正强大起来，首先应进行精神方面的改革。他说，普鲁士应通过它的优点而成为全体德国人的典范。从一开始他就全力向普鲁士人民灌输那些他认为民族生存必不可少的美德和优点：责任感、献身精神和爱国主义情感。为此施坦因对民族力量的两个制度性源泉——学校和兵营——进行改革。

很难说这两种制度设置中哪一个对普鲁士历史的发展最为重要，实际上它们是互为补充的。1866年曾有人说，“是教师赢得了萨多瓦战
役”，这不仅说普鲁士的教育水平比奥地利高，而且意味着普鲁士学校的 23
道德和公民教育要比奥地利的学校好。这场著名战役的第二天，国王威廉一世称赞说，“普鲁士教育的人道、道德和开明精神”[16]培养了孩子们“对工作的勤勉、责任感、坚韧、纪律、节俭和服从”。

这种信念从学校传到了军营中。施托菲尔上校说：“军队是国家的代表，它拥有所有这些品质。”[17]确实，从1807年起，军队就变成了公民精神和爱国主义的学校。在这方面，施坦因找到了一位无可替代的助手——沙恩霍斯特少校，他是这个武装国家的主要组织者，是所有这些改革的灵魂。

沙恩霍斯特少校曾说：

> 我们过去曾认为战争技术比军事品德更重要，但这总是导致国家的崩溃。勇敢、献身精神和坚韧的意志是一个国家独立的根基。

只要我们心中不再有这些品德，一切都将会失去，即使是在大获全胜的时候。[18]

24 施坦因曾说，普鲁士只有通过“它的优点和美德以及它制度上的优越性”才能从精神上征服德意志。他的话不无道理。但他没有能亲眼看到这一刻的来临。他介入公共事务的时间很短，还没有机会亲手采摘他工作的果实。当拿破仑急不可待地将他赶出公共事务领域时，他只是为未来的收获撒播了种子。

在赋闲期间，他无法为国家服务，总体而言，他也不赞成国家当时的政策，由于看不到他的计划有实现的希望，因而他只能去动员公众。

他尝试着各种最有效的方式，几经思索，他认为历史也许是最好的手段。

施坦因生来喜欢探讨历史问题。闲暇时刻他专注于历史。他曾对自己的侄子、阿尔宁伯爵（Count Arnim）的儿子们这样写道：“历史能使我们超越这凡俗的现实，令我们与那些成就伟业的高贵伟大人物相交通，让我们了解懒惰、贪图享乐、庸俗和滥用权力的恶劣结局。”[19]

施坦因讲求实际和精确，讨厌除了实际之外的任何东西，憎恨形而上学（他称之为“空想家们的危险的把戏”），他的身上已经具备了后来亲普鲁士的政治史家们的鲜明特点。

25 当施坦因思考用历史来达到政治目的时，德国还没有历史学家。为了寻找他的理论，他只能求助于英国历史，他对此也颇有研究。他曾说：

英国的文献是所有现代欧洲文献中最值得精确了解的。它的许多优秀历史学家的工作忠实地再现了人物和事件，并利用专门知识分析了因果关系，指出了主要的教益、公共精神所在，由此获得了有关社会文明秩序的透彻知识。因此研究英国语言和文献、特别是它的历史学将是有益的。[20]

现在他有时间来激发德国人民研究历史的兴趣。

他在给希尔德斯海姆（Hildesheim）主教的信中写道：

> 我已经退出公共事务，但唤醒对德国历史的兴趣的愿望让我激动不已，我要推动有关的基础研究，这样就能对唤起对我们共同祖国的热爱、对追忆我们伟大祖先的业绩有所贡献。我希望能将大量在1803年革命期间散失的文献认真搜集起来，以免毁坏；不过这主要得靠政府的努力，而不能指望个人的决心。[21]

这样的工作需要集中分散在全国各地的力量，组建一个强大的历史 26
学会。这个学会于1819年1月20日成立，它是德意志民族史学的摇篮，施坦因男爵被视为它的缔造者。[22]非常有意思的是，19世纪普鲁士政治政策的奠基人也就是它的历史学派——这个学派为霍亨索伦王朝的政策提供了最有力的支持——的创始人。

施坦因的思想后来成了普鲁士历史学家们的信条。

在研读亲普鲁士的历史著作时，我们会明显发觉它排外的民族主义和对法国大革命的敌意。

历史学家们的这种看法的奠基人是19世纪初的历史法学派。我们知道，这个德国学派开始于艾希霍恩（Eichhorn）和萨维尼（Savigny），它是以对革命观念的反动为发端的。在名为《论我们时代的立法和法学之使
命》[23]的著作中，萨维尼利用孟德斯鸠（Montesquieu）的学说来证明，法 27
律是一个民族生活的精确反映，法律不是立法者设立的，它们来自民族自身。这部著作是所有普鲁士历史学家的教科书。他们谴责所有政治学中的先验观念、所有会导致改革的抽象原则，他们认为，任何革新都只有在出现于民族观念中时才有可能，人民已经在其历史中向我们显示了他们真正的需要。因此在这些历史学家眼里，研究一个民族的历史就是寻找当今政治问题的钥匙。

施坦因男爵和艾希霍恩、萨维尼、尼布尔就是这一思潮在德国最早的代表。为论证这些理论，他们或研究中世纪的法律（萨维尼），或钻研德国法律（艾希霍恩），或研究罗马制度（尼布尔），而施坦因则试图将这些观念应用于德国的现实政治中。施坦因试图证明，作为普鲁士权力中心的勃兰登堡德意志国家将会成为整个德国的中心，就是说，由于历史局势

的作用，霍亨索伦的制度将会传播到其他德意志国家。他认为，就政治形式来说，每个国家要想维系持久就必须忠实于自己的源头，德国应该像普鲁士那样，成为一个绝对主义的军事君主国家。他说，普鲁士已经因为其旧时的绝对主义(the old absolutism)而成为一个强国，现在和将来也会如此。

施坦因写这些文字的时候想到的是共和主义的法国，后者对德国人思想的影响让他恐惧。

28 施坦因曾公开宣称反对法国大革命的原则，凡哈根·冯·昂泽(Varnhagen von Ense)这样说。他对这场革命无比仇恨，对所有参加革命的人他都怀有同样的轻蔑。

当然，柏克(Burke)为他带来了福音。他在给格奈泽瑙的信中这样说："柏克确实著述宏富，阁下可以专门看一下他关于法国革命的文字：其中包含着丰富的有关立宪和行政政策的箴言和学说。"[24]

赞美普鲁士的制度、仇视法国革命——施坦因的这两个主要政治观念后来也成了所有民族主义历史学家的信条。他们以源自历史法学派的历史哲学的名义，努力证明两件事：法国大革命是场惨剧；德国的历史发展是以普鲁士为基础的，因为勃兰登堡之于德意志就如同威塞克斯之于英格兰、法兰西岛之于法国，它是未来德国的核心。[25]

不过，尽管所有民族主义历史学家都同意用历史来证明德国发展的普鲁士道路，但一开始时，在究竟什么是决定整个国家政策的"首要制
29 度"这一问题上，他们没有一致意见。他们为此而区分为自由主义者和普鲁士绝对主义者。1848年前后，自由主义者占多数。他们的领袖是达尔曼教授，他试图证明，古代日耳曼法律中包含有立宪的形式，如果普鲁士要掌管德国事务，它应该在其政府体制中引入议会制度。另一方面，绝对主义者(当时只是一小部分人)认为，从更为逻辑的方式上讲，如果普鲁士要成为未来德国的核心，应该以普鲁士的制度来构建新国家。他们中间的一员兰克说："普鲁士真正的使命是成为和继续作为一个军事君主国家。不能不服从历史决定的命运。"

萨多瓦的大捷结束了这场观点之争。从此自由主义者与绝对主义者调和,成了“大军事帝国”的拥护者。此后,兰克的理论、同时也是施坦因的理论居于支配地位。一些崭露头角的新学者开始援引达尔文的理论来支持他们的绝对主义学说,将德国历史描述为异常巨大的生存斗争,并赤裸裸地指出,“普鲁士的历史角色开始于它逐个兼并那些已然死亡的德意志邦国之时”[26]。

必须看到,这种理论肯定是最合霍亨索伦王朝国家的口味的。还在闵斯特和会期间,瑞典大使施里普曼(Schlippmann)就说出了普鲁士的国 30
家哲学:“神不再通过预言或梦境来告诫君主们:但当攻击邻国、扩张边境的机会出现时,永远会有神的召唤。”

那些自封的自由主义历史学家们在解释达尔文主义时,实际上都倒向了最为反动的政策。他们必然会这样。他们运用历史法学派的理论,即以源自诸帝国历史的“国家权利”来反对来自人类理性的“人的权利”,阿尔贝·索雷尔(Albert Sorel)说得好,他们“从年久日深的恶行劣迹中生拉硬拽地找出了恶行劣迹永存的原则”,他们“巧妙地从由来已久的非正义中提取所谓的历史权利,在旧制度的表面建立起一个正义的殿堂,这殿堂上还点缀着浪漫主义的饰物,以吸引路人的注意”[27]。

不难理解为什么这些人会越来越敌视法国大革命的原则。他们宣称“事物的结局是神的裁决”[28],被征服者总是错的,他们很少理解那场革命的崇高和伟大,因为他们只看到了它局部的失败。这表明他们的视野是何等狭隘。不过对于那些更具洞察力的人来说,历史还有另一种景象,正像埃利泽·雷克吕(Elisée Reclus)说的:

> 历史学家是个法官,他将延续许多世纪的永无止境的历程展现在我们面前,向我们展现盲目的残酷的生存斗争的法则(它被成功 31
> 的崇拜者大力歌颂)是如何臣服于第二个法则的。这第二个法则就是,虚弱的个体是如何组成一个越来越发展的组织的,是如何学会保护自己免受邪恶力量的侵害的,是如何认识到改革甚至创新的必要的。如果我们的后代能够达到更高的知识水准和自由程度,他们将

会把这一切归功于他们不断地接近(rapprochement)、他们长期的合作、他们源自兄弟之情的互助。[29]

但是,德国的历史学家们把现实主义政策看作是唯一正当的选择,他们忽视了这样一个伟大的历史真理:人类处境的所有进步都是由以下伟大的思想家们带来的,这些人洞悉世界的矛盾和不幸,他们转向了另一面,设想并向人们证明世界可以更美好、更公正、更幸福。正像阿尔贝·索雷尔说的,我们应将以下思想归功于这样的思想家们:“权利观念来自对不公正的现实的思考,所有有关人类尊严、良知的观念都来自对狂热迷信的混乱状况的思索。”

根本上说,德国的历史学家们对这一真理的认识是模糊的,尽管他们有一套历史哲学,但这只是让他们去证明强力和欺骗的合理性[30],他们
32 总是试图证明,强力与道德价值不可分割,这个世界的盛大戏剧说到底是使得功业更具光辉。再者,他们中间的一些人在讨论普鲁士的巧取豪夺的合理性的时候,远不是把这归因于利益法则,而是以他们高超的诡辩技巧费尽心机地让他们的同胞逃避对欺诈的谴责。

我们必须提防这样一种认识:德国历史学家们对法国大革命的仇恨完全是由这一事件的理想主义特征引起的。我们必须考虑到,他们之所以会有这种情绪,一些人是因为恐惧,而另外很多人则是出于嫉妒。

“我本来很愿意承认法国人的要求是正当的”,安希隆(Ancillon)曾说,“如果不是因为我在其他民族中看到由此带来的危险的话”。这是柏克式的呼喊,而所有普鲁士的历史学家也都表达了同样的看法。

是的,因为他们的国家,因为他们钟爱的制度,他们害怕这场革命,这种由恐惧造成的仇恨经常表现在他们身上。

在19世纪那个开明的德国,要找出几个真正同情甚至对法国抱有公正看法的人——学者、作家、画家——是件悲哀的工作。也许我们可以指出几个人——如兰克曾认为笛卡儿(Descartes)是“一个深刻而富有创造力的思想家”。尤里安·施密特(Julian Schmidt)尽管怀有亲普鲁士的排外主义情绪,但他也承认,如果没有布瓦洛(Boileau)和伏尔泰(Voltaire),

可能也就没有歌德。但其他人呢？画家、作家和学者们都在他们的作品中竭力攻击法国。德国画家奥夫贝克（Overbeck）不是曾受命在波恩大学的墙上绘制一幅哲学流派的壁画、并有意排除了法国的学派吗？对当时 33
的德国哲人而言，像阿贝拉尔（Abélard）、笛卡儿、马勒伯朗士（Malebranche）或帕斯卡尔（Pascal）值得一提吗？

还有位评论家，写了一部有关“喜剧”的长篇论文，但莫里哀（Molière）的名字没有出现在其中。这位作者可能决心这样做，并遵守了他的誓言。

但这种仇视首先表现在历史学领域，表现在亲普鲁士的历史学家们那里。

在法国，很早以来，我们都认为德国历史学家是最公正的。但是，我们错了，他们的学术欺骗了我们。确实，这一学术博大精深，它的指导精神也让人赞叹。很少有学者像他们那样在研究中表现出如此的科学精神、认真和耐心。但他们并不总是能从这些学术中得出准确合理的观念。

我认为，这是由于这些学者常见的两个缺陷造成的，也许在说明其中的一个以后，这二者就是一回事：缺乏洞察力和偏执。

阿尔贝·索雷尔先生评论说，尽管德国人“在事实的细节上有准确的知识，但他们缺乏揭示原因的批判能力，并且在事件的整体评价上得出错误的结论”[31]。确实，这一原因就在于，这些学者虽然十分勤奋、对学术的考究十分在行，但他们不知道如何从其课题中找出总体看法，或者说，如果他们这样做，通常也是带有非常矛盾的怪癖。也许可以说，所有观点，不管它们多么荒谬，德国的学者们都能找到依据。我这样说并不只 34
是因为他们在为喀提林（Catalina）辩护、或站在雅典政府立场上反对苏格拉底时表现出的悖论和矛盾[32]，我还想说说，在论及哈姆莱特时，这些怪诞的学者或傻子把探讨莎士比亚为什么“要让哈姆莱特发胖、让他患气喘”当作自己的课题。[33]

这些奇特的怪癖根源何在？是如维克托·谢比列（Victor Cherbuliez）所说的，“因为在德国，私人交往越淡薄，影响和强制他人观念的力量就越强大"吗?[34]也许是。但有一件事是肯定的,那就是他们的偏执和激情更为强烈。德国人自己也承认。特赖奇克说,"简单公正的历史与一个激情四射、喜好争论的民族是不相容的。"他们的研究世界中也是如此。任何熟悉古代日耳曼研究的人都知道,在这些研究中找出对学术对手的辛辣抨击是件十分容易的事。要是某个标点被疏忽或标错了,傻瓜、笨蛋等字眼就会冒出来,问题越是没有意义,这种攻击就越显得卑劣。[35]

35 在政治史领域,德国人对法国的这种偏执表现得最为明显。今天很难想象1840年左右出版的有关法兰西民族的著作到底有多少。当时有一位声名卓著的历史学家海因里希·列奥(Heinrich Leo),他是位黑格尔主义者,也是位浪漫主义者,这人曾编纂了一部《通史》,这部书曾长期享有很高的声誉,作者曾在书中写下如下的话:

> 法国人只是个猿猴民族(Affenvolk)。爱尔兰和法国的凯尔特人总是受其动物天性的驱使,而我们德国人只仰赖神圣思想的影响而行动。高卢的面具下总是渗透着粗野、虚荣和自大。

在同一部著作中,这位历史学家把巴黎称作"撒旦的老家",内克(Necker)是个白痴。

当时的历史学家们的一个怪癖就是从法国的历史中寻找所有可供德国人恶意攻击法国的线索。

亨利希·海涅(Heinrich Heine)曾告诉我们:"哥廷根曾有个老人在啤酒店里宣称,德国人将为法国人在那不勒斯处死霍亨施陶芬家族的康拉丁(Conradin von Hohenstaufen)而报复法国人。这件事你们忘记很久了。但我们什么都记得。"[36]海涅并不是在开玩笑。埃德加·基内(Edgar Quinet)曾见识过这个年轻的古老德国,不是在哥廷根,而是
36 在海德堡,那里的历史学家要"回到虔诚者路易的儿子们的凡尔登条约"[37]。

这些学术想象并不总是只有可笑的一面。德国的舆论家们就曾指控乔治·桑(Georges Sand)盗取了刺杀科策布(Kotzebue)[38]的爱国大学生

卡尔·桑(Karl Sand)的名字,他们对此满腔怒火。

海涅正确地指出:“法国式的疯狂远不及德国式的,在后者,正如博罗纽斯(Polonius)说的,疯狂具有理智化的形式。”[39]

认为严肃的历史学家绝不会堕入如此荒谬境地的看法是错误的。但对法国的仇恨并不因为它的荒谬而削弱其强烈程度。我们也许可以说,莱茵河另一边的公共事务是德国历史学家们关心的主要问题。他们可能从未想到他们的民族国家在反对法国时不拿起武器,他们总是回忆过去“遭受的所有侮辱”。

普鲁士的政治家和将军们深信,“同法国还有账要算”[40]。他们从哲学家们那里、首先是从历史学家那里找到了他们仇恨的可靠依据。这些 37
人“生活在复仇的预感中”,而门采尔(Menzel)[41]之类的历史学家则要“让法国血流成河,以此来洗刷路易十四和拿破仑给德国人带来的耻辱和不幸”。他们煽动仇恨的火焰,叫喊“什么都还没有清算,法国的旗帜仍然在斯特拉斯堡的大教堂上飘扬”。

我们很容易看清1840年的这种情绪。仇法运动的发起人是历史学家们。从那时候起,他们利用一切机会来激发爱国主义的思古幽情。1843年,他们纪念凡尔登条约缔结1000周年,那是个特别的民族节日,从那一刻起,德国作为一个实体与法国分离了。普鲁士政府利用这一机会设立了国家历史奖,这个奖最终被定名为凡尔登奖。借助于那个光辉的纪念日,民族主义历史学家们创办了《民族历史评论》。[42]其发起人有三个:兰克、基泽布雷希特和阿道夫·施密特(Adolf Schmidt)。

他们在发刊词中说,“我们还能选择更为合适的时刻吗?”“我们在这一年纪念我们国家的独立一千周年。此刻我国的统一更多地存在我们的愿望而非现实中,我们正广泛地谈论统一,我们认为,奠定历史学科的基 38
石是非常自然的事,历史尽管是个有限的学科,但它比任何学科都有助于全体德国人民的统一。我们希望以一种一致的原则来培育这一学科,那就是它要和政治紧密联系在一起:实际上,历史是政治的母亲和老师。也许它至少能向我们证明,在历史领域,德国人民没有深刻的分歧,来自东南西北各方的努力都不能造成不可调和的对立。"[43]

这是迈向民族历史的第二步。从那时起,所有历史学家都试图用他们的著作来教育人们理解祖国、热爱祖国,并希图有助于当代政治问题之解决。即使最深奥的、看来最客观的著作也同样如此。基泽布雷希特堪称科学严谨的典范,但他也迸发出这样的激情:"认为知识无祖国、知识超越边界的看法是错误的:我们的学术不是世界的,而是德国的。"[44]

基泽布雷希特所谓的德国的学术就是看待历史和政治问题的现实主
39 义方式。大约从 1850 年起,受广泛传播的实验方法的影响,自然科学的程序和方法也被运用于德国的道德和政治学中。

历史法学派的理论——即把每个国家看作根据自己的法律发展起来的有机体——已经被推演到最为科学和精确的境界。在政治学领域,他们希望找到一个民族历史发展的法则。从这一法则再到为现实政治需要总结实用性理论,这一步骤是历史学家们的事。

1853 到 1855 年,短短三年内五部著作相继问世[45],乍看起来它们之间没有任何联系:第一部有关法国大革命,第二部是罗马史,第三部是 18 世纪初的德国史,第四部写的是勃兰登堡家族的开端,最后一部则有关德意志帝国;但所有这些著作都源自同样的精神,运用的是同样的方法,指向的是同一个目标——以普鲁士的民族主义立场来书写历史。

我们将要研究的是这个学派中最为知名的代表。两位先行者——尼布尔和兰克,他们为后来者奠定了方法,开辟了道路;然后是 1848 年一代
40 的两位伟大的自由主义历史学家——特奥多尔·蒙森和海因里希·冯·聚贝尔;最后是海因里希·冯·特赖奇克——帝国主义的领军人物。[46]

注　释

〔1〕 阿克顿:"德国历史学派"(Acton,"German Schools of History"),载《英国历史评论》(*English History Review*),1886 年。

〔2〕 《普鲁士年鉴》(*Prussian Annals*),1894 年 10 月。

〔3〕 他说:"这是一种可怕的东西,一种非自然的情感,一种与文明人不相称的野蛮

主义。”

〔4〕“皇帝从容地骑着马,径直在大街上穿行,没有警察阻挡他……喇叭齐鸣……上千人一起高呼:‘皇帝万岁!’(Es lebe der Kaiser!)”

〔5〕《杜林谔博士谈话录》(*Conversations of Dr. Döllinger*, London, Richard Bentley and Son, 1892),露易丝·冯·科贝尔(Louise von Kobell)记录,卡塔琳娜·古尔德(Katharine Gould)英译。(杜林谔博士,即 Johannes Joseph Ignaz von Döllinger,1799—1890,德国神学家、历史学家,代表了19世纪德国历史运动中的天主教一翼。——译注)

〔6〕兰克:《自传》(L. von Ranke, *Zur eigenen Lebensgeschichte*, Leipzig, 1890),第19、46页。

〔7〕拿破仑自己曾对罗德勒伯爵(Count Roederer)说:“我已经从普鲁士拿了10亿。”他还说:“在所有的战役过后,我的人员消耗仅为100万,而且大多是德国人。”

〔8〕欧内斯特·拉维斯:《普鲁士君主国的起源》(M. Ernest Lavisse, *Origines de la monarchie prussienne*)。

〔9〕毛奇伯爵(Count von Moltke)说:“那种古老的监护体制、那种家长制的权威、那种曾饱受抨击的古老理论——人民必须不由自主地幸福——历经时代变迁还依然在普鲁士保留了下来,谢天谢地。”

〔10〕施托菲尔上校:《军事报告》(Colonel Stoffel, *Rapports militaires 1866-1870*, Paris, 1871);英译本第104页。

〔11〕正是在普鲁士的哈雷大学,罗马法研究完全被对日耳曼法的研究取代。

关于在大学课堂上使用民族语言,托马齐乌斯说:“希腊哲学家不以希伯来语书写,罗马人也不用希腊语。每个民族都在使用自己的自然语言,而今天的法国人在这方面已经取得成功。我们德国人为何不采取这种积极行动?仿佛我们的语言不适宜于这样做似的。”

〔12〕卡芬雅克:《现代普鲁士的形成》(Cavaignac, *La formation de la Prusse contemporaine*, Paris, Hachette, 1891),第340页。

〔13〕希莱:《施坦因的生平及时代》(J. R. Seeley, *Life and Times of Stein : Or, Germany and Prussia in the Napoleonic Age*, Roberts Brothers, 1879),第一卷,406页。

〔14〕同上,第三卷,131页。

〔15〕同上,第三卷,182页。

〔16〕 1866年8月5日的演说。

〔17〕《军事报告》,26页。

〔18〕 后来,克劳塞维茨(Clausewitz)也以同样的方式解释耶拿溃败的原因:“显而易见的是,法国大革命的巨大效应主要不在于法国人新的作战理念和方式,而在于对于国家政策和管理的新认识、在于人民的状况,等等。所有其他政府都没有正确看待这些问题,面对那些全新的压倒性力量,它们仍试图以传统方式来维系自身——这全都是错误的政策。”转引自戈尔茨:《武装民族》(Colmar von der Goltz, *The Nation in Arms*,英译本,1887),第113页。

〔19〕 希莱:《施坦因的生平及时代》,第一卷,66页。

〔20〕 同上,第一卷,66页。

〔21〕 同上,第三卷,441页。施坦因极力催促普鲁士政府支持这一民族事业。“在我看来”,他写道,“我们的民族对自己历史的兴趣,要比有关开普敦的任何一种欧石楠或巴西的某种新猿猴的知识更加强烈,也更为广泛。”第三卷,491页。

〔22〕 这个学会组建时的主要历史学家有:基尔的达尔曼,罗马的尼布尔,卡塞尔的格林(Grimm)兄弟,哥廷根的希亨(Heeren),汉诺威的佩尔茨(Pertz),柏林的萨维尼(Savigny),哥廷根的艾希霍恩(Eichhorn),波恩的A. W. 施莱格尔(A. W. Schlegel),维也纳的Fr. 施莱格尔(Fr. Schlegel),海德堡的施罗瑟(Schlosser),布雷斯劳的庇兴(Büsching),慕尼黑的多岑(Docen),科布伦茨的格列斯(Görres),维也纳的v. 霍尔迈耶(v. Hormayer),波恩的许尔曼(Hüllmann),图克海姆的普菲斯特(Pfister),布雷斯劳的v. 劳默(v. Raumer),维尔茨堡的鲁达特(Rudherdt),柏林的吕思(Rühs),柯尼斯堡的佛伊特(Voigt)。

〔23〕 “Über den Beruf unserer Zeit zur Gesetzgebung und Rechtswissenschaft”(1814).

〔24〕 希莱前引书,第三卷,387页。

〔25〕 特赖奇克:《历史与政治论集》(*His. und pol. Aufsätze*),第三卷,435页。不过需要指出的是,并不是所有德国历史学家都持有这样的观点。其中的汉斯·德尔布吕克曾说:“普鲁士不是一个民族国家。”“普鲁士、勃兰登堡和克莱夫等地方之所以归于一人统治,纯粹是个偶然”(《历史与政治论集》,第二卷,131页)。此外,德尔布吕克还把普鲁士称作“一个人为造就的国家”——这个看法

是英国和法国史学家一直坚持的,但它让亲普鲁士的历史学家感到愤怒。

〔26〕 特赖奇克:《德意志斗争的十年》(*Zehn Jahre deutscher Kämpfe*),30 页。这位历史学家告诉我们:"激进主义者认为,国家起源于其公民的自愿同意。但是,历史教导我们,国家更经常地是由征服和暴政、违背其公民意愿而形成的。"参见《德国史》(*Deutsche Geschichte*),第四卷,350 页。

〔27〕 A. 索雷尔:"个人和国家"("L'individu et l'Etat"),载《时代报》(*Le Temps*),1896 年 4 月 4 日。

〔28〕 特赖奇克:《历史和政治论集》,第二卷,559 页。

〔29〕 见埃利泽·雷克吕为莱昂·蒙钦尼科夫(Léon Mentchnikoff)的《文明与历史大潮》(*La Civilisation et les grands fleuves historiques*, Paris, 1889)一书所写的序言。

〔30〕 蒙森。

〔31〕 《两个世界的评论》(*Revue des Deux Mondes*),1873 年 4 月 1 日。

〔32〕 比如,Forchammer 博士认为苏格拉底是个"无赖",他的下场罪有应得。

〔33〕 这位评论者的解释别出心裁:"情况一定是这样:由于对自己的决定心存犹疑,他肯定属于淋巴型气质,故而他容易发胖。"

〔34〕 《政治化的德国》(*L'Allemagne politique*, Paris, 1870)。

〔35〕 特赖奇克也说:"我们的学术辩论经常蜕变为个人问题,最终成了令人生厌的口角。"在一本题为《今日德国教授》(*Der Deutsche Professor der Gegenwart*)的有趣的小册子中,作者弗拉赫(M. Flach)则指出:"礼貌和蔼的德国学者实在是凤毛麟角。"

〔36〕 海涅:《德意志》(*Germany*,英译本,1892 年),第一卷,210 页。

〔37〕 海涅说:"德国人明显比拉丁各民族更具报复心。这是因为,即便是仇恨时我们也是个理想主义者……我们仇恨的是敌人最深刻、最重要的东西——那就是思想。"——《德意志》(英译本,1892 年),第一卷。

〔38〕 科策布(August von Kotzebue), 1761—1819,德国剧作家,因嘲笑德国人对自由制度的向往而受人憎恶,1819 年被卡尔·桑(Karl Ludwig Sand)刺杀于曼海姆。奥地利首相梅特涅以此为借口颁布卡尔斯巴德法令,对德国大学实行严厉监控。——译注

〔39〕 同上书,第一卷,269 页。

〔40〕 这是特赖奇克的说法,参见其《19 世纪德国史》(*Deutsche Geschichte in XIXe Jahrhundert*),第一卷,555 页。我们可以看看冯·罗恩(von Roon)将军关于 1870 年战争爆发的通信(7 月 28 日的信件):"多么幸运啊!我们儿时盼望的事情终于发生了……我们终于能报复两百年来高卢-法兰克人的罪行了"(前揭书,429 页)。"是的,我认为是这样。为了那个伟大的目标——洗雪两百年来所遭受的全部屈辱——我愿意牺牲自己的一个甚至更多的儿子"(前揭书,454 页)。

〔41〕 历史学家门采尔(1798—1873)外号"生吞法国的人",他曾说,罗马垂死的角斗士应该让德国游客对一个拿"日耳曼人"来娱乐的民族充满爱国主义的义愤之情。

〔42〕 《历史学杂志》(*Zeitschrift für Geschichtswissenschaft*),W. 阿道夫·施密特博士主编,柏林,1844 年。

〔43〕 "发刊词",3、5 页。

〔44〕 "使德国学者团结在一起并给予他们活力的根本原因是对德意志的热爱",菲斯泰尔·德·古朗日(Fustel de Coulanges)说。"学者也是个爱国者……大部分历史学家属于自由派:他们几乎全都憎恶旧制度,但是这种憎恨不是指向德国,而是把别的国家当作出气筒"(《两个世界的评论》,1872 年 9 月)。

〔45〕 (1)聚贝尔:《革命时代的历史》(*Geschichte der Revolutionzeit*, Düsseldorf, 1853);(2)蒙森:《罗马史》(*Römische Geschichte*, Berlin, 1854);(3)豪伊瑟:《德国史:从腓特烈大帝去世到德意志邦联建立》(*Deutsche Geschichte, vom Tode Friedr. Des Grossen bis zur Gründung des deutschen Bundes*, Berlin, 1854);(4)德罗伊森:《普鲁士政治史》(*Geschichte der preussischen Politik*, Berlin, 1855);(5)基泽布雷希特:《德意志帝国时代的历史》(*Geschichte der deutsche Kaiserzeit*, Brunswick, 1855)。

〔46〕 所有这些历史学家都或多或少地牵涉到政治,因此他们的著作也就更为引人注目,也更具实际意义。卡尔·希尔布兰德(Karl Hillebrand)1874 年便认识到这一点,当时他说:"我们的历史著作都不是国务活动家或政客写出来的。在德国,我们没有圭恰尔迪尼(Guichardini)、克拉伦敦(Clarendon)、格劳秀斯(Grotius)和米涅(Mignet)。公共事务中的实际经历,不管它多么微不足道,都

能增进历史学家的理解力，这一点在近来历史学家——豪伊瑟、聚贝尔、特赖奇克——的作品中得到了印证。他们与其前辈，如瓦赫穆特(Wachmut)、舍费尔(Schäfer)、列奥和施罗瑟是多么不同啊!”

尼布尔(1776—1831)

第一章

先驱者

第一节 尼布尔

一

尼布尔首先是以史学批评方法的奠基者而闻名的。当然，我们可以 41
认为，没有人像他那样以自己的著作如此强有力地推动了历史研究，每个现代学派都可以追溯到他那里。但是我们了解最少的是作为爱国主义者的尼布尔，当他写作《罗马史》的时候，他深信自己是在为接纳他的普鲁士国家服务。而这就是我们现在要考察的尼布尔。

普鲁士的厄运曾把许多德国人吸引到施普雷河畔，这些人全身心地投入了复兴这个国家的事业中，尼布尔就是他们中间的一个。[1]在耶拿战役前不久，施坦因男爵把尼布尔召到了柏林，男爵委任他监督普鲁士银
行的工作。尼布尔是一流的金融家。在向世人展现他的学者面目之前， 42
他已在丹麦的公共机关里开始自己的仕途。在去普鲁士之前，他曾先后担任哥本哈根财政大臣的秘书、东印度商务部的助理、哥本哈根王家银行的主管以及东印度商业公司的领导等职。在普鲁士，他也好几次被委以重任，负责同英国和荷兰谈判贷款事宜。后来他被任命为弗雷德里希·威廉三世的枢密顾问，并于 1813 年陪同这位国王前往萨克森的战场，1816 年到 1822 年，他担任普鲁士驻罗马大使。

但是，虽然尼布尔一生的较大部分时间花在公共事务上，但他并不喜

欢这样的工作。他体质羸弱,但神经系统惊人的发达,以致损害了肌肉系统[2];他从小就偏爱学习而不爱积极活跃的生活。

他的童年生活很少超出房子和花园,他曾这样说起自己的童年:

> 现实世界在我看来是难以理解的:所以我不能学会任何别人尚未学会的东西,也无法想象在别人那里尚未形成清晰概念的东西。确实,在这种间接的世界里我非常有学问,甚至在很小的时候我便能说出成年人那样的看法:但是内在于我或我周围的真相我却看不
> 43 清——而这才是客观理性真正要面对的真相。即使等我长大了些、当我热情地学习古典学的时候,我长期所得的学识的主要用途就是给我的梦想世界以新的花色和光彩。[3]

尼布尔天性爱思考和想象[4],除了文学和学术,他什么都不喜欢。20岁的时候他就已经拥有十分广博的知识:古代和现代语言(其中包括阿拉伯语)、数学、地理、历史、财政学、政治经济学,他什么都懂。[5]像大多数热爱并习惯于学术问题的知识人一样,他很不适合处理实际生活中的难题:他太喜欢从诸多方面来考察问题,这样就削弱了他的意志。他更多是论证而不是行动,施坦因男爵曾形象地描述他说:"除非当作一本有待打开的书,否则尼布尔一无用处。"

施坦因认为他已经通过尼布尔而为普鲁士的政策赢得了一项巨大成就,但他很快就发现自己错了。

44 没有什么比这两个人性格的反差更鲜明的了。施坦因是个典型的政治家,看待问题很实际,意志坚定果敢,径直为目标而努力而不顾及困难险阻。相反,尼布尔头脑灵活开阔,他会考虑到所有问题,但行动起来却很踟蹰。施坦因对他的态度会很粗鲁,而这位生性敏感的学者则会因为点滴的冒犯而进行反击。尼布尔同他的上司比起来,就好比陶罐对铁壶。在通信当中,尼布尔经常像个陷入迫害妄想的人。有一次他这样写道:"施坦因对我的伤害超过任何人:因为他践踏了友谊中最神圣的东西,他为那些最为人不齿的东西而牺牲了友谊中的信任感。"这究竟是怎么回

事呢？因为有一天，施坦因男爵向哈登堡亲王出示了尼布尔的一封密信，不过此举并没有任何伤害人的意思。但这个亲王就是尼布尔所谓的最不为人齿的东西。难道这不让我们想起疯狂地咒骂自己的恩人的让-雅克·卢梭——“大卫·休谟(David Hume)是最下作的人！”——吗？

我们可以理解，这种性格的尼布尔当然不适合公共生活。在他的整个一生中，这样的生活一直让他感到压抑。“我厌倦这样的生活”，他的信中总是重复这样的话。他一直渴望能完全回到自己热爱的研究事业
中。[6]他觉得自己仅仅是为此而生。他说，“我真正的天职是历史，我想 45
把自己的一生贡献给它。”[7]

好在不久之后他就可以实现梦想了。1810年，正忙着为柏林大学奠基的威廉·冯·洪堡(Wilhelm von Humboldt)请尼布尔前去担任古代史教授。对于这个学者来说，这是个伟大的日子；至少他可以以自己熟悉的方式来为国家服务。他说：“当柏林大学正式开办的时候，那真是一个幸福的时刻。享受此刻的热情和幸福、亲临过1813年的生活，这些足以让一个人的人生幸福，不管他曾有多少悲伤的经历。”

柏林大学的建立发生在施坦因改革之后和关税同盟(Zollverein)建立之前，它是弗雷德里希·威廉三世在位期间的第三项伟大成就，虽然这个时期的其他方面没有什么建树。我们知道，普鲁士重视精神事业，它因此而一直配得上开明德国人的感激之情。威廉三世忠实于始终指引着霍亨索伦君主们创建那些著名学校时的精神，他希望把柏林大学建成一个自由研究的中心，威廉·冯·洪堡负责招募教员，他把德国一流的学者召到了这里。除了尼布尔，他还请来了哲学家费希特，神学家施莱尔马赫(Schleiermach)，法学者萨维尼，医学博士科尔劳什(Kohlrausch)、胡夫兰德(Hufeland)和莱尔(Reil)，以及语文学家毕克(Böckh)。

首先应该注意的是，这所大学有一种新的气质。从精神上说，普鲁士 46
不是旧德国，旧德国是诗性的、阴暗得像它的某个森林一样的国度，旧德国的学术偏爱信仰时代和历史的黎明期，偏爱尼伯龙根的德国，它喜欢但

丁(Dante)的意大利、卡尔德隆(Calderon)[8]的西班牙以及那些拥有丰富而强大文明的国家:在南方仍能看到这个旧德国,如法兰克福人博麦(Böhmer)——扬森(Janssen)[9]的先驱者——就曾极力证明德国的衰落开始于宗教改革[10];这也是格列斯的德国,这个充满幻想的小册子作家雄辩如拉梅内(Lamennais)[11],艺术家气质如米什莱(Michelet),是个有煽动力和罗曼蒂克的人,曾出版《罗恩格林》[12]——不,这里是格奈泽瑙和克劳塞维茨的军国主义的普鲁士,是民族主义的国家,它尊奉的是严厉的新教原则:南德人嘲笑这个国家"只出产审美意象中的茶叶、批判精神和乡绅",但它与旧式的世界主义的德国毫无共同之处,虽然后者在其复杂的特质中包含着德国所有的精神财富。南德人也意识到了这一点。慕尼黑大学的基督教神秘主义学者,如巴德尔(Baaders)和普赫塔(Puchta)等人,都把柏林视为敌人。在柏林大学,费希特和施莱尔马赫讲授的是新教理性主义,萨维尼讲述的是各个民族的发展理论,尼布尔则确立了严厉
47 无情的批判技艺,它像"手术刀一样剔除传统的血肉,裸露出真理的骸骨"[13],黑格尔则阐发了适合于霍亨索伦王朝政策的国家理论,后来他的学生,如法学界的甘斯(Gans)和历史学中的德罗伊森进一步运用了他的理论:总之,这所大学是黑格尔主义和科学理性主义的堡垒,它提醒南德人,一个新的德国正在崛起,这个德国强大而好战,它将吞没旧德国。

二

当尼布尔接受教席的时候,他在思考如何能最好地为国家服务。他觉得最好的办法就是启发追求真理的热情。在他看来,没有什么比知识更合适于达到这个目标的了。对于知识,他怀着宗教般的虔敬之情。他以某种神秘主义的口吻谈论学者在社会中的地位。他把学者抬到超越尘世纷争的高度。他希望学者遨游在理想世界中:"让我们忘记、让我们蔑视尘世间的事务,我们不要去关心外在的东西,而仅仅按我们的职责追寻自己的道路,这样我们就不会埋没天父赐予我们的才能;让我们培育自己的才能,给我们的孩子及孩子的孩子留下越来越多的智慧,让后辈在科学

和知识的台阶上越攀越高，并将他们的研究扩展到人类思想的全部领域，扩展到整个世界和宇宙。”[14]

尼布尔认为，得到恰当运用的知识可以使人变得崇高。他对学生说： 48
“如果我们不能揭示我们发现的错误，别人也未必能很轻易地发现这些错误：当我们放下手中的笔时，如果我们不能在神和我们的良知前宣称我们从未试图欺骗自己或别人；如果我们从未向我们的敌人、甚至那些我们最仇恨的敌人表现出我们最后的时刻应该表现出的样子，那么我们对研究和学术之运用便是错误的和不虔诚的。”

这就是他希望向他的听众传达的信息，而没有哪门学科像历史那样适合于达到这一目标。他说，要研究历史就必须公正诚实。必须提防自以为是的虚荣：我们的生活是神注视下的一桩义务。

他所选择的课题是罗马最初几个世纪的历史。没有什么比这个课题能切合于让他施展自己的求真精神了。他的首要任务是清晰地辨识出一个如此伟大的民族起源中的困难问题，然后再去揭示这个民族通过自己的制度而在历史上展现出来的真实面目。[15]

在尼布尔之前，探讨罗马起源的学者，如伏尔泰和培尔（Bayle），都抛
弃那些在他们看来违背常理的东西。博福尔（Beaufort）是这一倾向最著 49
名的代表，他这样解释说：“历史中只有十分可能的东西才有可能是真实的。”

但这种方法相当武断，人们据此只能得出近似的结果，尼布尔则以另一种方法取代之，这就是科学批判的方法。但实际上他不是这种方法的创立者，在他之前，沃尔夫（Wolf）已经在论述荷马问题的研究中运用过这种方法[16]，但尼布尔是第一个把它推广到整个民族史研究中的人。

我们知道这种方法的内涵：关键在于搜集所有有关一个民族历史的证据，然后把这些证据置于最精确的批判考察之下，进而只保留那些具有严格可信度的证据。

就一个像罗马早期史这样的课题来说，我们并没有任何文献史料，除了那些传说和古老的文学残篇之外（歌谣和史诗片段），因此根本不可能

恢复那种严格意义上的准确事实;但是,通过对这些歌谣和史诗的研究,我们至少可以在对创造这些事实的人民的理解方面取得进展。通过名称我们可以发现事实,通过事实又可以发现这一事实何以被如此称呼的思想原因。这样我们就可以获得有关各民族的内在生活的信息,虽然这方面的历史资料极其模糊的。

正是通过语文学的方法,19 世纪的德国学者才获得了这么多重现最初的文明的信息。尼布尔对语文学充满激情,他称之为“相距最遥远的诸年代的中介者”。

50 他说:“语文学认识到了它的天职:给我们提供某种持续地保存几千年前古代世界中最高贵最伟大民族之特性的工具:它以语法和历史让我们熟知古代人的思想成就和他们命运的历程,仿佛他们与我们之间没有鸿沟。”

对于有志于献身语文学研究的年轻人,尼布尔给予极大的鼓励。他说,“语文学是一切其他研究的入门……我自己十分喜爱语文学,以致对一个我亲近并欣赏的年轻人,我不会为他挑选其他更好的职业了。”[17]

乍看起来,在运用语文学的方法搜集有关晦暗不明的时代的资料后,除了写出某种心理史或制度史[18]外,我们很难获得其他东西。至少这是当时历史学家们认为的,这些人已经不再指望能获得有关早期罗马史的确切知识了。

但是富有想象力的尼布尔并不满足于此。他承认罗马早期的传说是
51 诗性的,但他试图在这些传说中区分哪些是真的,哪些是诗人和人民美化过的——人民是最伟大的诗人。尼布尔曾说(这种说法带有很大的真理性):“这些深刻影响人民想象力的传说之所以能形成,那必定是因为其最深处有某些真实的东西。”也许是这样。但是怎样才能鉴别这些真实的东西呢?怎样才能确定传说与真实的分界点呢?尼布尔试图解决这些问题,由于他对罗马史和罗马人心理的独特洞察力,他成功了给出了几个看起来像真理的假说:但它们毕竟还是假说,它们还是有些可疑之处。

就早期罗马史而言,虽说他轻视有关罗穆鲁斯(Romulus)和雷穆斯

(Remus)、甚至有关努马·庞皮利乌斯(Numa Pompilius)的传说,但他相信图鲁斯·霍斯提留斯(Tullus Hostilius)[19]的故事有某种可信的基础。

他认为阿尔巴[20]的陷落在历史上确有其事。他判断说,在塔克文(Tarquins)统治时期,斯卡沃拉(Scaevola)、科克莱斯(Cocles)和克罗丽亚(Cloelia)等人的神奇故事主要是传说性的,但他相信塔克文·布里斯库(Tarquinius Priscus)确有其人,而且认为是这个国王筑起了围绕罗马的石头城墙,并兴建了排干维拉布鲁姆和"市场"谷地的巨大排水系统。[21]

就这样一直到布匿战争,他的书就结束于这场战争。[22]

虽然尼布尔很富想象力,但他也是位严格意义上的科学主义史学家。 52
他的《罗马史》开创了现代史学方法,这一方法已经完全演变成历史科学。

所以,尼布尔有当代历史学家的两个特征:讲究研究方法和科学的历史观念。

他的研究方式是严格的科学的方式:它的第一步是确定史实的真伪,然后把它们集中到一起,接着总结出只有从这些事实中才能严格推演出的结论。

在尼布尔所着手研究罗马早期史时,他把自己的工作比作解剖学。他说,"我解剖词句,就像解剖学家解剖尸体一样";他还指出,"我努力剔除过于草率地搜集来的化石骨骸上的附加物"。

如果他继续书写共和国后来几个世纪及帝国的历史的话,他也许会研究碑铭和钱币学,会考察墓志铭和铭文,也许还会总结出罗马行省的统治方式。但是在这些方面他只是指明了道路。

尼布尔的历史观与他的研究方法紧密相连。通过对方言和神话、法律和宗教的比较,他在历史学中引入了演化理论,在整个19世纪的德国,这个理论将发展成历史科学,并由此产生了其他学科:语言学、语音学、美学、民俗学、比较神话学、宗教史等。《罗马史》是对这类方法的第一次运
用。这部著作是一场伟大学术运动的组成部分,而这场运动是19世纪德 53
国的光荣。

贝尼克(Benecke)当时正开始他富有启发意义的辞典编纂工作,奥古斯特·毕克则在撰写他的杰作《雅典人的政治经济学》,弗兰茨·葆朴(Franz Popp)正在从事他的比较语言学的开创性研究,弗雷德里希·迪茨(Frederick Diez)开始为他的《罗曼诸语言语法》搜集材料,威廉·格林(Wilhelm Grimm)复兴了德国古老的民间故事,而他的兄弟雅各布(Jacob)则为历史语法学奠定了基础。所有这些工作都源于同样的启发,都是同类研究方法的开山之作,并且以同样的方式为他们的国家服务。

整个这一壮阔的思想浪潮都是紧随耶拿的灾难出现的,它表明,一个具有如此活力的民族还没有濒临毁灭:而普鲁士成功的秘密就在于让大部分思想力量为它所用。虽说没有普鲁士学术这回事,但至少一些德国学者在以自己的才能和学术来为接纳他们的国家服务。尼布尔是他们中间的佼佼者。他以自己希望的方式书写《罗马史》,在普鲁士人眼前树立起榜样,并从历史总归纳出教训,以此服务于普鲁士的政策。

让我们来看看他是如何这样做的。

三

像1807年一代的所有爱国者——施坦因、沙恩霍斯特、费希特、格奈
54 泽瑙和施莱尔马赫——一样,尼布尔也认为普鲁士的失败原因在于它的政府败坏,它的粗枝大叶和缺乏力量逐步损害了统治阶级的思想。但人民还没有受到感染,正是在人民的身上,他期待着这个国家的新生。

他在给一个朋友的信中写道:"如果你了解人民,你会发现它值得你去热爱。你在别的任何地方都找不到这样的力量、严肃感、服从精神和宽宏大量。如果对人民的治理良好,它将是不可战胜的,虽然席卷这个国家的疾风骤雨极为狂暴,但人民的精神依然饱满。"[23]

这个民族需要领导人,但尼布尔心怀忧惧地评论说,那些本应该履行其责任的人们已经失去了自信和信念。他说:"我们的年轻人既落后且缺乏热情。"[24]要弥补这个不幸,就要"使年轻人获得新生,使他们有能力从事伟大的事业",他决心写作《罗马史》,他说,这部书将"把古代的崇高

榜样呈现在他们眼前”。他后来在给弗朗西斯·里贝尔(Francis Lieber)的信中写道:“普鲁士屈辱的不幸时期在我的历史著作中有所反映。除了热切地期待更好的日子并为此而努力外,我们不能作更多的事情了。在这个时候我们能做什么呢?但我们必须做点事情。我回过头来审视一个早已作古的伟大民族,以图增强我的思想力量以及我的读者的思想力量。我们感觉就像塔西佗(Tacitus)。”[25]

尼布尔不是那种通过著作袒露自己一切的作家。他是个学者,并且 55
是作为学者而写作的。但他的文风中有某种修辞上的考究,某种不时喷薄而出的个人情感。当他认为罗马史的某些事件与自己的国家或时代的历史有相似之处时,他会表现出对这些事件的浓厚兴趣,而且,在他的观点中,我们不难发现当代事务的影响。他十分讨厌那些征服者,如亚历山大(Alexander)和恺撒(Caesar),这肯定缘于他对拿破仑的仇恨,“自己国家的大对头”,他曾这样称呼拿破仑。[26]

若从政治的视角看,尼布尔也经常在他的著作中显露了出他的个人好恶:可以视为一以贯之的一点是他对被压迫者的强烈同情。

尼布尔有着自由的思想,但不能因此认定他在政治上是个“自由派”。确实,如果人们仅仅考察他的政治思想的话,也许会认为他是个反动派。

例如,他不喜欢“中产阶级的自由主义”。在意大利,他站在那些可 56
憎的政府一边,反对意大利民族的诉求。对于法国,他因为那里“现行的宪政理念”而表现出深刻的蔑视。原因何在?因为他把这些理念看作法国大革命的遗产之一,而他憎恶大革命。

有人曾这样谈论尼布尔:他一生中最强烈的激情是他对法国革命的仇恨。[27]这个说法很大程度上是确切的,无论如何,在他自己的国家,他是最积极地反对大革命的人之一。养育他的父亲从攻陷巴士底狱的那一刻起就向他灌输这样的观念:法国人无法创建和维持自由,他们迸发出来的所有激情都会终结于战争之中。

但是,无论从哪方面看,他对法国大革命都不是无动于衷的,因为他从中看到了德国夺回“依然被凯尔特人占据的德意志和勃艮第土地”的机会。

尼布尔总是从这样的观点来看待法国大革命。不管什么时候,当他考察大革命的影响时,他总是在反对它。有时个别性的局面也是由大革命造成的。虽然他在思考的时候像个自由派,但他经常在理想和自己的仇恨之间撕裂着。1830 年时就是这个情况——我们不能说他到底站在哪一边。他抨击查理十世的愚蠢,是这个人使得革命成为可能。他对阿诺德博士说:“是的,在事情发生后,我本人应该与巴黎人一起欢庆,就是
57 说,我该给他们建议或榜样,因为我不知道面对火枪还有什么好做的。”[28]但是,他同时又反对所有参加这场革命的人——从曼纽尔(Manuel)到邦雅曼 · 贡斯当(Benjamin Constant),再到拉法耶特(Lafayette),他也不喜欢三色旗。

这是因为,在这些深受最崇高思想影响的人物身上,他看到了某种自由的专制,这里面的观念对于法国的邻国来说是危险的,而尼布尔正热烈地期望这些邻国的解放。尼布尔憎恶一切强制和暴政。他深受人权理念的浸染,仇视一切压迫,不管压迫来自何方。他说:“如果我生活在这样一个国家,它的整体宪政中的某个因素受到不公正的压抑,不管这个因素是民主的还是贵族的,我都会竭尽全力寻求公正并恢复该因素。”[29]

《罗马史》的每一页中都洋溢着这种情感:每当尼布尔为被压迫者辩护时,那是因为“一个阶级或集团的支配权总是可疑、不公正和可鄙的”——正如他在第二卷的序言中所说的那样(他著作的这一部分论述的是贵族和平民的斗争及李锡尼法典[*Leges Liciniae*])。

在这一点上,尼布尔与后来普鲁士的历史学家们迥然不同,因为后者是“力量角逐”的崇拜者。讲述罗马史的尼布尔是自由的捍卫者,他站在加图(Cato)和西塞罗(Cicero)一边反对恺撒。虽然他把帝国视为必
58 然[30],但他并不为帝国而骄傲。相反他感到失望,如果不是因为罗马社会严重的腐败,恺撒在罗马本来是没有机会的。因此,由恺撒开始的帝国时代在他眼里是“历史上最令人痛苦的画面之一”[31]。

尼布尔当然从中得出了某种教益。他向读者表明,如果一个民族没有牺牲精神,它就十分接近于毁灭了:自私可以毁掉民族,正如自私可以毁掉个人一样。所以,他劝诫读者不要以福西昂(Phocion)[32]之流为榜样,这些人为了自己的安逸而冷淡漠然,在国家危难之际弃它而去。

我们马上可以指出,当尼布尔谈论这些历史事件的时候,他想到的是拿破仑统治普鲁士的那些苦难日子。他说:“福西昂十分敌视德谟斯梯尼(Demosthenes),谁要是注意到莱茵同盟时期某些人的行径,谁就会理解这种敌视情绪。我所认识的一些人——我远非认为他们不诚实——他们没有热情,不具备牺牲精神,也看不到希望,他们认为屈从于一个外国主子的奴役,要比忍受一场独立战争带来的痛苦好些:他们认为,没有什么比牺牲——不管是何种形式的牺牲——更没有意义了:成功的机会很小,人民大众对谁来统治他们无所谓。多少次我曾不愿与我人爱的人一起死去啊!我应该感谢神,之所以感谢神,因为我没有孩子,免得他们到时候对我说,‘你是个充满热情的人’,然后又愤怒地指责,‘你是我们一切痛苦的根源!’那些跟他们看法不一致的人有可能被他们谴责为狂热分子和所有罪恶的缔造者。”

但是,尼布尔希望影响的不仅是年轻人的心灵,还有年轻人的思想。在他看来,在1810年的德国,没有比这更紧迫的任务了。关键是要培养后代人坚定的政治信念。

德国青年长期对政治漠不关心。青年人在大学里追求的是知识。历史对他们而言无非是一种学术研究。另外,那个时候还没有政治史学者。他们仍然停留在席勒和约翰内斯·冯·缪勒的文学史时期。当时倒是有过一种政治史的论著,它的作者是施普利特(Splitter),但那是多么冗长乏味、在实际教学中多么糟糕的著作啊!尼布尔给了德国人缺乏的东西:一部真正的政治史。

在阅读《罗马史》的每一页时,人们会感觉到,从处理政治问题和阐明最复杂的历史难题的手法上来看,作者自己已然参与过公共事务并参加过谈判。[33]

60 歌德在读过《罗马史》后充满赞叹地指出:“所有的人类事务,都应该以这种方式来处理……我对土地法本身没有兴趣,但我乐于看到尼布尔解释它们的方式,他使得法律之间的复杂关系清晰化,促使我在今后的公共事务中也去这样做。”

尼布尔希望从罗马史得出的第一个政治教训是,“拉丁姆地区的牧羊者民族”是如何逐步“掌握意大利和世界的命运”的。简言之,他认为必须让“没有国土或国家的”德意志人民看到这个“民族发展之典范”的人民的历史。

当谈到拉丁姆时,尼布尔显然想到了普鲁士。他看到了二者惊人的相似性,在这两个国家,个人努力成就了一切事业。通过这个真理,他希望让读者牢记,国家就是“力量”,小国家不会产生统一,不管它们如何文明开化。他说:“时代在变,王国崛起并逐渐强大,而小共和国和公国不再成其为国家。对于一个国家来说,只有当它独立自主时它才能担当起国家这个名号,就是说,它需要有继续生存下去、并使其权利受人尊重的欲望……对生活在和平时代的人民来说,受人保护的国家也许颇受欢迎:这些国家可能优待艺术和文学,但它们的国民却没有祖国,因为他没有必要时以最好的方式武装自己和增强力量的条件。因为在奴役之下,人几
61 乎就不成其为人了,没有国家或祖国,最出色的人也无所作为,但如果有国家或祖国,即使一个平庸公民的作为也要大得多。”[34]

通过叙述罗马史,尼布尔试图向德国人表明,国家——德国人还没有——如何才能创建起来。拉丁姆为了维持自身生存不得不兼并其轨道内的所有土地。普鲁士也应该这样做,就是说,它应该逐步征服所有因孤立而陷于虚弱的德意志邦国。尼布尔还提到了这些邦国的名字,它们是萨克森、石勒苏益格-荷尔斯泰因、汉诺威以及各自由城市。为了宽慰这些失去独立的国家的居民,他提出了自认为十分有力的理由:从物质利益的角度看,这些居民将获得巨大的好处。

“如果布里斯托尔和利物浦是自由城市”,他说,“那它们的重要性恐

怕要远低于现在作为普通城市的地位。同样，汉堡和石勒苏益格-荷尔斯泰因只有置于普鲁士的统治下才能达到它们的顶点。”

出生于石勒苏益格-荷尔斯泰因的尼布尔并没有表现矫饰的抱憾之情。他向学生们指出，在各民族的历史进程中，这是一条法则，反对它是徒劳无益的。他说：“在古代，小共和国由于其特殊的条件而成为强大的文明中心，但现在不行了，因为国家要与民族生存融为一体。”他的听众能从中得出一个明显的政治理论：德意志各个小宫廷必须消失在扩张的、 62
强有力的普鲁士之中。

尼布尔在其《罗马史》中强调的另一个同样重要的教训是，政治中所有的模仿都是危险的。

当他撰写这部著作的时候，不少对法国革命印象深刻的德国人都认为，新的德意志国家必须按大革命的方式来组织。尼布尔竭力劝说他的同胞反对这种虚幻的看法，他告诉他们，对民族生活而言，对外来事物的任何模仿都是危险的；民族只有忠实于自己的天性和起源才有可能创造积极的业绩。在谈到罗马文学时，他这样说：“形式会扼杀一切，而且会扼杀更多的东西——如果形式是外来的话：某种意义上说，这就是拉丁文学流产的原因。”我们可以清晰地看到，尼布尔在说这番话的时候，他是希望向德国人表明，要想拥有真正的民族国家，他们应该在自己的国家、而不是到国外去寻找：在本国，他们可以发现一个最好地体现德意志品质的国家：“严肃、真诚(Innigkeit)、独创性、热爱。”这个国家就是普鲁士。

但尼布尔还不满足于这些：他还想对他的读者表明，从政治的角度看，普鲁士已经在不求助于革命的前提下实现了其基本的自由。他说：“认为自由来自底层的看法是个错误：历史告诉了我们相反的情况：这样得来的自由绝不比来自上层的自由更持久——自由来自权力当局：它必须是后者授予的，而不是从后者那里夺得的。”他总结道，像普鲁士那样 63
开明、敏锐、监护性的绝对主义一直是承认思想方面的权利的，对德国人而言，它是最佳的政府形式。[35]

我们必须厘清《罗马史》中包含的全部政治情感。尼布尔并不是在每一页上都表露出自己的所有情感:相反,他小心翼翼地掩藏了它们,因为他很清楚,这是表达情感的最佳方式。对此德国人当然不会看不到。当某些人煞有介事地把这部历史书仅仅看作一部纯粹的学术著作时,普鲁士民族主义者则很早就在尼布尔那里看到了他们的领路人和先驱者。特赖奇克正确地指出,"《罗马史》主要是一部亲身感受后触发的作品(ein erlebte Werk),而不是学术研究的结果:这就是为什么尼布尔的同代人把它视为经典作品之一的原因,而经典即便在细节上被驳倒亦是不可取代的"[36]。

四

在通往现代史学的每条路径上,我们都可以发现尼布尔的身影。他是第一个以历史应该具有的表述方式来表述历史的人。他的历史哲学是关于各民族逐渐演进的"生成"哲学,现在它已成为所有当代历史学家共
64 同的历史哲学。尼布尔在所有人之前率先运用了比较研究的方法,从而为我们的思想开启了通往过去的直觉之门。另外,从1811年起,他就在奥古斯坦·梯叶里(Augustin Thierry)和米什莱之前就觉察到了种族问题的重要性,后来蒙森、泰纳(Taine)和勒南(Renan)都在这个问题上有过很多论述,他们这样做的目的都是为了更好地理解法律、艺术、宗教和文学。还有一点也是尼布尔的创新,那就是表述历史的形式。

在他之前,历史研究中要么是席勒式的鲜活而富戏剧性的叙述,要么是如伏尔泰般完全是对事实的思想评论——这种方法是在阐述事件的意义而非向读者呈现事实。但以这两种面目出现的历史都是世界史,它更符合18世纪的思想家的口味,这些人更关注的是思想而不是事实,而且不喜欢分析情感和感知。

但是尼布尔开创了另一个时代,这个时代的历史学家追求的是与过去生活的直接而迅捷的交融。尼布尔首先有批判的头脑,他深刻的洞察力可以在看似千篇一律的历史中发现与我们距离最遥远的风俗和特性。在现代作家中,他是第一个试图理解和判定各民族独特生活方式的。

在他写作《罗马史》的时候,还没有人谈到历史学的复兴。直到后来奥古斯坦·梯叶里和米什莱的时候,这个说法才流行起来。不过尼布尔是这些人的先驱。

在他独孤而静谧的研究生涯中,他也像上述学者一样,取得了同样的成就。确实,他的研究并不那么光彩夺目。他较少考虑地方特色、背景和
习俗。作为一名出色的语文学家,他追踪的是那些体现人的思想状态的 65
词汇,他总是希望优先探索民族或个人的内在生活。不过话又说回来,他确实引起了历史学中一场影响深远的革命。对此他在如下文字中指出了革命的特征:

> 从前的时代在考察古代历史学家时,总是满足于反复观察地图和风景的方式,好像这些东西就是一切,而根本没有尝试把它们当作重绘其所表现的形象的工具。不过现在,有关这类课题的著作要想令人满意,就必须以其明晰性和风格特色立于现代史学之林。[37]

他就是这样做的。罗马第一次从灰烬中复苏了。还没有人展现过这种历史推测的天赋。尼布尔完全投身于对罗马人生活的研究中。他把握到了那个时代的灵魂。另外,他还有一点古代日耳曼人的精神气质,凭借据这种气质,他可以理解被湮灭的古意大利人。这使他可以进入轻易地走进这些人的风俗中。他把这些人和他周围的人作比较,与日德兰半岛和迪特马尔兴地区居民中尚存的原始因素做比较。弗里斯兰农民的传说有助于他解释罗马的传说。希腊人移居意大利与现代人的迁徙形成活生生的对照。他从中看到了完全相反的行动:"现代盎格鲁-撒克逊人在美
洲寻找原始森林,在那里过独立生活。"通过解释密西西比河红皮人的某 66
些风俗,他对意大利先民的生存状况做了出色的分析。

意大利种族的混杂让他想起了巴勒斯坦和塞浦路斯的十字军后裔以及西班牙征服者的后代。他在解释这些原始民族的丰功伟业时,提醒我们注意秘鲁人的巨型建筑。还有,他提到中世纪的行会,为的是解释意大利城镇里的某些特点。总之,他动用渊博的学识来为自己的史学洞察力

服务,为我们重现过去的事物。

对地点的外部特征的描写为的是帮助复活历史,或使其更加完善:尼布尔描绘了整个意大利的风景——山脉、河谷、城镇和平原。对他来说,罗马的外形不是什么秘密。他已经发掘或再发掘了罗马,这个巨人现在就站在我们眼前。

当然,尼布尔的才能还不能与我们当代的学者等量齐观:后者如勒南、泰纳和蒙森。在这一点上,他仍然只是位先驱者,但无疑,正是从他那个时候起,对历史事实的兴趣才正式开始。

确实,这种对事实的兴趣一直萦绕着尼布尔。当我们阅读他的著作时,我们可以感到,他不仅仅是个理论作家。他承认,他对事实的兴趣缘于他曾生活在“一个我们见证了许多闻所未闻的难以置信的事件的年代……”[38]他还补充说,当一个历史学家复活从前的时代时,“如果他经
67 历的事件越重大,他对过去的兴趣和同情之感就会越深刻”。[39]确实,他的通信中也充满栩栩如生的片段,就像我们今天乐于在历史著作中发现的那些片段一样。

例如,这里有寥寥数语描绘艾劳战役后的战场景象:

> 甚至就在柯尼斯堡边上,我们也只看到一幢幢孤零零的毁弃的房子,村子大多没有人居住,田野里也看不到牛,偶尔——但很少见——你可以碰上一小群羊或几头猪,村子里人迹罕见,即使看到也是焦虑悲惨的模样。在艾劳,兵火蹂躏直至城门之下……不过,我们找到了几个前往战场的向导,他们给我们作了讲解。我不能给你捎去任何的遗迹作纪念——战场上除了军服的残片外我们找不到别的。[40]

在另一处他为我们描述了俄国大撤退:

> 最近两天,从维斯瓦河来的逃难者不断涌来:其景象我无以言表。这无疑是我一生中最难以忘怀的一幕:它所包含的艰难险阻不会让我忘却这段经历。这样的事应该亲眼目睹。[41]

但是尼布尔缺少一种优良材具:表达形式上的才能。他的《罗马史》读起来很不顺畅:文字组织很糟,文风散漫、混乱、枝蔓丛生、缺乏条理,作
品时而充斥着技术性的辩论,插入的语句阻碍读者的阅读,干扰叙述的展 68
开。

但必须指出的是,这些插入的语句本身很有趣。例如,当他谈到佩里佐纽斯(Perizonius)[42]的推测能力和罗马的地震时,当他给我们描述一些疾病、对罗马和马其顿的战术进行比较时,尼布尔总是装满了有趣的知识,但是叙述则受其博学之累。

使他在篇章组织上的缺点更形严重的是他的语言。尼布尔从来没有学会写作。他的论著到处是浮夸空洞的修辞:他缺乏简洁和分寸感。泰纳十分准确地指出,“他的文风受抽象语言的拖累,文字中堆满长句,缺少层次和断句以及明显的递进感;人们也许会突发奇想,自己是否是在哈尔茨山的矿井中、在冒烟的矿灯的光线下,身旁的一个工人正在费力地刨挖矿石”[43]。

麦考莱(Macaulay)曾正确地评述尼布尔说:“如果他表达真理的才能与其研究真理的才能稍成比例的话,他将是那个时代首屈一指的作家。”[44]

列奥波德·冯·兰克(1795—1886)

第二节　列奥波德·冯·兰克

五

初看起来，没有什么比历史学家兰克的著作更少民族主义色彩了。如果看一下他的著作名录，我们会发现它们涉及重要历史时刻的意大利人、西班牙人、土耳其人、塞尔维亚人、伯罗奔尼撒的希腊人、威尼斯人和 69
罗马教皇，他也论述法国人和英国人，但所有著作中看来都没有涉及德意志和普鲁士的问题。

另外，作为一名教授，虽然这位杰出的学者给柏林大学增添了如此多的光彩，但他和这个新学校的其他历史学家大不一样，后者是普鲁士主义的使徒，他们把大学教席变成了政治讲坛。兰克具有敏锐而谨慎的头脑和贵族式的品位，他是那位最虔诚、最保守的国王弗雷德里希·威廉四世的朋友之一，并因此成为外交家和政治家们的朋友，但是他本人离当时的政治生活却相当遥远。他从未想过要当个议员。他仅仅为学术而生，他的人生就是在卷帙浩繁的平静研究、在柏林大学的讲坛以及科学院的会议之间度过的。

他的政治倾向绝不同于那些吵闹喧嚣、虚张声势的民族主义历史学家们，这些人很久前就给普鲁士政府带来了麻烦。直至他生命结束之时，在帝国议会召开之后便已在柏林涌现的民主化的社交界，他看起来都像个局外人。这个耄耋老人满头白发，举止谦恭和蔼，他的礼数似乎与其年龄不相称，一位同代人这样说，兰克会被认为是敏娜·冯·巴恩海姆(Minna von Barnhelm)[45]时代的老侯爵。

但是，这个老派的学者在很多方面却相当现代。没有人像他那样洞悉当代的政治。当自由派民族主义历史学家向威廉一世的政策进行不可调和的战争时，在悄无声息中做研究的兰克却完全赞同。到后来，他什么 70
也不去否认，什么也不去辩解。他总是普鲁士君主国家善意而忠诚的仆人，但他首先是公正和谨慎的。他不在著作中表露自己的观点和情感。

他像尼布尔忠实的弟子,他深信,历史的训诫意义不会因为他设法掩饰而削弱其显著性。对于兰克,我们在发现其内核前首先要击破其外壳,这个工作同样是有趣的。

让我们试着去解开这一切……我们将看到,他的著作并不因为不是十分张扬而缺少现实性:从其历史观念和其著作中应得出的意义来说,他与普鲁士史学中那场强大的运动存在联系。在对他的生平和他作为历史学家的活动做一番回顾后,我们将对我们的发现感到震惊,最后我们将得出这样的看法:他在这场共同事业中的地位并不缺少光辉。

六

从 19 世纪初开始,普鲁士就开始争取人们支持它的政策,而兰克就是普鲁士在这方面做得最成功的典范之一。从出身上说,兰克属于老德国。他于 1795 年生于图林根的一个小农业市镇维阿,那里的生活十分平静,没有纷扰;他成长在一个教养良好、品德坚定的中产阶级家庭。

有谁会想到,在他出生的时候,别的地方正发生巨大变乱呢?在他生活的那个童话般的故乡图林根,有帝国时代城堡的遗迹,老巴巴罗萨
71 (Barbarossa)皇帝依然沉睡在山间,这里的一切似乎与现代生活完全隔绝。这里的学校在德国是一流的,它们是语法学家和语文学家的摇篮。学校的教学内容自宗教改革以来就没有变过。在当时,英国和法国都开始了应用科学的时代,思想的视线一直落到了最现实的层面上,但这里的人民仍然将目光投向过去。

这里没有政治生活。它有肥沃的河谷,富饶的平原上点缀着耕地和森林,居民在萨克森国王慈父般的统治下过着安定的生活,当时,这些善良的新教徒中没有一个对他们的国王应该是天主教徒而感到奇怪。

但这些情况改变起来也很快。无中生有的生活降临他们头上:像德国很多其他角落一样,新生活随拿破仑的大军而到来。耶拿和奥尔施塔特就是打开这个国家的门户。当达武(Davout)的大炮轰鸣时,兰克还是个 12 岁的孩子,他攀上维阿附近的山峦,聆听战场上的枪声。后来,他看

到法国的元帅们进了城，他们刺绣的军服上别着华丽而俗气的十字架。
在那个时候，兰克像所有萨克森人一样，带着明显的同情心欢迎法国人的
到来：他带着赞叹之情阅读法国人的大军张贴的布告。但这种情感逐渐
消失了。学校的老师教学生们读阿格里科拉（Agricola）传，以唤醒他们的
爱国情感。直到那个时候，兰克还只是个萨克森人：但是老师们告诉他，
在小小的萨克森祖国之上还有大的德意志祖国，观念中的祖国。从那时 72
起他不再把法国人视为解放者。相反，他在家中高兴地看到盟军的宣言。
他心中还没有燃起强烈的爱国激情，但仇恨却在心底增长：他渴望暴君的
倒台。

兰克在他的《自传》中生动地讲述了这一切[46]，他还告诉我们他是如何得出如下看法的：为了防止这样的灾难再现，德国人应统一起来；还有他是如何得出这样的信念的：只有普鲁士才能完成这样的统一。但即使在那个时候，他也不认为，光有自由的梦想就能实现这一点。他的头脑谨慎而深刻。在一个所有年轻人都为自由观念而热情澎湃的年代，在美德同盟和青年人会社等爱国团体纷纷成立的年代，他明智地保持距离。他甚至责备那些头脑发热的团体；但是，这并不妨碍他认为“政府的镇压既不公正也容易激起反叛”[47]。

在那个时候，兰克就已经是个优秀的普鲁士人，他终其一生都是如
此。但是，这一点并非兰克个人造就的。1815 年，当萨克森治下的图
林根被普鲁士兼并时，兰克还是莱比锡大学的学生，他觉得，“萨克森祖
国就这样被抹去”，让他不无伤感。但他父亲是个很实际的人，他马上
便意识到兼并的好处，并试图让儿子懂得这些好处。老兰克是个萨克 73
森法官，生性活泼积极，他很早就赞赏“普鲁士行政管理上的优越性和
腓特烈大帝制度的有效性”：他预言道，“德国的未来属于普鲁士”。兰
克说：“他希望我在普鲁士追求自己的事业，而且最终我同意了他的看
法。”[48]

从那一刻起，兰克成了普鲁士君主制度出色而忠诚的仆人：1818 年，他在奥得河畔的法兰克福学院开始自己的教授生涯。他说：“在那里，我

与普鲁士官员交往,我开始赞赏我的新祖国敏锐而开明的管理体制。"[49]七年之后,1825 年,他应召去柏林,担任柏林大学近代史教授。从那时起,他与新祖国的结合完成了。这个图林根人完全被掩埋了起来,如果不是他的口音还有些嘶哑粗嘎、以致暴露了他的上萨克森出身,他本来可以在他临终之时被看作柏林人的,而且是个老派的柏林人。

但在政治观点方面,这种新认同是完全彻底的。二十岁的时候,他并不赞同青年自由派的虚妄看法,而现在,他更愿意接受霍亨索伦家族的政策,这种政策由可靠的行政体制和明智的政府构成。多年后他真诚地写道:"国家的理想让人衷心赞同,成为它的一员真是令人欣慰。"[50]

74

七

当兰克于 1825 年到达柏林的时候,他还是个年轻的学者,对政治根本没有兴趣。从内在气质上说,他是个保守派,作为普鲁士人,他不喜欢革新。他第一次必须就当代问题发表看法,是在凡哈根·冯·昂泽的家中,他经常去那里,并碰上了一些新朋友,这类人是他从前所没有见识过的;——他说,"他们是青睐于法国议会式的政治斗争的自由派,且多少认为欧洲自由事业的未来取决于这些斗争的结果"。

当兰克被邀请参加这类斗争时,他无法对自己不熟悉的事情充满热情,于是他开始研究历史。[51]在他看来,当时的主要问题是法国大革命的问题,在从各个方面对这个问题进行考察过后,他试图解决它。他曾这样表述这一问题:"大革命是否有可使其赢得人们思想和心理上的支持和完全之同情的某种普遍意义?抑或只是一个普通事件,只是各种局势巧合的结果,而这些局势也许可以不一样?"

但是,谁人看不出,这样表述大革命的问题就是以某种方式解决问
75 题,或至少表明它已经在头脑中得到解决了呢?像很多历史学家一样,兰克也有这样一种幻觉,即认为历史事实总是能帮助证明政治原则的价值,原则的结局就是原则本身,就法国大革命来说,他认为它没有完成其基本任务,指导革命的原则也就是些糟糕的原则。他说:"在完全承认其普遍

意义、特别是对我们每个人的意义的同时，我还是要审慎地站在反对它的人们一边。”

兰克不喜欢政治上的理想主义者。有一次，他在维也纳碰到了一位萨克森同乡，这个人是哲学家施耐德（Schneider），他表达了对法国大革命的赞赏之情。但兰克后来提到这个人时轻蔑地写道：“他是那类理想主义者、自由主义者、理性主义者中的一份子，这样的人助长了对待历史的最可怕成见。乍看起来，他们的信念具有严格的连续性及合理性，但说到底他们的错谬还是显而易见的。”[52]

而这也正是他对法国大革命的责备。大革命的立法者的理想主义同他的现实主义很不对胃口。他像柏克那样争辩，而后者的思想对他有巨大影响。这位伟大英国政论家的《法国革命论》构成了兰克的政治信条。[53]

兰克之所以持这样的看法还有另外的原因。他之所以不喜欢法国大革命的观念，那是因为他认为这些观念对德国而言是个威胁。

在他看来，法国人的特性中最明显的一点是乐于传播自己的观念。 76
他说：“为了传播这些观念，法国人很愿意发动战争。”他在整个近代史中都看到了相关的证据：“从热衷于荣誉的年轻贵族们在拉法耶特的指挥下乘船前往美洲的那一天，一直到大革命和拿破仑的征服战争。”所以，在《法国史》的开篇之处，他就道出了自己对法国人的特殊心理的见解：“法国人具有一种强烈的、充满野心的、喜欢征服的、好战的民族精神，他们随时准备发起攻击；他们老是防备着真实的或假想的敌人，并压迫自由民族。”[54]

对于兰克，这种情况的结局使他得出这样的看法：在法国人当中，革命和征服欲是同义词。当他考察塞纳河畔争取自由的运动时，他不能不想到，法国人的远征军马上会向莱茵河进发。关于这一点，他有时会在通信中以某种戏谑的方式表达出来。

例如，1830 年 8 月，当他在意大利旅行时，他在亚平宁山区的一个偏僻乡村得知“光荣三天”的消息。他马上激动起来。他叫喊道：“‘伟大民族'所需要的，是某个能让它保持秩序而不致因此而打扰其邻国的人物。"[55]

1848年再次如此，"他认为，由于紧邻那个好战的国家（Schlagfertige französische Nation——好战的法兰西民族），德国面临新的危险"。

77 不过，兰克并不是那种狂热的条顿主义者，对于后一类人，每当人们跟他们谈论法国时，他们都会立即火冒三丈。兰克经常去法国度假，在那边还有一些有头有脸的朋友。他甚至喜欢作为个人的法国人，欣赏"他的交际风度和艺术上的细腻品味"。他也承认"伟大民族"对文明的贡献，而在这一点上，我认为他使用"伟大民族"一说并无讽刺意味。

在法国人那里，兰克不喜欢的是他们的政治。他认为，如果德国要成就任何业绩，它应该采取与法国相反的方式，所以应注意不要从法国借用任何东西。

兰克在其发表于《政治—历史杂志》（*Politische-Historische Zeitschrift*，柏林，1831—1836）上的论文中自始至终都在表达这些看法，他创办这份杂志的目的很明确，就是要同法国对德国的影响作斗争。他说，"对法国发生的事情的同情是如此强烈和广泛，以致我得就这种情况发表我的看法。"[56]

兰克的纲领是清晰而简单的。"让我们自行组织起来，而不是去费尽心机模仿邻居们。"这一点符合他从过去的经验中得出的历史哲学。

他说："我们必须担当一项只关涉我们自己的任务，一项全然是德意志的任务。我们必须组建一个真正的德意志国家，这个国家要与我们民族的天性一致。首先，对于法兰西民族自认为满意的形式，我们一定不要
78 去模仿。法国的问题与我们迥然不同……我并不责怪他们已经做过的事情：他们到底应按他们的想法行事、还是应按自己的能力行事，那是他们的事……对我们而言，我们伟大的文学时代的所有贡献、我们伟大人物的一切科学发现、一切在德国已成为伟大的东西，都是与法国相对立才得以成功的。"[57]

但是这种论点在公众当中没有引起反响。德国的中产阶级还没有作

好接受这些观念的准备。“中产阶级对政治无可救药的冷漠”，一位后来为扭转这种局面做出了贡献的历史学家说，“他们满足于在做生意之余或上床之前崇拜坎宁、叫嚷着反对反动派、向波林雅克（Bolingnac）挥舞拳头。”[58]很明显，要让他们从迟钝中苏醒过来，光有学术性的话语是不够的。而兰克虽然有贵族式的才干和优雅的外交辞令，虽然在讨论问题的时候表现十分出色，但他缺少必要的热情去说服别人追随他的思想。他身上没有任何群众化的东西。他的品质是位历史学家的品质，而不是政治作家的品质，与论战家就差得更远了。他更多是向人的思想诉说，而不是向人的心灵和意志诉说。当他开始创办杂志的时候，他写道：“我比以前更加需要稳重、节制、思想和智慧。”但这些与他获得成功所必需的东西背道而驰。大众对思想方面的细微分别、对精致的辨析评判一无所知。必须以直接而强有力的语言向他们诉说。一旦兰克开始申述自己的理由时，便没有人愿意听他说了。[59] 79

另外，由于想要所有人满意，结果他无法博得任何人的欢心。他说：“当我认为每个人都会赞同时，我犯了个多么大的错误！事情恰恰相反：我的老朋友凡哈根·冯·昂泽和亚历山大·冯·洪堡认为，法国大革命的发展是世界的福音，他们对我表现冷淡，并疏远了我。那时候我的朋友拉多维茨（Radowitz）和盖拉赫（Gerlach）刚刚创办了一份保守派报纸，他们也不能容忍我，这同样是因为我不完全赞同大革命。”[60]

兰克最终放弃了这一事业。三年后报纸停办。这次经历给他带来的好处是，他开始怀疑一切理论。十二年后他完全站到了务实的政策一边。1848 年革命期间，在到处蔓延的信心和欢欣之中，他认识到，议会的表决绝不能完成德国的统一。他现在什么都不指望——除了普鲁士的剑。

他相当直接地向国王弗雷德里希·威廉四世表达了自己的看法，国王当时正被 3 月在柏林发生的事情弄得惊慌失措，于是就时局问题征求 80
兰克的意见。兰克简明扼要地回答他的君主：“给一部宪法……宪政体制应该被视为现代社会装门面的政治形式，对此无须带有什么爱恨情绪。在我们目前的局势下，两个方面的情况有利于宪政：首先是旧的普鲁士行政体制，它原来曾如此伟大、其服务是如此出色，但现在已不复存在……第二个原因是，现在的人们已经只习惯于在宪政形式下考虑政治生活。莱茵河沿岸各国的司法机构，其理念与普鲁士世袭制国家的理念不一样：这些机构在各自的国家掌握了法律的力量……如果我们对此视而不见，我们就应考虑另一件事——我们与德意志其他地方的关系。"[61]

在这种局面下，兰克显示出卓越的政治洞察力。但是，像每个忠实的普鲁士人一样，他并不希望由宪法机构掌握一切。国王的权威应是不可触动的。它是新的政治穹隆的基石。国王不应接受从街道上传来的"命令"，为了安慰被柏林起义吓坏的弗雷德里希·威廉四世，兰克对他说："从根本上说，人民对政治不感兴趣……他们需要的只是生存下去……他们心地纯正，但他们正在受苦……他们听从自己的领袖。在法国大革命期间，人民需要的仅仅是一个表达自己不满的机会。若正确处理他们
81 的正当要求，他们就会断绝与职业性骚乱分子的联系。我们首先要做的是为那些缺少工作的人找到工作。"

接着，兰克提出了一整套堪称某种国家社会主义的大胆计划。对这一点，也许后来的帝国主义者会嫉妒他的。他说："我们将组织工人团体，工人将受雇于公共工程部门，他们将为河道之改良、荒地之开垦和其他诸如此类的工程而工作。另一方面，对于那些没有多少财产的人，我们不会给他们多少政治权利。"[62]关于普鲁士的政治问题，兰克同样是积极的："普鲁士需要在德意志履行一项使命：它不应该在这项使命前退缩：它应该以自己的力量遏止骚乱因素。""您是局势的掌控者"，他对国王说，"因为您有军队"。

下面这段话是关于普鲁士军队的："这是一株根基悠久的树。风暴曾侵袭它，夺去了它的一些枝叶，但此后它又成长……强壮而自豪……别的军队没有这样的历史：它们太虚弱了，以致不能被称作军队……各种带有摧毁性的宪政思想结合到一起会导致危险的后果，而只有普鲁士军队才能遏止这样的后果。当初难道不是这支军队才有能力保护法兰克福议会吗？"

最后的结论是，“有这样一支出色的军队”，我们可以强制德国人接
受我们的条件；我们可以制服“反叛的君主们”；“解除奥地利在德国的利
害关系就是给它帮忙，如果它不理解”[63]，那么我们可以“以武力（Krieg
wagen：冒战争之险）让它相信这一点”[64]。这样的结论让俾斯麦也会很 82
满意的：“我毫不怀疑，如果以这样出色的方式处理那些革命性的因素，
普鲁士将在这个世界上获得更重要的地位：但是行动必须迅速、坚决而有
力。”

弗雷德里希·威廉四世的头脑足以理解当时的局势，但他没有足够的力量去处理这一局势（他自己对那些授予他帝国皇冠的议员说：“腓特烈大帝是你们想要的人，但我不是一个伟大的君王”）——我的意思是说，弗雷德里希·威廉四世只是把兰克的建议锁到抽屉里，他等着另一位国王在更好的时机将它付诸实践。

为了发表自己对时局的见解，兰克曾一度离开了史学研究，这时他又重新开始自己的工作，他的平静更甚于过去。他知道，他所推荐的政策是正确的——正像他说的，他的建议“符合普鲁士的历史逻辑”；在等待那个可以并应该实现其建议的人的同时，他继续以自己的政治学说教导下一代为此做好准备，他希望在自己的历史课堂上给出这样的学说。

八

据说，在一次史学家会议上，有一个狂热的新教徒、宗教改革史的研
究者，他注意到了兰克观点的正统性和片面性，于是贸然上来搭讪，带着
高傲的神情对兰克说：“亲爱的同事，你我在有一点上是一致的：我们都
是历史学家和基督徒。”“但是”，兰克回答说，“我们之间还有一点分歧： 83
我首先是个历史学家，然后才是基督徒”[65]。这个十分可信的传闻是对
兰克的绝妙描绘。当他考察历史的时候，他把个人情感关在了门外。他
珍爱自己的思想观念，但他更倾向于对真理的热爱。这个表面看来如此
平静的人，当涉及真理的时候就会激动起来。

他在一封信中写道：“我所追求的是真理而不是光荣：我愿以我全部

的力量献身于真理……错谬应逐步消去。”

作为历史学家，兰克职业生涯的唯一动力泉源也是这种对真理的追求。当他在奥德河畔法兰克福向青年学生教授历史时，他已经开始翻阅原始史料来重写历史，为的是使得历史令人信服。这种工作决定了他的职责的性质。在研究15世纪时，路易十一引起了他的极大关注，而司各
84 特的历史小说《惊婚记》(*Quentin Durward*)描写的也是这个时代，于是他翻阅了这本书。后来他在《自传》中这样说：

> 我读过，我发现这本书里面有很多有趣的东西，但有件事让我震惊，这就是作者处理大胆查理和路易十一时的随意性，这违反任何史学传统，即便是在细节方面。我研究过科明(Commines)[66]和当时其他的文献，这使我更加深信，像瓦尔特·司各特笔下的大胆查理和路易十一是不存在的。这个称职的小说家自己也知道这一点：但是他的故事缺少历史价值，这是我不能原谅他的。在对他的叙述和真相进行比较后，我深信，历史真相远比浪漫小说更为优美和有趣。从那时起我就决心献身于前者，在我的著作中坚决避免任何想象和臆测，并将自己严格限定在事实的范围内。[67]

作为一个历史学家，兰克在自己的第一部著作《拉丁与条顿民族史》的序言中简明地提出了自己的目标：“我只希望按事实发生的状态叙述之。”[68]

初看起来，没有比这个目标更简单更平常的了。讲述真相——所有真诚的历史学家都期望这样做。这一点毋庸置疑，但在实践中则很难兑现。光有这样做的愿望是不够的，还必须一种特别的恩典，而得到这种恩典的人非常少。

这样的恩典由某些自然禀赋构成，有些禀赋可能是消极性的，如才具
85 的平衡性，判断力，睿智，有一些是积极性的，如善意和信念，而在这些品质上兰克达到了最高的水准。他从来不进行抨击，总是试图对每个人都公正，他曾说：“我首先要做的是要公正和善意。”[69]他认为可以通过艰苦

的工作和某种修身法达到这一点，他曾这样总结他的修身法："人的本分在于心态平和，使自己处于自满状态。"[70]

可以说，这就是他的力量所在。这个睿智的人唇间会流出涅斯托尔[71]的蜜。他的经历也完全是平静的。他既自上而下地观察，也从远处 86
审视：他看得也很准确。他在观察时从不受激情和偏见的干扰。他很早就达到了这种明智状态，获得了经验得来的果实，虽然这种果实一般只有老人才能得到。这种明智——这一点无可置疑——使他的思想才智获得了全部力量。

兰克不是天才：他甚至缺乏创造性，但是他头脑很聪明。他具有很高的才智，很早时就表现出全面的能力。作为历史学家，他不是一味信奉某种思想或某一门科学的人。他上大学的时候，正是大量过分专业化的研究开始涌现的时期，但他自己却从事各种最不相同的研究：历史、哲学、法律、文学和神学。在德国，经常有这样的学者，他们仅仅是个有学问的人，但兰克对这类人感到恐惧。他说："这类怪人，他们在一个课题上工作越努力便越没有意义。"[72]

在他眼中，甚至尼布尔也没有赢得恩典。他认为尼布尔太渊博了，所以文学味不够。[73]"在文本考察之外还有别的事情"，他这样说。历史学家也应研究历史中的重要思想观念。[74]对于历史，兰克感兴趣的 87
是其中有关人的问题。"观察世界，无论过去还是现在"，他说，"尽我所能把它吸收到我这里：从中抽出并获取一切美好及伟大的事物，以公正的眼光看待普遍历史的发展，并以这种精神创作优美高尚的著作：如果我意识到这一点，哪怕是在最小的程度上意识到，请想想这是一种怎样的幸福吧。"[75]

从历史观念上说，兰克有点歌德式的精神。他曾在以下的文字中表达出这种精神："我们对这个世界的真正兴趣是要让自己具有我们本不具有的东西。"[76]

他还在别的地方那个表达出类似的想法："除了记录众多生灵的行动和苦难，历史没有其他的任务，我们就是这类生灵，既野蛮、凶猛、充满力量，又善良、高尚、平静，既肮脏又纯洁：历史要追踪人类的足迹，从其诞生到其形成。我正在重读‘世界史’。当我思考人类事务时，我的心跳会加速。”[77]

88 为了获得关于人类的知识，兰克为历史学家指定了两项任务：第一是判定伟大历史角色及其所代表的民族个性的真实面目；第二是指出它们在整个世界史中的关联角色，对兰克而言，世界史才是历史学的终极目标。民族的特性及其与普遍的世界史的关联是兰克史学的两个特征。

兰克首先十分重视对个人的研究。巴克尔（Buckle）认为，重大历史运动是由自然法则决定的，某种意义上说，这与个人没有关系，或者说他们仅仅是自然法则的工具；但兰克的看法不同，他坚持认为，历史只是“某些或多或少满足一定条件、并具有各自特定的影响领域的人物的创作”[78]。

兰克不像卡莱尔（Carlyle）那样对历史人物的使命怀有强烈的信念，但他也深信，一个国家或时代的发展取决于伟大人物，这些人物是各自国家和时代的精神的绝佳的人格化体现。他说，“推翻世界的不是观念理论，而是那些作为观念理论化身的强有力的人物。”[79]于是需要指出——
89 而且历史已经证实——的一点是，除非为了展现某种普遍历史趋向，否则那种伟大的历史人物不会出现，那种历史趋向没有他们也是不存在的，同时他们还属于某种道义世界，他们就是这个道义世界的化身。[80]所以，伟大人物也是各民族的产物，他们不会轻易出现，除非“在一个相对先进的文明阶段”。

因此，我们必须以极大的专心研究国家和民族，而且，由于它们不是由无意识和盲目的历史构成、而是由自由的个人组织或聚合起来的，因而我们必须努力确认“此种集体性个人”的特征，这些特征会体现在它的各个构成部分中。

兰克之所以重视这种“人民的个性”，是因为在他看来，这种个性决定了他们的历史行为——也就是说，他们的政治、艺术、诗歌和宗教。正是通过这种方法，他对各民族、种族和时代之间的差异作出了解释，这也是为什么他希望最详尽地熟悉细节、对每个民族及其历史代表人物都心怀敬畏地作全面探寻的原因。兰克发现，这种探寻从来不是充分的研究，他坚持认为，对普遍的世界史——这种传统留给我们的唯一史学——应该进行新的研究。

这是一项庞大的事业，一个人是不可能取得成功的。兰克想做的只是树立一个榜样。他的早期著作，如《拉丁与条顿民族史》（1824）、《摩尔人和西班牙君主国》（1827）以及《教皇史》（1834—1836）涵盖了从15世纪末到17世纪初的欧洲历史。他首先做的是搜集一手材料。他读过当 90
时所有的编年记和通信。在柏林的王家图书馆，他发现了威尼斯大使的一些记录，里面关于当时政治生活的大量细节描写具有解释价值。这个发现对他作为历史学家的职业生涯产生了巨大影响。它决定了兰克的研究方法，使他逐步倾向于外交史。事实上，这段经历使他在史学才能之外又平添了一些最典型的外交家气质：外交上的优雅、矜持，以及辨析一切细微的思想差异的头脑，所有这些品质，他都是在同那些优雅的意大利外交人员的接触中获得的，这些人看到了一切，但什么都不说，对他们而言，阴谋外交和秘密活动本身并没有秘密可言。

不久之后，为了写作《宗教改革时代的德国史》（1839—1843）、《法国史》（1852—1856）、《英国史》（1859—1868），他到欧洲一些主要城市去搜寻档案材料。[81]

不过在兰克看来，搜集材料还只是历史学家工作的一部分内容：他认为对它们做批判性研究更为重要。兰克的批判主义与尼布尔的批判方法毫无共同之处，尽管后者是他的源泉之一。兰克的批判不是针对文本而 91
是针对思想——就是说，他的批判更多与经验（witness）而不是与证据（evidence）有关。

这一点可以理解：由于近代史史实繁杂，要对其中的每个史实进行严格的真假辨析是不可能的。我们只能满足于检验它们的来源——就是说，检验史实叙述者的可信度。这就是为什么兰克首先关心的是对史料来源做批判性考察的原因。首先，他要找出叙述史实的作者是从哪里得来这些信息的,他们是否有亲身的经历,还是只是对道听途说的故事的复述;他们在什么情况下写作,他们的性情如何,他们的生活方式怎样,他们的工作方式怎样,等等。只有当他了解了这些信息后,兰克才接受某个作者在某个问题上的证据。

但这种批判方法并不是新颖的东西。兰克之前的很多作家曾运用过这种方法。例如,圣伯夫(Sainte-Beuve)在文学批评中就曾这样做过。[82]要想成功地运用该方法,心理上的直觉比客观科学更为重要。而兰克就具备细腻的头脑。

除了多种多样的批判才能,兰克还有十分宽阔的综合性思维能力。
92 的确,正是由于这两种特征的结合——而一般而言,同一个人在一方面的特征往往排斥另一方面的特征——构成了作为历史学家的兰克的独特之处。虽然他热衷于研究细节,但他的思维也喜欢超越细节把握整体。当年轻的兰克刚开始撰写历史时,他就说过,他希望“从更高的视角创作历史,并确定事件之间的内在关系”,“接触到历史的真正内核”,并“结束普遍历史中令人痛心的欠缺,因为所有通史都是零散破碎的”。

兰克仍被视为普遍世界史的史学家。从最早的著作开始,他就试图写作世界史的各部分。但直到开始写《教皇史》之前,他完全没有看到其任务之巨大。他对自己的发现充满热情,并声称:“世界上最重要阶段的历史逐渐融入我的脑海中,我几乎还不知道这一点:展现并书写这种历史是我生活的目的。我很满意自己知道生活的目的:当我预见到投身这种重要工作带给我的快乐时,我的心便跳得厉害。每天我都相信自己能在工作中获得成功,每天我都发誓不在真理方面作丝毫的让步,一旦我认识到真理的话。我经常被指责视野过于宽阔:人们告诉我,比较切近的目标会更容易达到,我在国外待那么长的时间是个错误。但对这些话我充耳不闻,而是继续向前迈进。”[83]

93 的确,这是一部宏大的欧洲政治史,它涉及各国历程中最辉煌的时期,兰克就是从他在意大利、法国、德国和英国的图书馆中沾满灰尘的文献中将它呈现出来的。

在《拉丁与条顿民族史》中，他试图考察日耳曼和拉丁两大民族——虽然西欧的这两大民族之间似乎已出现深刻的隔阂——它们都曾为同一目标而努力：欧洲文明的发展；在《摩尔人和西班牙君主国的历史》中，他为我们描绘了这些民族历史上最光彩夺目的一个时期，当时“它们的历史具有欧洲意义”；在教宗权威达到鼎盛的时代，在一个“决定世界命运的关键时期”，《教皇史》在欧洲历史上占有重要分量[84]；兰克的《宗教改革时代的德国史》揭示了路德在普遍世界史中扮演的角色。[85]他关于法国和英国的历史论述的是“这些国家卷入欧洲史的时代”——在法国是路易十四时期，在英国则是16和17世纪宗教和政治斗争的时期。[86] 94

在所有“这些普遍史的时刻”中，兰克优先阐明的是其文明。但这并不意味着兰克写的就是文明史。相反，他关于历史的观念首先是政治性的。我们甚至可以发现，外交谈判在他的书中占据了很大篇幅，不过，在兰克看来，人类活动的目标是文明。从这个方面来说，这个民族历史学家仍像个18世纪的德国人。他的理想看来是普世的，不具有严格意义上的民族性。在种族、民族、宗教竞争之外，他总是要阐明文明的胜利。文明（Kultur）一词在他笔下源源不断，好像给我们提供了开启他思想的总体倾向的钥匙。在《法国史》中，在哀叹亨利四世的死时，他这样说：“如果亨利四世能活下来，他也许能让德国避免三十年战争的可怕灾祸，能够拯救16世纪的文明，这一文明在科学和发明创造方面也许能被超越，但它在社会各阶层中的传播相对来说会更广泛。”另外，他在《世界史》中还指出，尤里斯·恺撒之所以这样伟大，是因为他胜利的军队开启了文明的新篇章，并在地球上相当大的地区征服了野蛮主义。 95

从最后一点来看，兰克离黑格尔的观念并不远，而这个观念已成为所有普鲁士历史学家的信仰，这就是：文明只有通过战争才得以传播，“人类的血腥战斗说到底只是道德力量的斗争”[87]。但是，兰克在自己的著作中并没有表露出这些观念，所以他也没有趾高气扬地寻找某种借口来证明日耳曼人对于其他种族的优越性。他仅仅满足于这样的信念：“神利用战争达到我们不能知晓的目的，决定人物或民族之勃兴和衰落的是道义上的力量。”[88]

九

鉴于我们刚才在兰克的著作中发现的特点——普遍主义倾向和美学
96 灵感——看来不大可能把他的著作列为民族主义历史学的奠基之作。

但兰克则不这样认为。他觉得,他也曾以自己的作品为国家政策作出了贡献。确实,与他的同行相比,他对自己作为一名历史学家的工作的意义有不同的看法。在他看来,历史学家的唯一使命就是强化政治决断。为达到这一点,恰当地运用史学方法就足够了。他认为,善意地按事情发生的本来面目讲述历史,就是让后代人为等待他们的任务做好准备的最佳方式。

兰克是尼布尔的学生。他在《自传》中说,“我的历史观念来自关于各民族之独特性的观念,而不是法国人关于共和国或普世帝国的理论。”[89]像尼布尔一样,他相信国家只是“民族生活的一种改进,就是说,民族和国家是同一的”。

这一观念是他所有作品的基础,他认为,他应作为一个民族史学家而工作。当然,我们的确可以说,他的作品表现了近代欧洲民族的历史发展:意大利人、土耳其人、西班牙人、塞尔维亚人、法国人和英国人。在向德国人诉说的时候,兰克也向他们表明他们该做什么。

但对民族主义历史学家们来说,仅有这些是不够的。从1830年起,我们可以看到,人们期待史学家采取鲜明的立场。在希腊人起义的时候,
97 同行们感到奇怪的是,兰克不是去谴责梅特涅(Metternich)或以抒情笔调歌颂纳瓦里诺和米索隆基[90],而是去研究起义英雄的祖先,并以迷人的画面向我们表明16世纪伯罗奔尼撒的生活是何种模样。稍后,1833年——当时人们已能预见到普鲁士的文化斗争——民族史学家感到愤怒的是,兰克以艺术家的笔触描绘教宗的形象,而后者的奢靡行径引发了宗教改革。

政论家古斯塔夫·弗赖塔格(Gustav Freytag)以其同胞的名义向兰

克申述他的观点。

但兰克不为所动。事实上，在《教皇史》出版后，他又写了《宗教改革时代的德国史》，但这不是对普鲁士爱国者的愿望的一种妥协：他只是希望写一部“其上部著作的对应作品”。

不过，兰克认为德国的宗教改革中有一些特别民族化的东西，他声称宗教改革是“德意志民族表现其根基深厚的统一性的行动，因为新教曾一度是所有德意志人的宗教”。他补充道：“但这种德国观念很快就被反对派的强大势力镇压了……所以历史学家的注意力都转向了那个使新教思想展现出最强大的政治能量的国家。我的有些朋友甚至认为，普鲁士历史就是《宗教改革史》的第二部。”[91] 不过，兰克与一切夸张言论都保持距离。

1843 年，当兰克快要完成他的著作时，他的国家的政治前景布满阴 98
云。除了民族统一问题、大德意志和小德意志的问题之外，还出现了另一个比其他政治问题都更棘手的难题——宪政自由问题。我们已经知道兰克在这个问题上的结论。他并不认为宪政制度是一帖万灵膏。他说：“认为社会的幸福和安全在于议会辩论和宪法文本之智慧，这是我们时代的一个错误。……普鲁士真正的命运是要成为军事君主国并一直维持下去……人民的真正代表是国王……反抗历史权利有什么用处呢？阵风会把沙子吹到这儿或那儿，但山脉依然在它原来的位置上岿然不动。”

不过兰克认为，有所作为的时机已经到来，他希望以历史来证明其论点的真理性。法国大革命史看来是最合适的题材。在那个时候，德国中产阶级对大革命极为狂热，不过他们仅仅是通过梯也尔（Thiers）和米涅那些文过饰非的历史著作来了解大革命的，这两位学者的书在德国有数千本。兰克深信，如果按大革命的本来面目进行描述，法国历史学家们的论说将被永远摧毁。对他来说，这项工作牵涉到民族利益，于是他于 99
1843 年前往巴黎搜集必须的材料。

兰克在他的《自传》中告诉我们，鉴于可资利用的官方文献不足，他被迫放弃了这一计划，他还告诉我们，当时他得到了一个为 18 世纪的普鲁士问题撰写一部最有价值的作品的机会。这个机会是法国驻腓特烈大帝宫廷的大使瓦罗里（Valori）的信件，信件中包含着关于这位普鲁士国王之政策的十分有趣的材料。

兰克说："经我的朋友历史学家米涅的许可，我抄录了这些信件，并带着这些珍贵的奖赏回到了柏林。……这就是我的著作《普鲁士历史九书》的由来，我在这部著作中试图解释勃兰登堡选帝侯国是如何成为一流强国的。"[92]

在兰克看来，从法国大革命转向普鲁士历史并不是课题的转变，因为从政治上来看，后者表现出问题的积极方面，而前者表现的是消极方面。

通过揭示普鲁士国家步步推进的发展过程，他达到了与描写法国大革命同等的结果：他向德国人表明，他们的统一怎样才能实现。但他并没有模仿亲普鲁士的历史学家，没有公开介入自己的作品，但他承认"在自己叙述的事件中扮演着积极角色"，他说，如果没有同情，"这样的历史是不可能的"。他甚至认为，在这部历史中，他从来没有忘记德国的整体利
100 益。他指出："在这个问题上，腓特烈大帝的想法在第三卷中、在查理七世当上皇帝后开始显露出来。"[93]

但兰克力戒任何夸张言论。例如，他远非认为这位普鲁士国王有任何全面的计划或有某种确定的大德意志政策，相反他指出，德意志事务后来的有利局面根源于那些国王"纯粹普鲁士性质"的工作。这是一个最准确的看法，它远非诋毁普鲁士，相反使其更为伟大。

1870 年的战争进一步确认了这种有关普鲁士历史的德意志观念。当时，兰克并没有像他的很多同胞那样被胜利迷惑，但他相信这个日子标志着普遍世界史上的一个新阶段，它为德国的未来开辟了无限广阔的前景。从那一刻起，他特别热衷于研究民族史中与这场战争有关的历史事件。他写了《七年战争的起源》（1871）、《德意志诸强国与君主同盟》（1872），《普鲁士国家的起源》（1873）以及《法国大革命战争的起源和开端，1791—1792》（1875）。

在第一部著作即《七年战争的起源》中，兰克试图表明这场战争与

1870 年普法冲突之间的紧密联系。他在序言中说： 101

> 1870 年宣战后，每日每周人们的注意力都不可能不集中到与这件事有关的问题上。在等待那决定德国和欧洲命运的结局到来的同时，历史学家的注意力不可避免地回溯到引起这场战争的那些遥远的事件。其中的一个事件是 1756 年的战争。它难道不是已经证明，如果不是法国的介入，奥地利和普鲁士之间的战争就会停止吗？……因此，当我周围的年轻人正准备参加这场战争时，在出征的钟声敲响的那一刻，我继续研究那个已经开始的论题，而这个论题就是与大家都准备参与的伟大战斗有某种联系的重大事件……现在我可以尝试把作品展示给公众：这是我对去年的重大事件和行动的一点贡献。[94]

但兰克仅仅是在他的序言中提出自己的观点。在书的正文中他完全没有表明自己的看法，而且，虽然当时法国是德国的敌人，但他并不像亲普鲁士的历史学家们那样利用这个机会去攻击“骚动而虚荣的高卢”。他只是在陈述事实。确实，有些时候这些事实具有惊人的雄辩效应。

尽管如此，兰克仍然是个历史真相的奴仆。他无法掩藏或隐瞒事实，哪怕它们违背他最珍爱的观念。所以，在他的《法国大革命战争的起源》中，他公开反对聚贝尔，后者完全把这场战争归咎于吉伦特派。兰克则证 102
明，吉伦特派对此没有责任，真正应该负责的是欧洲各国政府，它们愚蠢地介入法国的事务激发了法国人的自尊，并使得战争不可避免。兰克是个捍卫民族利益的普鲁士旧式保守主义者，而作为民族自由派的聚贝尔反倒认为国王们——在考尼茨（Kaunitz）的组织下——要求控制法国局势的要求是很自然的，如果注意到这一点，那确乎是很有意思的。[95]但是兰克是个真正的历史学家，他知道如何为真理而牺牲自己的个人好恶。

但这并不意味着兰克完全摆脱了亲普鲁士的历史学家们的偏见。虽然没有谁比他的思想更少沙文主义色彩，但他还是乐于相信，近代德国注定要在欧洲占据头等位置。所以，1870 年的战争在他看来具有象征意

义:它不仅是一个民族对另一个民族的胜利,还是一种政策对另一种政策
103 的胜利,一种文明对另一种文明的胜利。[96]的确,正是为了表达这种观念,他才决心在1880年代写作一部宏大的世界史,关于这部书,他这样表达自己的目的:“普遍的世界性前景现在已展现在德国面前,这个世界诱使我用最后的力量去创作这部著作。”[97]

在他的观念中,世界整体要给每个种族和每个民族指明其在共同文明创造中的地位。当他还没有叙述到近代时,死神打断了他的工作。如果他能完成的话,唯一让人担心的是他是否能公正地评价法国——虽然他作品(最终于近代德国总结19世纪的文明)的主旨让人不应该怀疑这一点。尽管兰克有自己的政治观念,但总的说来,他绝不是那种诋毁法国在世界史中的地位的德国人。他在德国取得最伟大的胜利的时刻还警告国人不要陷入无理智的沙文主义。他说:“有一种爱国主义仅仅表现为排斥一切外国事物,蔑视后者有价值的东西。这种思想只会扭曲真正的民族精神。我们引以为豪的东西何处不曾受到法国观念的影响?”

104 兰克一直是个有品位有涵养的人。在自己的国家,他从来没有因为文辞过激而被要求致歉。他通常是个善意的普鲁士人,总是替霍亨索伦家族历史悠久的政策辩护。当自由派史学家一度贬损某些普鲁士国王,如弗雷德里希·威廉二世、弗雷德里希·威廉三世和弗雷德里希·威廉四世时,兰克则努力在历史记忆中表现出对他们的尊重。

不过,他仅仅在头两个国王的问题上取得了一半的成功。另外,他的努力仅限于以不利的环境来为他们申辩,他说当时的局面太压抑了,以致个人被它左右;而且普鲁士当时不可能在欧洲取得超越其力量范围的地位,它唯一能做的是用手里的资源去争取生存并保存自身。他补充说,“备受指责的中立政策有这样一个好处,那就是给艺术的发展提供了机会:巴塞尔和约和耶拿战役之间的11年是德国文学成果最丰硕的时期,其原创性作品最为丰富。这是费希特、谢林、佛斯(Voss)、沃尔夫(Wolf)的时代,是哥廷根历史学派的时代,是《罗马挽歌》、《赫尔曼和多萝西》、《威廉·迈斯特》、《贝尔》、《华伦斯坦》、《威廉·退尔》及《奥尔良姑娘》

问世的年代。那个时代的文学从思想上说具有世界主义的特征:当它失去这一特点、爱国主义情感占据所有人的头脑时,这个时代就结束了。”

而对于弗雷德里希·威廉四世,他的工作就更棘手了。没有哪个普鲁士国王像他那样给人们留下如此悲伤的回忆,也没有谁像他那样受到历史学家们如此严厉的对待,而这些历史学家一般是尊重霍亨索伦王朝的。兰克在为这位国王的一切行为寻找托词:他之所以在 1848 年拒绝帝 105
国皇冠,那是因为他认为时机不合适。如果说他在奥尔缪茨接受屈辱的调和[98],那是因为普鲁士还没有做好准备;虽说他在克里米亚战争期间的方针虚弱而犹疑,“但另一方面,他的中立得到了沙皇的回报,因为后者在 1870 年时并没有忘记这一点”[99]。

这就是尼采(Nietsche)所称的“对强者献殷勤”[100]。但是,应该指出的是,兰克不仅对普鲁士国王有宽容之心,对所有历史人物他都是如此,无论是罗耀拉(Loyola)还是路德,华伦斯坦和古斯塔夫·阿道夫(Gustavus Adolphus),抑或是罗伯斯庇尔(Robespierre)。我们甚至可以说,这是他历史哲学的一部分。在德国历史学家中,兰克是最完全地接受事实的至上权威的人之一。以施罗瑟为代表的历史学派喜欢运用康德的绝对律令,但兰克是他们的对应面;他在历史判断中只考虑时代和环境。

关于弗雷德里希·威廉三世,他曾这样说,“我不知道人们是否有权——像他们所做的那样——去谈论已经犯下的错误、已经失去的机会和应受责备的疏忽。现实局势支配着个人:他们生活在某种无可避免的必然性中;现实局势决定着他们的命运。”

十 106

要使历史学真正成为民族的历史学,那就应该具备我们已经提到过的另一个特质:历史学应具有形式上的美感。而兰克在这方面具有最出色的才能。他是 19 世纪德国最伟大的古典派之一。在德国文学中,他的作品是一份经久的财富。

当兰克于 1824 年开始写作的时候,德国还没有文学史家,那时还只有充斥着学究气的、仅仅为钻研者使用的大开本著作。但欧洲其他地方已经出版新的创造性著作。人们怀疑这样的作品是否能在德国出现，但这时兰克的《拉丁与条顿民族史》出版了，这是一部简洁明了、形式优雅的作品。柏林文学界欢呼他们的奥古斯坦·梯叶里的诞生，因为他们认为在兰克的作品中发现了他们期待的东西。他们欢迎兰克的出现。

“他们指望我来复兴历史”，兰克在给他兄弟的信中写道。他的确是要复兴历史学，但不是以人们期望的方式。他不是要创造那种其优美首先在于其形式的杰作：他对历史的兴趣始终占据首位；不过，由于他的叙述层次清晰，措辞优雅明了，因而他率先向德国人表明，“专业化的知识，不管其术语如何精确，都是可以用所有人皆能理解的语言、以最有利于民族的方式来言说的”[101]。

107 但是说实话，兰克对自己只感到一半的满意。他在给兄弟的信中写道：“我写的东西太受学术之累。他想写一些每个人都能读懂的东西。”[102]这是他的抱负，而柏林将向他表明他如何才能成功。

柏林那时还谈不上是德国人的文学首都。那是一个对文化不感兴趣的城市，原始的简朴是其支配性的色调。宫廷首先树立了简朴的榜样。弗雷德里希·威廉三世的吝啬习气使得他的官员缩减到了最小的规模。当时任英国驻柏林大使秘书的洛夫托斯（Loftus）爵士曾说：“每年，国王为外交使团举办一次午餐舞会，活动在十点开始；由于一般是在一月的阴暗日子里举行，所以必须用烛光。一点时用餐，六点之前宾客退去，以便陛下晚上能在某个剧院露面。”[103]

从思想的角度看，普鲁士的首都需要很多东西。确实，它有德国最好的大学，但在德国，教授的聚集从来不意味着组成一个社团。被称为某某“界”的圈子，对思想问题不感兴趣。历史学家特赖奇克对贵族很少有偏袒，他认为当时的普鲁士贵族需要被告知，“学者应得到应有的尊重”。

不过，贵族很少在柏林露面。在这个国家，一些冬天不愿待在自己庄
108 园里的贵族更喜欢去某个省城，如闵斯特、马格德堡或布雷斯劳。他们在柏林甚至没有公馆，没有像维也纳那样的装点华丽的豪宅。

柏林的生活十分单调。亚历山大·冯·洪堡在巴黎曾有个漂亮的客厅,但他要生活在柏林确乎是需要一些勇气的。他带着他的柏林腔调说:“柏林,我烦透了你:你现在是、将来还是一个熊的城市。”[104]在社交方面,仅有几个有思想的官员的处所值得一提,如安希隆及富裕的犹太银行家门德尔松(Mendelssohn)和迈耶比尔斯(Meyerbeers)家族;另有一些艺术爱好者和艺术家的客厅,如拉赫尔(Rahel)和凡哈根·冯·昂泽的宅邸,不过它们是些过分讲究的研讨会,模仿的是复辟时代巴黎客厅的风度。法国到处被当作典范在模仿[105],而在观念和趣味上十分德国化的兰克在某些方面也具有法国式的品质——平衡、细腻、慎重和优
雅[106]——但他也承认他在柏林的社交界的收获。他在《自传》中说:“与 109
思想卓越的人往来,与有品位的女士交际,这对我产生了影响,这种影响是二流的外省城市所不可能具有的。”

兰克对表达形式有直觉和天分:他所有的著作都清晰可读。他头脑敏锐,能辨识出细微的差异,这使他在描绘政策之动机、外交谈判之幕后等方面十分出色。在他的国家,没有哪个历史学家对政治问题的理解达到他的水平。作为一名解释性的作家,兰克是不可模仿的。他像伏尔泰一样睿智,能够洞悉一切,并能向我们出色地道出事物的内在意义。有什么比他在《奥斯曼和西班牙帝国》开篇处的文字更吸引人的呢?

> 奥斯曼人关于自身起源的描述实属谦卑。他们说,他们帝国及其名字的来源者奥托曼(Othman)曾与其奴仆一起跟在犁后面,当他中午要收工的时候,他习惯于竖起旗子作为信号,招呼奴仆回家。这些奴仆是他征战中最初的追随者,他们还是在同样的信号下聚合起来。奥斯曼人补充说,奥托曼在世的时候就预见到了其家族未来的伟大,有次做梦时,他发觉自己的肚脐上长出一株大树,遮盖了整个地球。[107]

这个片段可以很好地表现兰克的文风。他的叙述轻快,笔端留下一 110
串静默的形象。在从容不迫的描写中,他将苏丹那些年轻的基督教囚徒

展现在我们眼前:“他们衣着单薄,或是亚麻布或是萨洛尼基布料,头上戴着布尔萨料子的帽子”[108];在另一处,他为我们描绘了16世纪的莱斯博斯岛:“我们看到人们正在耕种田地、种植葡萄,盼望着春天和雨季的到来以培植他们的园地。”[109]

但是,在兰克伟大的历史画卷中,他并不总是那么令人愉悦:他缺少层次和色彩;他不能像麦考莱和米什莱一样将民族生活中的伟大场景以类似于壁画的形式表现出来。他的某些著作中便有这种欠缺——如《宗教改革时代的德国史》,人们本来期望在当时的生活中找到一些宏大场景和给人深刻印象的画面。[110]不过另一方面,他在小场景和人物的描绘
111 方面堪称完美,如他笔下的萨沃纳罗拉(Savonarola)时代佛罗伦萨的摩尔人路多维克(Ludovic)的宫廷、苏丹的内宫等。

兰克很少为他的作品着色,但在表现个人、事物、群体的精神特色——总之,那些构成某种环境氛围的元素——时,他做得十分出色。例如,他对加尔文治下的日内瓦的概略式描写从基调上说便十分准确:

> 日内瓦还是个重要的商业城市,就像它一直以来的那样……但一切都井然有序,所有人都忙于自己的工作。像往常一样,它仍然是欧洲中央的主要交通枢纽,但它的这一地位尤其得益于因为宗教原因而聚集于此的避难者,当他们在教堂或新设的学校接受教育后,又再次投身于世俗世界……在宗教改革方面,它甚至比路德宗的倾向更激进……[111]

以下是对人文主义者加尔文的出色描写:

> 他十分讨厌那些卖弄几句梅兰希顿(Melanchton)教义手册中的话便自以为完全弄通了神学的人;他本人习惯于研读至深夜,当他早上醒来时,又开始在安静处复习他读过的东西:这种未曾中断的情感和思考习惯对他的成功帮助很大。他经常说,他的愿望只不过是终生都持续这样的工作,因为他生性腼腆,不喜欢争斗。[112]

112 不过尤为重要的是,兰克在他的杰作《罗马教皇》中表现了作为肖像

画者的才能和他高超的叙述手法。书中有一系列关于罗马的场景、人物像、远景、宫殿内景、枢机主教会议，所有这一切都与对教皇政策的思索、神学思辨和艺术探讨交织在一起，这也展现了他知识的广博。

兰克并不是根据最佳的古典模式写作的。除了学院派史学家按章节写作的史书所必须的关联和层次外，他的著作中还有一种迷人的洒脱，这使我们感到放松。

作为一名细致入微的人类激情的分析者，兰克在描写人物的精神面貌上最为成功。他的头脑之敏锐堪比托尔斯泰(Tolstoy)和乔治·艾略特(George Eliot)。他对人物的观察贯穿他们一生的所有时段，他会令人惊奇地发现他们的日常生活习惯以及他们的禀性和惯使的伎俩，他能抓住这些方面，但又不忽略人物外在个性，这些都有助于我们更好地理解人物。比如我们知道教皇格利高里十五(Gregory XV)是个“小个子，冷漠迟钝的人……身体虚弱多病，随着年岁的增长日益佝偻”[113]；我们看到的皇帝查理五世(Charles V)是病怏怏的，“驼背，苍白如尸体，嘴唇发白，疲惫地拖着自己的身子在房间里走动，手里撑着手杖”[114]。我们还可以看到素丹阿穆拉特三世(Amurath III，即穆拉德三世[Murad III]——译者)接见大使时的画像，看到他如何“瞪着无神而忧郁的大眼睛，也许是在向大使们点头：事毕之后他又回到自己的花园里”[115]。接着是关于列奥十
世(Leo X)的描写，此人出门到罗马城里散步，“没有穿法衣……脚上的 113
靴子……让他的司礼官抓狂”[116]。

兰克喜欢讲述家常，这使得人物形象跃然纸上。他告诉我们，教皇阿德里安六世(Adrian VI)如何把一位老女佣从卢汶带到罗马照料家务。关于保罗·萨尔皮(Paolo Sarpi)[117]，他写道，“他父亲是个身材敦实、肤色黝黑、生性好斗、喜欢争吵的人。”[118]关于另一个人，教皇克莱芒八世的侄儿彼得·阿尔多布兰蒂尼(Peter Aldobrandini)，他写道，“这个人很不起眼，身上麻点很多，并且患有哮喘病，咳嗽个不停。”[119]

正是通过这么多连续不断的细节性接触，兰克让我们看到了这些重要人物的内心深处。他笔下的所有人物都是以同样的风格刻画出来的。

这里有几个从《教皇史》一书中摘出来的例子："他（列奥十世）对音乐很痴迷……宫墙之内每日乐声回荡，教皇听到他喜欢的旋律时也和着哼唱……列奥十世为人和蔼可亲……'他是个好人'，一位驻教廷的大使这样评论他，'生性友善，十分慷慨；如果不是受他亲戚的影响，他本可以避免一切错误'。"[120]"阿德里安六世的声望最为纯正；他正直，虔诚，勤勉，这样严肃之人的唇间至多只会流露出淡淡的微笑，但那是充满善意的纯真的笑容……他一大清早就起来，作弥撒，然后按习惯的日程工作学习，
114 其间只为用餐打断……他喜欢弗拉芒艺术……对于罗马的诗人他全然不感兴趣。"[121]他笔下的其他人也都有着鲜明的个性。克莱芒七世（Clement VII）："他对所有问题都表现出卓越的敏锐性；他能洞察最为复杂的局面中最本质的东西，而且言辞和辩论极为轻松和机敏。"[122]"保罗三世（Paul III）性格活泼大度，不拘小节……但他在措辞时对内容和形式都要作双重的斟酌，发言时腔调温柔，语气谨慎缓慢之至。"[123]"保罗四世（Paul IV）年纪已经 79 岁了，但他深邃的眼睛里依然闪烁着青年人的火热之情；他又高又瘦，脚步很快，看起来极为矫健。他的日常生活完全没有规章或日程，经常白天睡觉晚上学习……每件事他都是凭一时的冲动。"[124]以上所有这些人物像以及上千个其他类似的画像，都让我们认识到，兰克了解他史书中的所有人物。

但这些描述性的特点还不是兰克之所以成为出色的历史学家的原因。他不会因为追求形式而裹足于形式。他的历史不是一连串的场景、画廊和肖像。他希望描绘的是欧洲政治史上的重要时刻，所有细节都服从于整体的价值。这里起主导作用的还是普遍性的论点——鸟瞰式的观点。在他的著作中，外交谈判和政治辩论所占的篇幅比趣闻轶事要大。
115 这就使得他的语言细腻、直接、雅致，且颇具抽象意味。从语言风格上说，兰克是个 18 世纪的作家：其洒脱洗练的风格很像孟德斯鸠，这使他的语言给人一种似曾相识的感觉；从语言的明快优雅上说，兰克又像莱辛，而兰克文风中的趣味性有使其免于单调和刻板。在他 80 岁生日的时候，隘口学校（Schulpforta）[125]的校长赠给他一句希腊诗歌："年长之时你仍清

新如青春的花朵，你的唇齿之间依然析出涅斯托尔的甘霖。”这番话很有说服力。兰克直到临终之时都还保持着年轻人的优雅和清醒。84 岁的时候，他给他老朋友写道：“每年春天的气息开始到来的时候，我心里总是深感触动。我 84 岁的时候还能再度渴望享受鲜花和翠绿，这让春之神也会感到惊奇的。我对春天说，‘你又来了，我们是老朋友；让我再次分享一起相处的愉快时光吧。’它看来也愿意这样，不过这也许是最后一次了。”[126]

在这样的垂暮之年写下如此文字的人，不是腓特烈大帝曾说过的那种人：“德国人是工作起来努力而投入的民族；他们从事任何工作都是大刀阔斧。”但是，列奥波德·冯·兰克有两种别国人少见、而他的同胞中就更特别的品质：生动和优雅。[127]

有鉴于此，我们就可以理解为什么兰克在自己的国家从来不受欢迎。116
他既不具备自己民族的全部优点，或许也没有它常见的缺点。使这位德国人在历史学中超拔同侪的，通常是他我行我素的作风，这种作风有时被发挥到了怪诞的地步。不过，兰克也是公正、无偏私和持重的，他试图在对立的观点之间走一条中间道路，希望自己在接近真相方面更为自信一点。这种稳重作风也给他招来批评，仿佛他的作品缺乏新颖之处。有的反对意见指向了他著作的表述取向；如有的意见说，虽然兰克如水般清澈，但也有如水一样乏味。不过亨利希·海涅则认为他太考究了，他以戏谑地口吻说，“兰克是个十分有品味的才子：精品的羊肉烧胡萝卜”。

南德人，首先是博麦学派的天主教徒，只喜欢旧德国艺术中已经衰朽的力度，讨厌“来自北方的舶来品”，如他们所言，这些东西属于“柏林那种枯燥乏味的理性主义”[128]。德国为数众多的书虫认为，兰克的著作学 117
术性不够，不配摆在大学图书馆的书架上。[129]他们当中更多的人则鄙视这些著作，说从那里面学不到任何东西。[130]而所有这些人都一致认为，兰克绝不是个真正的历史学家，他令人厌烦，没有创造力。[131]

政客和国家领导人的反应甚至更为冷淡。以外交方式处理历史问题的谨慎做法不会让任何人满意。普鲁士的老派保守主义者大概不会原谅他对自由派的某些友好评论。而自由派则认为他太反动了。盖维努斯一派的议会主义者也不喜欢他，就像不喜欢施罗瑟一样，后者是康德道德学和真实民主制在德国的代表者。至于民主主义历史学家们，他们则批评兰克好坏不分，不伦不类。德罗伊森嘲笑他的顺从，嘲笑他与“朝三暮四的浪漫派”的牵连。聚贝尔也许不能理解他“苍白的客观主义”。特赖奇克则说：“一个从历史的本来面目来观察历史的人的确很少注意到，是和煦的阳光——很少因偶尔出现的些微薄云而黯淡——将兰克著作中的人物衬托为一个高贵而优雅的群体。”[132]蒙森责备他的乐观主义。他讥讽
118 兰克说：“对于每个人物，您确实有从其看起来最美好的方面来观察的惊人才智。您没有描绘他们的本来面目，而是按他们应该具有的面目去描写。”也许是这样。但是跟这些厉行抨击的历史学家相比，也许有一天人们会认识到，兰克从未辱没过人类的尊严。

兰克还应为另一件事感到欣慰：他既不是半吊子学者，也不是卖弄学问的老学究，亦不属于那种为普鲁士倾向而热血沸腾的史学家。以前和他站在一起、现在仍然——这一点十分重要——和他持同样看法的是德国的考证派，如大卫·施特劳斯（David Strauss），尤里安·施密特（Julian Schmidt），卡农·杜林谔（Canon Döllinger）；在法国有维克托·谢比列，阿尔贝·索雷尔和加布里尔·摩诺（Gabriel Monod）；在英国则有历史学家弗里曼（Freeman），希莱，斯塔布斯（Stubbs），格林（Green），加迪纳（Gardiner），他们都把兰克当作自己的导师，并且比别人更好地运用兰克的方法。

当然，也有几个最高规格的政治家对兰克表示赞赏和钦佩。梯也尔认为兰克是19世纪最伟大的政治家，俾斯麦也接近于赞成这个看法。在一次访谈中，当俾斯麦被问及他最喜欢哪三本书时，他说，“圣经，莎士比亚的，兰克的”。这位伟大的历史缔造者口中的话可不是随便说说的。

当这位历史学家去世时，俾斯麦写信给兰克的儿子说，他一直觉得自己与兰克在观点上十分接近。这表明，在温和平静的外表下，兰克有着某种普鲁士的激进色彩，对此甚至铁血宰相也感到敬畏。人们还记得他给

曼托伊费尔(Manteuffel)[133]的信件造成的轰动,他在信中直截了当地建议帝国政府兼并瑞士,以根除这个危及全欧洲的社会主义的避风港。俾 119
斯麦只是在信的边缘写下了三个大感叹号。但他很快意识到他与兰克之间意见相同。他知道,在这个勤奋的图林根人那里——此人从未给他的军事政策惹麻烦——找到了很有意义的支持。国王威廉也明了这一点。当后来为帝国喝彩的人在普鲁士议会激烈反对军事改革时,兰克立即洞悉了政府的意图并完全支持它。他也确曾被召往国王的宫廷。国王向默默思索中的兰克解释了他的政策。“谁要统治德国就必须征服它。加戈恩(Gagern)[134]的计划不可行。普鲁士注定要取得德意志事务的领导权,这是普鲁士的全部历史所证实了的:问题是时间和方式。”也许这个历史学家只能表示笼统的赞成,因为1849年他向国王的兄弟、不幸的弗雷德里希·威廉四世推荐的也正是这个政策。当天晚上,他回家后在日记里写下了这样一段话,时间是1860年6月13日:“在我的历史政治观念的坐标中,这半个小时我是跟一个理解局面并有能力行动的人一起渡过的。”

列奥波德·冯·兰克是普鲁士君主制度忠诚而出色的仆人,但首先是个公正和谨慎的仆人——我们这样说难道错了么?

注　释

〔1〕 他出生于一个定居于丹麦的汉诺威家族。他父亲卡尔斯滕·尼布尔(Carsten Niebuhr)住在哥本哈根,是位了不起的学者,以其关于阿拉伯语言和文学的著作而闻名。历史学家格奥尔格·巴特霍尔德·尼布尔(Georges Barthold Niebuhr)1776年8月27日生于哥本哈根。

〔2〕 阿诺德(Arnold)博士曾这样描述尼布尔:“尼布尔个子矮小……脸型瘦削,目光锐利而和善……不过,他完全没有 Jeffrey 提到的地道的萨克森人那种啤酒味十足的呆滞。”《托马斯·阿诺德生平》(A. P. Stanley, *Life of Thomas Arnold*, 1844),第二卷,373页。

〔3〕 《尼布尔生平叙说》(*Lebensnachrichten über Niebuhr*),1852年英译本,354页。

〔4〕 他一生都在抱怨自己的想象力,他认为这是公正、思想以及道德的敌人。

〔5〕 尼布尔在各种至为不同的知识领域拥有广博的学识:语言学、希腊和拉丁考古学、古典语文学和历史学。他懂20种语言。对他而言,学习语言是一种乐趣。是他发现了解读奥斯坎语(Osca lingua,古代意大利南方的一种语言——译者)的钥匙,并破解了以这种文字书写的早期铭文。他还学会了好几种斯拉夫语言。耶拿战役后,他与普鲁士国王一起逃到默梅尔,并在那里学习斯洛文尼亚语。"如有可能,应从各民族的语言来理解各民族"(同上书,第一卷,223页)。

〔6〕 《尼布尔生平叙说》:"当我想起自己美好的历史研究工作时,我经常觉得难受……我会重新开始这项工作吗?我能否让研究事业再度焕发生机呢?"(德文原版,第一卷,538页;英译本,第一卷,216页)

〔7〕 《尼布尔生平叙说》,英译本,第一卷,42页。他还说:"正因为如此,我不是数学家而是历史学家;我能从现存的某些简单轮廓中构建出一幅完整的画面,我知道哪些地方缺少素材,并知道如何去补充它们。"(英译本,第一卷,187页)

〔8〕 此处的卡尔德隆指的可能是西班牙文化的"黄金时代"著名的剧作家卡尔德隆(Pedro Calderon de la Barca, 1600—1681)。——译注

〔9〕 博麦(Johann Friedrich Böhmer, 1795—1863),德国历史学家,十分憎恶普鲁士和新教信仰,同情奥地利和罗马天主教;扬森(Johannes Janssen, 1829—1891),德国历史学家,著有八卷本的《中世纪结束以来的德意志民族史》,扬森极力主张教权至上论,并出版过关于博麦生平及著述的著作。——译注

〔10〕 从根本上说,这两种思想立场之间的反差是宗教性质的。大德意志是天主教的德意志,小德意志是新教的德意志。在19世纪初,新教徒中有很多人改宗天主教,甚至施莱格尔和施托尔贝格伯爵(Count Stolberg)也皈依了天主教。施莱格尔还说,他不喜欢"新教英雄",并称腓特烈二世是"民族的敌人"。

〔11〕 拉梅内(Robert de Lamennais, 1782—1854),法国天主教神甫,哲学家和政治作家,宣扬教权至上和神权民主论。——译注

〔12〕 罗恩格林(Lohengrin)是德国中世纪骑士传奇中的人物,后与神圣罗马帝国的历史交织在一起,1813年,格列斯编辑出版了这部传奇史诗,后来瓦格纳曾据此创作同名歌剧。——译注

〔13〕 这句评论是毛奇元帅给出的,他认为尼布尔是普鲁士精神真正的代表者。

〔14〕 《尼布尔生平叙说》(德文原版),第一卷,67页。

〔15〕 罗马史一直是尼布尔最喜爱的研究课题:1804年他出版的第一部重要著作题

为“论罗马的物权法和土地法”(*Das römische Eigenthumsrecht und die Ackergeseteze*),他认为,这部著作提供了理解罗马共和国全部发展过程的钥匙。在该书中,他已经勾勒了后来《罗马史》的整体框架。

〔16〕 沃尔夫(Friedrich August Wolf, 1759—1824)这篇关于荷马的研究题为“荷马绪论”(*Prolegomea ad Homerum*)(1795),作者运用文本考订方法来研究荷马史诗的流传史,认为荷马史诗并非某个诗人的单独创作,而是不同歌者的作品,它们直到雅典庇希特拉图时代才首次编订集中,随后又经历了进一步的演变。在当时德国的古典学中,沃尔夫的研究具有典范意义。——译注

〔17〕 《罗马史》(1847 年英译本),第一卷, ix 页。

〔18〕 这也是尼布尔想做的工作。“我不去探讨谁建了罗马城、谁为罗马立法;我研究的问题是:罗马史前的状态如何,它如何从摇篮中成长,而从它的传说和制度中可以采撷到一些信息。在长期的思索之后,我对这个问题的看法清晰而肯定,现在我想把自己的看法表达出来。”《罗马史》(英译本),第一卷,286 页。

〔19〕 据传说,罗穆鲁斯和雷穆斯是罗马的奠基者,努马和图鲁斯分别是第二和第三位国王。——译注

〔20〕 古代拉丁姆地区城市。——译注

〔21〕 《罗马史》(1847 年英译本),375—541 页。

〔22〕 尼布尔本来想写一部完整的罗马民族历史,其终点应是吉本(Gibbon)开始叙述的地方。他首先论述的是公法。《罗马史》第一卷出版于 1811 年,涵盖整个王政时期;第二卷于次年问世,论述的是李锡尼法典之前的早期共和国史。

〔23〕 1807 年 10 月 22 日的信件。

〔24〕 《尼布尔生平叙说》(德文原版),第一卷,385 页。

〔25〕 《回忆录》(*Reminiscences*),90 页。

〔26〕 在对拿破仑产生仇恨情绪之前,尼布尔的思想经历了不同的阶段。像 19 世纪初的很多德国人一样,他起初也很崇拜拿破仑。尼布尔的密友、法国驻哥本哈根使团一秘戴佐杰(Désaugiers)曾对《罗马史》的法文译者戈贝里(Golbéry)先生说:“我们都很景仰这位年轻的将军,他出色的讲演让我们想起了古代的雄辩。”至于军事方面,尼布尔总是说“无可匹敌的意大利军团”。但果月 18 日(9 月 5 日)(译者按:指 1797 年共和五年的果月政变)深深地伤害

了他。革命者、特别是卡尔诺(Carnot)的流亡让他深感愤怒。他的偶像崇拜第一次被动摇。雾月 18 日政变则摧毁了他对拿破仑的迷恋之情。他此前对拿破仑的仰慕越是强烈,现在他的憎恶也就越强烈。当拿破仑从厄尔巴岛回来后,他为普鲁士“在反法同盟中的重要角色”而欢欣鼓舞。

〔27〕 希莱爵士(Sir J. R. Seeley)。

〔28〕 斯坦利:《T. 阿诺德生平》(1844),第二卷,374 页。

〔29〕《尼布尔生平叙说》(英译本),第二卷,395 页。

〔30〕 应该指出,尼布尔的这一观点并不见于他的《罗马史》,而是见于他 1824 年在波恩大学的讲演。

〔31〕 关于这个问题,见日内瓦大学历史学教授夏尔·塞茨(Charles Seitz)的一本很有意思的著作,其标题为“19 世纪史学家笔下的恺撒”(*Julius Caesar's Historians in the Nineteenth Century*, Geneva, 1889)。

〔32〕 福西昂(约公元前 402—前 318),雅典政治家。——译注

〔33〕 尼布尔十分看重自己英国之行的意义:“我早年在英国的居留,”他对弗兰茨·里贝尔说,“为我理解罗马史提供了重要线索。要想理解古代的那些国家,必须通过亲身的观察去了解公民生活。如果不是凭借自己对英国的考察,罗马史上的很多东西我是绝不会理解的。这并不是说当时我心中已经有了关于撰写罗马史的清楚概念,不过,在随后的一个时期,这种概念在我的脑海里愈来愈明晰,我在英国的所有观察和经验都对我所有帮助,于是我便下了决心”(《回忆录》,65 页)。

〔34〕 转引自特赖奇克:《德意志斗争的 10 年》,1879 年,35 页。

〔35〕 在《罗马史》和他的课堂讲座中,这些理论多少被隐藏了起来,但尼布尔还在一些小册子中和自己创办的一份杂志上阐发这些理论,关于这份杂志,他说,他试图用它来给科策布那些“无益而有害的出版物”解毒,而“我们愚蠢的公众竟翻阅这些东西”。参见希莱:《施坦因生平》(*Life of Stein*),第二卷,141 页。

〔36〕 特赖奇克:《德国史》,第二卷,64 页。

〔37〕《罗马史》序言(英译本),第一卷,ix 页。

〔38〕《罗马史》(英译本),第一卷,ix 页。

〔39〕《罗马史》, xiii 页。他还说(1808 年 12 月 12 日):“现在(即普鲁士溃败之

后)我完全懂得了许多时代的历史、懂得了各个民族何以衰落……"《尼布尔生平叙说》,德文版,第一卷,402 页。

〔40〕《尼布尔生平叙说》(英译本),第一卷,212 页。

〔41〕同上书,第一卷,365 页。

〔42〕佩里佐纽斯(又称 Accinctus,1651—1715),原名 Jakob Voorbroek,荷兰古典学者,其《历史评论》(*Animadversiones historicae*, 1685)被视为历史学批判方法的奠基作之一,尼布尔曾提及他关于罗马共和国的一些论著。——译注

〔43〕《论狄特-李维》(*Essai sur Tite-Live*),104 页。

〔44〕"霍拉休斯"("Horatius")序言。

〔45〕敏娜是莱辛同名戏剧中的女主人公,该剧反应的是 18 世纪中后期的社会风情。——译注

〔46〕《自传》,Leipzig, 1890。

〔47〕同上书, 31、47、79、81 页。

〔48〕同上书,47 页。

〔49〕同上书,31 页。他说,进入普鲁士公共部门是他一生的重大事件。

〔50〕同上书,315 页。

〔51〕"正是在这种影响下",他《自传》中说,"我于 1827 年开始阅读当时最富权威性的回忆录。在看《导报》(*Moniteur*)时,我是如此投入,以致觉得自己跟那场运动的挑唆者很熟识了。我学会如何去理解他们援引的理由、引领他们的大潮流,这样我就解决了自己的难题。"(译者按:这里的《导报》指的可能是法国大革命期间的政府公报,它也是大革命期间最重要的报纸之一,兰克说的"那场运动"可能就是法国大革命)。

〔52〕《自传》,205 页。

〔53〕关于兰克和柏克的关系,见奥托卡尔·罗伦茨:《兰克》(Ottocar Lorenz, *L. v. Ranke*),83—85 页。

〔54〕见他的《法国史》序言。

〔55〕"光荣的三天"指的是 1830 年 7 月 27—29 日法国推翻波旁复辟王朝的"七月革命"的三天;"伟大民族"一说出现于法国大革命和拿破仑战争期间,欧洲其他民族最初欢呼大革命的爆发和法国军队的到来,它们试图效仿法国,称之为"伟大民族",但随着法国与欧洲占领区的民族矛盾日渐加深,"伟大民族"

一说逐渐有了讽刺的意味。——译注

〔56〕《自传》,60 页。1831 年 3 月的信件。

〔57〕《论德国和法国 19 世纪的历史》(*Zur Geschichte Deutschlands und Frankreichs in 19. Jahrhd.*, Leipzig, 1889),72、73 页。

〔58〕聚贝尔:《德意志帝国的创建》(*Die Begrüdung des Deutschen Reiches*),第一卷,72 页。

〔59〕每当一件工作开始时,兰克总要盘算一下自己碰到的困难。1831 年 11 月 21 日,他写道:“我不知道自己为什么这么快就作出了决定。对此我有某种借口。到现在,我的研究已经把我推向了当代史的门槛边。不过,我觉得要熟悉当代社会的事务、状况和利害关系并不那么容易”。(《自传》,258 页)

〔60〕《自传》,50 页。

〔61〕《论德国和法国 19 世纪的历史》,592 页。

〔62〕同上书,598、605 页。

〔63〕同上书,611 页。

〔64〕同上书,615 页。

〔65〕从信仰上说,兰克是个正统的新教徒,虽然他的头脑并不褊狭,但信仰仍然是坚定的。即使到了年事已高之时,他还按时出席宗教仪式,只要自己的健康允许。晚上他还向家人朗读圣经。“当面对人生的难题时”,他说道,“作为一个基督徒,我总是谦卑地忏悔。”又说:“我首先是个基督徒,然后才是新教徒。”但是,当他研究历史时,他便忘了自己的个人信仰,只记得自己是个历史学家。当他在《世界史》中谈到耶稣基督时(*Universal History*, 第四卷,160、165 页),他说:“虽然我是个忠实的因信称义的基督徒,但在写下这个名字的时候,我仍须提防别人疑心我在这里谈论宗教神秘主义的东西,这种神秘主义是历史学的智慧所不能理解的……宗教信仰的领域和历史科学的领域并不互相对立,但它们存在性质上的差异。”

〔66〕科明(Philippe de Commines, 1447—1511),法国作家和外交官,先后为勃艮第公爵大胆查理和法国国王路易十一服务。圣伯夫称他为“第一位真正意义上的现代作家”,“古典时代以来第一位批判性的、有哲学头脑的史学家”。科明的《回忆录》是有关路易十一时代的珍贵史料,其政治观与同时代的马基雅维利颇为接近。——译注

〔67〕《自传》,61 页。

〔68〕"序言", vii 页。

〔69〕这种公正精神也表现他对待自己的态度上。他完全没有嫉妒之情。他曾被提名为慕尼黑大学的历史学教授,但巴伐利亚国王更青睐于格列斯。"国王选择这个人是完全正确的",他说,"我想,这样一个人不应该在外国受苦"(《自传》,189 页)。另可参阅他通信:当他谈到某个同事大量引用他的研究而没有向他志谢时,他的语调十分谦和(1845 年)。

〔70〕和斯宾诺莎(Spinoza)一样,他也认为情绪低落消沉是在削减生命,这是我们最可怕的敌人。"在我们应抗拒的所有思想状态中",他在给一位生性爱灰心丧气的兄弟的信中写道,"有一种会在我们需要力量的时刻让我们的力量陷于瘫痪。它潜藏在我们内心深处,与爱、热情和意志靠得很近,并且会消灭这些会使我们的行为变得善良、伟大和幸福的品质。亲爱的兄弟,这种恶劣的心绪已经在身上扎根很久了,它从你的文字中表露了出来。我觉得——当然我不知道我的看法是否正确——这样的心绪应该避免,因为它一般是从与我们无关的事情、或无法预料的情况中产生的:所以这实际上是以一种外来的因素来折磨我们。大自然已经给了我们两种同这种心绪斗争的方法:平静或怒火。你将会发现第三种方法,它并非大自然赐予的,而是和善的人(der gute Mann)自发产生的。"(《自传》,174 页)

〔71〕涅斯托尔(Nestor),古希腊史诗中的贤明长者。——译注

〔72〕例如,他在通信中责备自己的兄弟研究"那个不幸的 Cornelius Nepos[译者按:古罗马史学家],因为人们对这个人一无所知,在他那里没有任何值得学习的东西,因为他是最没有意义的拉丁作家之一"。(《自传》,66 页)

〔73〕他这样评价尼布尔:"我吃力地看完了他关于罗马宪法制度棘手而啰嗦的论述,就好像应付奥特弗里德·缪勒(Ottfried Müller)关于希腊宪政问题的叙述一样"(《自传》,41 页)。他在另一处指出:"尼布尔经常忽视历史中的普遍关联。结果他总是以个别性问题吞没整体性问题。"参见《论历史时代》(*Über die Epochen*),序言。

〔74〕在兰克曾就读过的莱比锡大学,对他影响最大的教授是 F. 贝克(F. Beck),此人"在历史和文学领域的知识十分渊博。"但他对哥特弗里德·赫尔曼(Gottfried Hermann)却没有好感,因为后者语法学家的气质太重,太过注重格

律问题。

〔75〕《自传》,261 页。

〔76〕同上书,219 页。

〔77〕兰克还在另一封信件中指出,成为一名真正的历史学家的首要条件是对人类事务抱有切实的兴趣。"如果谁对这个我们作为其中一员的多姿多彩的种群……对那些曾遭受磨难的生灵……抱有名副其实的同情心……谁都会乐于知道过去的人们是如何生活的,都乐于了解他们的美德……缺点……,快乐和悲伤,还有各种最不相同的情形下他们本质的发展,这时我们不会有别的目的,只是想欣赏花朵而不去考虑它们的分类。"

〔78〕"历史学家的任务",他说,"就是通过人类的动机来解释历史。"

〔79〕《自传》,570 页;《罗马教皇史》(*Geschichte der romischen Päpaste*, 1878),第二卷,23 页。

〔80〕《华伦斯坦》(*Wallenstein*),序言。

〔81〕譬如,为了撰写《法国史》,他在 1839—1850 年间经常造访巴黎。"法国人让我研究他们的一段历史,"他写道,"这真让我感到惊喜"(《自传》,339 页)。为了完成他的《英国史》,他经常到伦敦去,而且逗留的时间很长。关于伦敦,他写道:"没有哪个国家像英国那样,有那么多未出版的历史材料。在珍贵的国立档案馆和不列颠博物馆,我发现了很多不为人知的细节,它们为当时的政治提供了新的解释。"(《英国史》序言)

〔82〕可参阅兰克为我们刻画的文艺复兴时代的史学家形象——马基雅维利、圭恰尔迪尼、乔维奥(Giovio),见其"文艺复兴史批判研究"("Critical Studies on the History of the Renaissance"),这一研究收于他的第一部著作《拉丁与条顿民族史》。在所有优秀的批判性史学著作中,我们应该提到兰克关于西班牙针对威尼斯的阴谋的论述;他关于拜罗伊特边地侯回忆录和腓特烈二世回忆录的论文;他关于克拉伦敦的叙述,以及关于法国革命战争起源的清晰表述。

〔83〕《自传》,89、164 页。他写道:"我的这种信念更加强烈了:历史中能书写的唯有普遍世界史(universal history)。我们所有的努力都是为了解释通史。细节只有置于同整体的关系中才能看得更清楚。"

〔84〕在开始撰写这部著作之前,兰克的计划更为广泛,除罗马教廷外,他还打算论及新教的兴起,为与天主教的革新作照应,他还试图论述新教的发展。但他

最终放弃了这个宏大计划,因为这将使他走得太远。

〔85〕“我们德意志的历史在那个时期一下子就成为了普遍世界性的。”《德国史》(*History of Germany*),第五卷,102 页。

〔86〕《17 世纪英国史》(*History of England of the Seventeenth Century*)。“英国在西欧的政治解放中扮演了重要角色:它的宪政成为了最现代的国家制度;它在改革方面也起了重大作用:它是现代感与传统交融的象征。”

而法国人民的历史则最为重要,且最具普遍意义。“欧洲的生活就在这些民族政治生活的两极之间摇摆。”(序言,vi-ix 页)

〔87〕《近代历史上的各个时代》(*Epochen der neuen Geschichte*),7 页。

〔88〕兰克在他的著作中一再申述这一观点。“关于古代文明”,他在谈到文艺复兴时代的意大利人时指出,“他们看到的仅仅是个影子……这就是为什么神的裁决对他们不利……罪恶在增长,并从一个宫廷传到另一个宫廷”(《拉丁与条顿民族史》,77 页)。对 16 世纪西班牙的评论同样如此:“西班牙人的生命力就像枯萎的植物,面对衰败,他们无能为力,他们至今还没有从衰败中走出来。”他还以同样的方式来解释土耳其人的衰落:“确实,他们中间的很多人拥有某些令所有人钦佩的优点:真诚、和善、好客;但这些优点没有导致他们思想的自由发展,他们一直维持着野蛮的状态。对于事物的优美,他们仅能从感官上感受之。他们没有将世界融入内心、与自己真正融为一体的愿望。他们在文明的废墟上驰骋,但这个文明一度更为崇高。”(《摩尔人和西班牙君主国历史》,76 页)

〔89〕《自传》,47 页。他自称追随的是尼布尔的足迹,他说后者是第一个研究一个民族历史发展的最深刻状态的学者。

〔90〕纳瓦里诺和米索隆基是 19 世纪 20 年代希腊独立战争期间的两次著名战役,前者是海战,后者是一场长期的围城战。——译注

〔91〕兰克曾说,他认为他以这部历史让德意志人了解了路德(《自传》,558 页)。聚贝尔在评论这部著作时说:“这部史书充满了这位德意志爱国者对那位德意志精神之最高表现者的热情。它的笔调热烈而有力,具备惊人的鲜活和高贵特色”(《兰克纪念演说》[“Gedächtnisrede auf L. v. Ranke”], 12 页)。谢莱(W. Scherrer)则指出:“从民族的角度来看,这部著作最为重要。”

〔92〕《自传》,73—74 页。

〔93〕 致巴伐利亚马克西米连亲王的信,1847 年 12 月 26 日。同上书,332 页。

〔94〕 序言,v-vii、xxx、63、64 页,《全集》。

〔95〕 兰克正确地指出,当时法国建立的政府与当时欧洲通行的政治原则针锋相对。他说:"没有谁可以否认,法国人的信条对其他政府而言充满危险,因为后者所仰赖的原则与法国人已经推翻的原则颇为相似。不过,如果说大革命与欧洲的历史形态(Gestaltung)之间的对立是不容置辩的,那么同样可以说,设立一个最高法庭来裁决法国的事务显然违背民族权利……问题的全部就在于,一个民族是否有自由自决的权利。"

〔96〕 我认为,那句经常被引用的兰克回应梯也尔的话必须从这个意义上加以理解。当时梯也尔对德国在拿破仑帝国覆灭后仍然进行对法战争感到震惊,于是他对这位普鲁士历史学家说:"你们这场战争针对的是谁呢?""针对路易十四",兰克回答说。

〔97〕《世界史》,序言。兰克在自己 90 岁生日时发表的一个讲演中说:"就我而言,如果法国和德国这两个大国之间的政治难题在经历这么多的曲折和斗争之后尚未得到解决,那么我也许绝不会去写这部历史的。"

〔98〕 奥尔缪茨协定是德国统一史中的重要事件。普鲁士国王威廉四世想趁 1848 年革命之机倡导以普鲁士为领导的民族统一运动,并于 1850 年召集德意志各邦国在埃尔福特聚会,但此举受到奥地利的阻挠,是年底普鲁士屈服,在奥尔缪茨与奥地利签订协议,同意恢复过去松散的德意志邦联。——译注

〔99〕 1874 年,兰克出版了《弗雷德里希·威廉四世与本森(Bunsen)男爵通信集》;1886 年,他在《全德人物传记》(*Allgemeine deutsche Biographie*)上发表了一篇对弗雷德里希·威廉四世最为称道的评传。

〔100〕 但尼采不喜欢兰克。不过他这样评价后者:"他也以自己的方式充当了最强者权利的鼓吹者。"在另一处,尼采指出,兰克是"那些接受事实的人当中最谨慎的"。

〔101〕 特赖奇克:《德国史》,第四卷,432 页。

〔102〕《自传》,166 页。

〔103〕《外交回忆录》(*Diplomatic Reminiscences*),第一卷,25 页。

〔104〕 "Berlin ik her die dick en sat; du bist en blivst en Barenstadt."

〔105〕 即便是在弗雷德里希·威廉三世的宫廷,法语依然是通用的语言。王后路

易莎虽然憎恨法国,但她只喜欢法国的文化。1810 年,她的私人秘书、肖像画家皮埃尔·巴特莱米·冯特纳(Pierre Barhtelemey Fontane)便是一个流亡的法国胡格诺教徒的后裔,小说家特奥多尔·冯特纳(Theodore Fontane)的祖父;王后之所以聘用他,是"因为他的法语很优雅"(参见特奥多尔·冯特纳:《我的童年》)。特赖奇克在他的历史著作中提到了法国精神对柏林文学界的影响,他指出,"柏林的做派深受法国文化的浸染"。

〔106〕 他喜欢路易十四时代的文学,这在德国是件稀罕事。例如,他曾说帕斯卡尔的《外省人书简》是近代史上论说文中的杰作;他称笛卡儿是"其时代最富创造性的思想家之一"。他笔下的伏尔泰生动而睿智,堪称有关伏尔泰的文字中最精彩的篇章。歌德的描绘也不见得更出色。

〔107〕 兰克:《奥斯曼和西班牙帝国》(*The Ottoman and Spanish Empires*,Kelly 英译,1843), 5 页。

〔108〕 同上书,6 页。

〔109〕 同上书,10 页。

〔110〕 关于这方面的例子,可参阅他的《英国史》中关于安妮·波莱茵(Anne Boleyn)婚礼的描写(英译本,第一卷,146 页):"在圣灵降临周开始前的星期二,她在伦敦市长及同业公会的陪护下从格林威治出发,她的马车装点得流光溢彩,身旁乐器齐鸣,就这样一直抵达伦敦塔,那里响起了迎接她的礼炮。星期三,她与陪护队伍一起穿越伦敦城,前往威斯敏斯特。国王已册封了 18 位巴斯勋章骑士。这些穿戴新服饰的人陪护在她身旁,他们觉得安妮的威仪就是自己的光荣;她的座驾很华丽,由两匹马牵引;她头顶的华盖由五港男爵擎着;虽然头发上没有戴饰物,但她总是那样迷人,好像也意识到了自己的幸福时刻。星期天,坎特伯雷大主教、6 位主教、威斯敏斯特修道院院长和 12 位修士一起护送她去威斯敏斯特修道院;按照古老习俗的要求,她身穿姿色衣衫,而侍女身着猩红色衣服。"[译者按:文中提到的五港男爵(Barons of Cinque Ports)指的是英格兰东南海岸的哈斯廷斯、桑德维奇、多佛尔、罗姆尼、海斯五个自治港口的首领,这五个港口城镇在英国海军发展是上具有重要意义。]

〔111〕 兰克:《法国史》(*History of France*, 英译本, 1852),223 页。

〔112〕 同上书,212 页。

〔113〕 兰克:《教皇史》(1866 年英译本),第一卷,319 页。

〔114〕 兰克:《全集》,v. 73。

〔115〕 兰克:《奥斯曼和西班牙帝国》(英译本),15 页。

〔116〕 兰克:《教皇史》,第一卷,48 页。

〔117〕 保罗·萨尔皮(1552—1623),意大利爱国者、学者、科学家和教会革新者。——译者

〔118〕 兰克:《教皇史》,第二卷,235 页。

〔119〕 同上书,第二卷,219 页。

〔120〕 同上书,第一卷,48 页。

〔121〕 同上书,第一卷,63 页。

〔122〕 同上书,第一卷,67 页。

〔123〕 同上书,第一卷,164、166 页。

〔124〕 同上书,第一卷,192 页。

〔125〕 这是一所古老的教会学校,位于兰克的家乡。——译注

〔126〕 《自传》,545 页。

〔127〕 兰克是个令人钦佩的批评作家。他的批评短文在清晰明了方面堪称杰作。他讨论政治问题时文风明快,没有拖沓感和德国人的冗长累赘。他一些重要的综合性总结性的著作简洁到了极致。在《世界史》中,他以鲜明的笔触勾勒出了人类历史及重要历史人物的轮廓。比如,当谈到扫罗(Saul)时,他这样说:"他是世界史上的第一个悲剧人物"(《世界史》,1884 年英译本,44 页)。关于所罗门:"在他的身上汇聚着令东方一切时代的伟大君主卓尔不群的特质"(同上书,56 页)。他关于亚述的简短篇章给读者提供了有关这段历史的整体概念,行文也很清晰:"亚述的国民生活没有广阔的基础。它的宗教不是像埃及那样植根于自己的土地中,亦不像巴比伦那样以观测天空和星辰为基础。它是好战的闪米特族组成的一个联盟,在与土著居民持续不断的斗争中、在对其武力所及范围之内的各个地区的不断征服中增强了自己的力量"(同上书,78 页)。

〔128〕 历史学家霍夫勒(Höfler)曾激烈抨击兰克的《教皇史》,泰内尔(Theiner)同样提出了批评。

〔129〕 这类人如马堡大学的历史学教授莱姆(Rehm)。

〔130〕 艾希霍恩对《宗教改革时代的德国史》的评论。

〔131〕 贝根罗特(Bergenroth)在《前沿快报》(*Grenzboten*)上对《英国史》第一卷的评论,该书在德国的反应十分冷淡。

〔132〕 特赖奇克:《德意志斗争的10年》,柏林,1879,463页。

〔133〕 指的可能是1848—1850年担任普鲁士内政大臣的保守派政治家曼托伊费尔(Otto Theodor von Manteuffel, 1805—1882)。——译注

〔134〕 加戈恩(Heinrich von Gagern, 1799—1880)是1848年革命中著名的自由派,倡导德国统一,主张新帝国应拥有一个共同的议会,曾当选法兰克福议会的首任主席,后一度支持奥地利领导的大德意志。——译注

特奥多尔·蒙森(1817—1903)

第二章

特奥多尔·蒙森

早在1835年,托克维尔就认为,民主的扩展和某种平等法则的逐步 120
发展是人力所不能左右的天定事实。确实,我们在那个时代看到的就是这种社会变迁,它更多是工业中机械的使用、电报和铁路带来的新的经济生活条件所造成的结果,而不像有些人所说的那样,全然是革命理论的效应。一个新的世界已经为信贷和金融、为工业和贸易组织了起来——运河、航海线和铁路、轮船和港口、工厂、仓库和矿山——一句话,所谓的大工业已经崭露头角。

在德国,这场变迁发生的时间要比别的地方晚,直到1840年才被注意到。海因里希·冯·特赖奇克说:“在当时,引人注目的是选举、议会辩论、各种会议上的磋商以及巨大的经济企业。人们的消遣是蹲咖啡馆或抽烟。家庭生活的地位逐渐淡化了。妇女不再声称对社交生活拥有不容置辩的控制权,但她们也在此前一直为男子垄断的行业中同后者竞争。 121
报纸和廉价群众读物在最广大的阶层中唤起了对公共事务的兴趣。这个时代的民主特征表现在所有社会阶层都穿着的连衣裙、制服和方便服上,表现在胡须的式样上,表现在长裤和靴子上,这一新气象已经出现在客厅里了,因为这地方的民主色彩的晚礼服让每个人都感到不安,无论是客人还是侍者。”[1]

当然,这类变化不仅表现在家居习惯上,也表现在这个国家的艺术、思想和学术活动中。直到那时为止,德国主要以哲学、文学和历史学的国度著称。在自然科学方面它乏善可陈。现在,德国人把他们的注意力转到了这个方面,并做出一些当时最引人注目的发现。

在基森的一个小实验室里,诞生了一项给人类生活条件带来革命性变化的发明:有机物的转化。[2]在物理学方面,道夫(Dove)发现了支配风向的规律,从而为新的气象学奠定了基础。亥姆霍兹(Helmholtz)关于能量储存的伟大发现也出现在那时候。[3]

哲学领域也发生了类似的变化。德国曾长期是形而上学体系的摇篮,但现在它不再产生这类东西了。现在唯一幸存的体系是黑格尔的,但它发生了多么大的变化呢!这位哲学家的门徒们已经把他们导师的观点
122 歪曲得面目全非了。作为黑格尔哲学之核心的著名的矛盾法则,现在只剩下这样一种论调:任何事物本身都不具备实在性,它的实在性只存在于同其周围事物的联系之中;所有知识都是相对的——原来那种声称要表现绝对的哲学最终落入了最深刻的怀疑主义之中。[4]

另一方面,黑格尔的门徒们越来越从纯粹哲学转入公共生活领域。他们重新开始了18世纪法国百科全书派发起的著名论战。百科全书派被认为要对一切政治和宗教正统派堡垒发动攻击。这是大卫·施特劳斯以他著名的《耶稣传》轰动全国的时代[5];是毕希纳(Büchner)继承爱尔维修(Helvitius)和狄德罗(Diderot)的唯物主义学说,宣称原子和物质不可摧毁的时代[6];是摩莱肖特(Moleschott)研究大脑的机制、并根据费尔巴哈总结的理论(对此他玩了一番无法翻译的文字游戏:"吃什么样的东西就是什么样的人"[der Mensch ist was er isst])对思想进行化学分析的时代。在达尔文之前,德国学者卡尔·福格特(Karl Vogt)在他的著作
123 《大洋和海》中奠定了演化论的基础,他在这本书中指出,所有司空见惯的现象都是变异和遗传行为,而且他第一个提出了关于一元论哲学的纲要,后来他又在与哥廷根的R. 瓦格纳(R. Wagner)的著名争论和广为人知的《哲学通信》中进行了发挥,这本《哲学通信》之风趣活泼堪比伏尔泰的《哲学通信》。与此同时,另一位学者费尔巴哈也在他那本奇特而精妙的书(他称之为《基督教的本质》)中[7]继续着18世纪法国哲学家们反对基督教的斗争。

这股批判之风遍及当时的德国,首先波及的是文学领域。19 世纪初浪漫主义的、热情澎湃的、理想主义的一代被实证主义的一代人取代了,后者只关心事实和具体实在。诗性死亡了。浪漫主义文学被当作一种品位低下的活动留给了妇女。当时唯一稍有才能而又屈尊去编故事的人是古斯塔夫·弗赖塔格,而且他这样做主要是为了影响他的同代人,而不是出于什么艺术情操。作为一个幽默的现实主义者,他在喜剧和小说中对浪漫主义发起了无情的战争,他在这些作品中宣扬的是中产阶级生活的简单质朴和追求真理的趣味。[8]

整个现实主义的一代人都把浪漫主义当作对手。为了同这种思潮作 124
斗争,弗赖塔格和他的朋友尤里安·施密特在莱比锡创办了一份杂志——《前沿快报》(*Grenzboten*),这份刊物的政治倾向纯粹是亲普鲁士的。[9]

他们的脑海里浮现的就是这两方面的目标(即反浪漫主义和为普鲁士的政策制造舆论——译者)。他们准备为普鲁士的政策在整个德意志的胜利而努力,他们声称要对青年德意志派、对封建的和天主教的浪漫主义发动战争,声言要以他们的满腔仇恨去肃清“矫揉造作、虚假错谬、垂死腐朽、有害于民族繁荣、对德意志的纪律、道德和责任感有致命危害的东西”,以终结尤里安·施密特所称的“德国文学中的死亡因素”[10]。

古斯塔夫·弗赖塔格是个真正的普鲁士人,他是个实证主义者,头 125
脑坚定,对荒诞思想毫不留情,在当时的德国,他是新思潮最积极的宣传者。由于他的努力,莱比锡成为一个亲普鲁士的热忱的宣传中心。1848 年后,他把一批出身和思想倾向各异的人聚集到自己的刊物周围:对霍亨索伦制度共同的热爱把这些人团结在一起。[11]

弗赖塔格在历史学家们之前第一个歌颂霍亨索伦的德意志使命,他指出,这个使命开始于“普鲁士国家为成为一个强国而逐步合并那些丧钟已经敲响的国家”的那一天。他说:

> 虽然普鲁士的疆界凌乱破碎,它的整合尚未完成,但实际上它是一个拥有历史、民族意识和指导其政策之理念的国家……让人为难

> 的是,这个理念现在超越了它的实际疆域,扩展到整个德意志。对我们普鲁士人而言,我们愿意为所有人的幸福而放弃自己的特权:让我们为了其他德国人的幸福而抛弃所有个人情感,这样我们就可以享有德国人这个名号的光荣。[12]

126 早在1848年,弗赖塔格就预言,不是议会辩论而是普鲁士的利剑才能带来统一。他说,"为了实现统一,如果我们必须向德国人开战(这是神不允许的),普鲁士将会这样做……也许从根本上说这就是我们普鲁士人和其他德意志人的区别所在,因为我们准备为追求自己的目标而流尽最后一滴血。我们的视野里有一个目标,有一个我们为之而生存的伟大理想:而我们的对手没有这样的理想。我们怕什么呢?我们难道不是战士的国家么?"[13]

在当时的德国,并不是所有的自由派都赞同弗赖塔格的看法。的确,像他那样的人非常少。大部分自由派从信念上说属于民主派,他们是旧制度和封建主义思想的坚定的敌人。毛奇讨厌他们,当1849年法兰克福议会流产时,他满心高兴地说:"此刻,民主的问题已经了结;但无疑还有其他的严酷斗争;刀笔匠和夸夸其谈者的时代过去之后,英雄的时代正在来临……当前必须恢复秩序,秩序是个好东西,正像有人已经正确地指出的,秩序有时会产生自由,但自由绝不会产生诞生秩序。"[14]

127 但不是所有的德国自由派都已经折服于这种观念。甚至在1848年的挫折之后,他们当中仍然有很多人相信非武装的民主会通过和平方式取得逐步的胜利,为此并不需要恺撒的剑。但是,说来奇怪,他们中的大部分人又把目光投向了普鲁士这个贵族制的军事国家,而从未考虑过他们的理想和普鲁士的政府形态是多么的不相容。

他们确实对普鲁士抱有一种奇怪的看法。他们认为,普鲁士要想完成它在德意志的使命,它就应该变成民主的和自由的。不过,当事态的发展并不符合他们的期望时,他们看来对比并不感到过度的失望。自由派的思想是在哲学家们的熏陶下成型的,哲学家教导他们说,"世界的法庭就是历史的法庭";自由派很愿意接受任何既成事实。所以,要他们信服并不是什么难事,在萨多瓦战役之后,他们当中甚至有人承认了自己的错误,并开始喜欢上那些他们此前一直痛恨的东西。

我们也可以看到一些相当奇特的现象。例如,像弗雷德里希·大卫·施特劳斯这样的人,他们终生为摧毁圣经里的传说而努力,但到后来他们反倒成了某种圣徒传记作者,并为霍亨索伦家族制造传说。[15]

不过,只有对这些现象作肤浅理解的人才会感到惊奇,因为从根本上 128
说,这些民主派、无神论者、传播达尔文和施特劳斯教义的人,与普鲁士的军国主义者、相信君权神授、天兵和战神的王党分子,二者之间的差异并不重要。双方都有着同样的信仰——武力的宗教,都深受同样的精神的浸染——现实主义精神。

普鲁士有足够的现实主义精神,甚至还有过剩。除了受它鄙视的文学,它有各种各样的现实主义:政治的、行政的、军事的和经济的现实主义。由于它拥有可以粉碎外国仇敌的力量,所有这些民主派在普鲁士取得成功后都忘记了他们曾经的怨恨,转而一起大声庆贺胜利。

从1850年起,近代德国的这种现实主义思想形态开始在德国各大学中滋长。在这个问题上,我们将要考察的历史学家蒙森就是最好的代表。

一

在德国近代史上,特奥多尔·蒙森是最为奇特的人物之一。所有判然有别的东西都齐聚到他身上。他是个伟大的学者,一个极富想象力的人;他是个民主派,但没有谁对恺撒主义的传播的贡献超过他的《罗马史》;他是个理想主义者,但又很注重实际;最后,他是个充满热情的人,但很少有人像他那样敦促下一代人要把理想主义的梦想看作“虚荣和无聊的叫嚷”[16]。

蒙森出生在石勒苏益格的加尔丁,父亲是个牧师,他生长在北海边那 129
片奇特的土地上,那里靠内地的地方很宜人,处处点缀着草地和屋顶低矮的农舍,但海岸地带很荒凉,只能看到广袤的荒原,其间间隔着沼泽和沙丘,晦暗咆哮的海浪不停地冲刷着海岸,这景象让我们想起了亨利希·海涅的诗句：

我面前浊浪翻滚；
我身后唯有苦恼忧伤。
头顶上乌云浮动，
那是灰暗丑陋的天空之女，
她们把海水抽进雾的帷帐，
费尽力气抽汲，
为的是再把水吐入大海中。
这令人厌倦的悲哀工作，
徒劳无益，有如我的人生。[17]

如果我们相信某位泰纳学派的历史学家的理论[18]，那么没有什么比这片土地的景色更适合于引起伤感和失望情绪的了。但蒙森描绘了一幅最生气勃勃的大自然的画卷——最幸福，最欢快。这在德国并不是非比寻常的。根据法国人的观念，我们很容易想象到，凄凉阴冷的北方养育出的是冷漠而阴郁的人，而清新明亮的南方则培育出更为亲切可人、开朗活泼的人。但在德国，相反的情况比比皆是。那些传说中的强壮而生硬的德国人中，来自南方、来自施瓦本的富饶平原和摩泽尔河及莱茵河地区肥
130 沃的葡萄园的特别多，他们的大脑极具思辨才能，似乎要把握整个世界；那里的诗人以恬淡的诗句吟唱着名副其实的德意志生活，那里的浪漫主义者歌颂古老的天主教德国。另一方面，在北方，在波美拉尼亚和勃兰登堡广袤无垠的原野上，除了战士和外交官外不出产任何东西，那里的整体倾向是青睐于行动的。[19]北方的文人是战斗性的，他们很快就会变成批判者。举个例子，柏林的浪漫主义者——他们跟海德堡的同行该有多大的不同啊！——被夸张而矛盾地称作青年德意志派，就像1830年的巴黎人被称作特奥菲尔·戈蒂叶(Théophile Gautier)[20]的青年法兰西一样，而且二者之间不无相似之处。柏林的浪漫主义者当中有个人(古茨科夫[Gutzkow])把尼禄(Nero)颂扬为古代最伟大的人物。另一个(蒙特[Th.

Mundt])则倡导自由恋爱。第三个人(温巴克[Wienbarg])写了一本叫作《美学运动》(*Aesthetische Feldzüge*)[21]的书,书中赞扬了北德人勇敢无畏的精力。“我很喜欢乌兰德(Uhland),就像我喜欢一个来自南方的白皙的德国人那样,他们生在群山环抱、苍翠茂盛的葡萄园中、或在破旧的城堡里;但我只是有时候、在特定的时刻喜欢他们……鼓励这些南德人积极 131
行动和努力是我们北方人的任务,南德人总是喜欢昏昏欲睡,喜欢以千百种梦想来自我欺骗。”

这些浪漫主义者都是革命派,其中甚至包括那位和蔼的诗人海因里希·劳伯(Heinrich Laube),他认为真正的浪漫主义是无套裤汉的理论,他还支持罗伯斯庇尔,赞颂“拉法耶特和他的三色旗”,并且对“那些受压迫的”波兰人感到发自心底的深切同情。

应该承认,这些受人关注的美学家通常极富想象力。但从气质上来说,他们不像艺术家而更像学者,不久后他们就转向批评,就像法国浪漫主义者的后继者们那样,他们——用保罗·布尔热(Paul Bourget)的话来说——成了“注疏和文献时代的先驱者”;他们还复活了对现实的兴趣,并催促人们努力行动。

特奥多尔·蒙森无疑是他们当中的一个。他老是显得乖张矛盾,总是躁动不安,时刻准备行动,没有谁比他更强烈地对那些“总是喜欢以梦想来欺骗自己的南德人”、对他们的木讷呆滞感到震惊的了。

蒙森的脸庞极富表现力,充满各种神情,眼光中闪着调侃,嘴唇上是讽刺挖苦的线条,他让我们想起伏尔泰。另外,他的脸颊刮得很干净,干练中带着严厉无情的气质,这又让人想起毛奇。他的著作也给我们这样的印象:从气质上说,他才华横溢而又急切躁动,但同时他又是个讲求实际的实证派,善于揭露诡辩术,击碎虚荣外面的泡沫,并无情地抨击徒劳的空想。

在蒙森身上,这两种气质并不总是能彼此协调,但它们不可分离—— 132
这就是学者和艺术家的气质。作为学者,蒙森无疑是19世纪最杰出的之一,他积累的知识是惊人的。

如果我们考虑一下他的著作——其著作内容广泛,研究极为深入——除了他编纂了50余年的《拉丁铭文大全》,还有大量的研究论文,它们涉及的主题至为多样:罗马考古学、语言学、铭文学、钱币学、法学、神话学;如果我们再考虑他提供的大量知识——既有来自于文本的也有来自于人物的——考虑他对自己所写的每件事都出示证据,他在论说亚皮基亚铭文(Iapygian inscription)以及新发现的盲人阿匹乌斯(Appius)、卡西奥多鲁斯(Cassiodorus)或约尔丹内斯(Jordanès)的残篇、在论说迦太基人或中国人的农业状况时同样具有权威性;如果我们首先考虑到他看待知识的崇高精神——他总是希望知识能完全成为普世的,绝不要成为狭隘的民族化的东西——他为使人类的思想高贵而努力工作并警告他的同胞不要过分专业化[22],而这恰恰是德国人的缺陷:如果我们考虑到这一
133 切,我们就会认识到,若从学术的崇高、伟大和无私上来说,特奥多尔·蒙森是19世纪德国学术中最卓越的典范之一。

但是,除了这一点外,蒙森也是可以想见的最活跃、最富幻想色彩的艺术家。在如此深奥的学术研究之外还有这种特质,这确乎是件奇怪的事。人们很容易想象他具有一个认真而且相当严厉的学者的特征,但他实际上他也是个充满激情和冲动的人——但另一方面,他不像米什莱那样,不是为一切崇高而伟大的事业而激动,亦不是对这个世界上的一切生命或痛苦都充满同情和怜悯,作为一位热情的知识分子,蒙森只对那些在世界上扮演过杰出角色的事物、对以力量和才干而著称的事物而激动不已。

如果不是因为一个偶然的机会,这个艺术家也许从来不会发表著作。1850年,柏林的一位出版商正在为一套历史手册物色撰稿人。他请蒙森写一部罗马史。也许他犯了一个错误。在罗马史方面,蒙森的确是首屈一指的学者,但一般来说,学者不太适合撰写公众读物。但偶然的机会要让蒙森成为一位伟大的作家。实际上,作为一名作家,他已经在一个写作班中经过了培训,这个写作班是培养人们从事鲜活的创作——报刊写作——的最佳去处。

这是我们应该在这个学者身上注意到的另一特征。蒙森不是老派的德国教授,后者只为他们的研究而生。他对公共事务怀有激情。蒙森生于石勒苏益格-荷尔斯泰因,后来在基尔大学接受教育,这个大学曾在两个公国大力传播德意志祖国的观念。蒙森内心深处满怀爱国主义精神。134
如果有人认为他的同胞血管里流淌着丹麦人的血,他会十分生气。他说:"有些傻瓜还坚持认为石勒苏益格和荷尔斯泰因不是德国的土地。"

但同时蒙森也是个自由派。像尼布尔一样,他也出生于迪特马尔兴,这是个光荣的农民共和国,"曾保持着对丹麦人长达三百多年的独立,在臣服过后还保留着珍贵的权利"[23],他那火热的民主情感总是表现得那么突出。

在1848年革命期间,他积极投身政治运动。尽管他没有参加法兰克福议会,但他是民族权利最积极的支持者之一。正是在这种环境下,他成了一名报刊作者。他曾在雷登斯堡编辑一份自由派报纸——《石勒苏益格-荷尔斯泰因报》,为时数月。他在报纸上支持自由派的政治原则。

法兰克福议会失败后,蒙森继续从事政治活动。1851年时,他在莱比锡大学担任罗马法教授,但同年,他和两名同事,语文学家豪普特(Haupt)和雅恩(Jahn),一起被解职,原因是他们参加了被称为五月骚乱的自由派运动。[24]随后蒙森被驱逐出德国,流亡到苏黎世,他在苏黎世大学担任了两年的罗马法教授。

但这次流放只是暂时的。普鲁士政府并没有因为他的自由主义反对派立场而对他有任何恶意。1854年他被召到布雷斯劳大学。其中的原 135
因是,蒙森虽然在思想上十分亲近自由派,但从情感上说,他十分亲普鲁士。他确实不喜欢弗里德里希·威廉四世的政策。他极为反感那位虔诚而保守的国王周围的廷臣们,对于这些容克,他称之为"那些充满偏见的老朽之人,"在那些头脑简单的人看来,他们的顽固是一种保守性的力量。但蒙森认为这不是普鲁士:普鲁士应该到腓特烈二世的启蒙传统中去寻找。

他认为,为了维持自身生存,普鲁士应该回归这些传统,而为了实现德意志的统一,它应该唤起德国人的民族情感。他赞同1866年维克托·谢比列的那位谈话者的信念,当时这位自由派对谢比列说:“霍亨索伦家族将向世界表明,普鲁士国王能将大胆的见解和慷慨的性情(这种性情信赖自由并乐于接受困难)与军事品德和责任感以及祖先的勤勉结合到一起。”[25]

但是,蒙森和其他民族自由派的差异在于,他始终忠实于自己年轻时的理想。他能够抵制一切胜利带来的诱惑。无论是1866年之后还是1870年之后,他都没有放弃自己的自由理念。他所期盼的是一个伟大、强盛而开明的德国——一个以自己的科学光辉照耀世界的德国。他说,“最近几年的事态已经使学者深信,在过去几年的时间内,政府没有充分
136 的理由不对政治事务的全神贯注:但是现在这些工作已经完成,我们应该再次回归学术。”[26]

所以,从那一刻起,他就认为帝国的政策走的是一条反自由的道路,于是他成了帝国的反对者之一。他从来不赞成反对社民党人的特别法。俾斯麦从来也没有把他拉进自己发起的信仰斗争。当可憎的反犹运动爆发后,很多老派的民族自由主义者卷入了这场斗争,而蒙森则雄辩地抨击这种种族和宗教斗争,因为它们将我们带回了中世纪的可悲岁月。与那些心胸狭隘的民族主义者不同,蒙森根本不认为犹太人对一个伟大民族的形成构成障碍,相反他深信,由于犹太人的现代精神完全是指向进步的,所以他们比其他任何人都更适合于摆脱至今仍存在于“德国人的风俗习惯中过于条顿主义和过于褊狭的东西”[27]。

不过,蒙森的自由主义理念尤其表现在他与俾斯麦的斗争中。这场斗争在德国由来已久。在帝国初年,蒙森曾是帝国议会的议员。如果说
137 他还算不上公开的进步党人的话,那他至少也是个真正的民族自由派,像拉斯克(Lasker)、班贝格(Bamberger)和菲尔科夫(Virchow)一样,他从来没有与反动派调和过。有一次,蒙森在公开会议上猛烈抨击俾斯麦的不正当的政策,“这个人无时无刻不在算计和利用公众的轻信”。俾斯麦一般不看重这种言论,但这次他觉得这位教授的言辞深深伤害了他,于是将

后者告上了法庭。蒙森作了自我辩护。[28]"我没有进行任何个人攻击,我谈论的是观点和事实,我认为我有权反对任何在我看来有违人民利益的体制。谁要是这种体制的代表者,谁就可能认为我是针对他的,如果他愿意这样想的话。如果俾斯麦亲王觉得自己受到了侮辱,会有几千个人和他站到一起的。"后来这位老教授被无罪释放。

但是说来奇怪,我们在他的《罗马史》中根本看不到他对自由的这种热爱之情。他只是在书中谴责绝对主义——如果读者愿意这样认为的话。比如,他说:

> 最不完善的政治体制,只要它给予多数派的自由决策以少许的空间,那就要优越于最佳的绝对主义。前一种体制有可能倾向于进步,从而可能尚有生命力,而绝对主义是一种业已死亡的东西。

但是,他的著作中最引人注目的一点是对恺撒主义不加掩饰的辩护。蒙森曾为这种辩护进行过自我开脱。他试图在尤里斯·恺撒的政变和所
有其他政变之间做一点区分。他说:"这是因为罗马的局势使得专制成 138
为必须……要想在拿破仑的政变和尤里斯·恺撒的行动之间做某种比较是很荒谬的。"接着他又补充道:"在所有其他情形下,这都是一种拙劣的模仿,一种篡权行为。因为罗马没有议会制度,所以暴君是一种必须。"[29]蒙森这样热情地歌颂尤里斯·恺撒的行为,可能比任何人都更有力地证明俾斯麦政策的可能性,至少是为后者开脱:这种看法并不缺少真实性。正如我们即将看到的,这是这位艺术家把学者们反复玩弄的诡计转到了那位政治家那里。不过,在我们讨论这一点之前,还是先来谈谈他的《罗马史》。

二

蒙森的《罗马史》有两张脸孔:首先,它是关于罗马问题的历史研究中最具有启发意义的概括和最准确最生动的总结;其次,它是对罗马政治的极端片面的评判。这两张脸孔每一个都有鲜明的特征,它们之间彼此

对立——只要双方有可以对立起来的事物。

知识对于蒙森是客观的,正如评判是主观的。在后一个问题的所有方面,我们可以感受到当时观念的影响。我们随处可以发现那个1848年的民族自由派,发现他的怒火和怨恨,他的不满和希望。

139 从这两个角度出发,我们可以对他的著作作出最佳判断——在蒙森的思想中确实有两个形象:学者和政治家。

就《罗马史》在学术方面的表述来说,我们不知道怎样才能最好地表达赞叹之情——作者学识惊人,著作中对知识的运用技巧也很高超。

要总结自尼布尔以来关于罗马史的所有研究,这是件繁杂的事业。在这方面,蒙森的贡献是他关于罗马法、考古学和历史学等具体问题写下的大量论文。现在所有论文都以卓越的方式融入到历史叙述中,而这一叙述堪称历史作品中的杰作之一。从作品的凝练上说,《罗马史》非同凡响,因为没有哪部作品能像它那样,在如此有限的篇幅内(八开本三卷)容纳如此丰富、如此出色的内容。从开篇之处起,蒙森就以引人入胜的笔调讲述他的故事,读者一直跟着他看下去。关于意大利早期移民、关于罗马的开端、关于伊特拉利亚人、关于希腊人在意大利的统治等等,所有这些画卷都十分宏大;关于罗马制度、法律、宗教、军队和艺术的章节;关于经济生活、农业、工业、商业的章节;关于罗马政策的内部发展的章节;关于凯尔特人和迦太基的章节;关于从格拉古到尤里斯·恺撒之间罗马历次革命的章节;关于希腊人的东方、马其顿和征服高卢的章节:所有这些都汇聚成一个卓越的整体。

作为描绘重大历史画卷的画家,在当代历史学家中,我认为只有一个人可以与蒙森相比拟,这就是欧内斯特·勒南:同样宽广的笔触,同样的
140 分寸感,在表述的清晰明了方面同样高超,同样具有以给人深刻印象的细节特征来再现事物的技巧。[30]

像自尼布尔以来的所有德国历史学一样,蒙森也十分重视各民族独特的生活方式的发展过程。在他看来,罗马特别适合于理解这种过程。他认为,教导同代人如何表述和解决民族问题是他的职责,因为——按他

的说法——国家是如下过程的范例：通过这个过程，一个帝国所辖各国的独立和统一最终导向民族的独立和统一，各国也将通过这一过程完成或应完成自己的发展历程。

但他对这个观念做了多么丰富的发挥呢！从尼布尔第一次提出这种观念开始，生物学方面的所有进展都为历史学提供了支持，蒙森也像泰纳一样，在历史学中运用所有这些发现。为了发现罗马气质中的某些独特之处的起因，他考察了土地的物理条件[31]，并开始为我们描述“拉丁姆平
原，那里在原始时代肯定上演过大自然中最壮观的冲突”[32]，接着他又借 141
助史前史研究、普通人类学、意大利方言比较研究等手段，向我们展示了意大利最初的居民、特别是拉丁人究竟是怎样的一类人，而拉丁人标志着“拉丁文明起始的阶段，标志着这个民族历史的起点”。

正是在对他所称的罗马人民的“原始细胞”的研究中，蒙森倾注了全部的注意力，因为正是由于罗马本身的特质，它才得以首先统治意大利，继而支配整个世界。蒙森从源流处追踪罗马人的心理状态，试图揭示这个民族优越于古代史上其他民族的原因。他说，意大利人“为了自由而放弃自己的个人意志，服从父亲让他们知道如何服从国家。在这种服从当中，个人的发展可能受到了损害……不过意大利人从中获得了对祖国的情感和希腊人从不明了的爱国主义，在古代所有的文明民族中，只有他们成功地发展出……一种民族统一，这种统一最终不仅使他们控制了分裂的希腊族，而且让他们征服了整个已知的世界。”[33]

除了这种对国家的责任感外，蒙森还认为，罗马人的睿智和常识是罗马后来取得成功的一个原因，这种智慧和常识让他们成为一个出色的政治民族：他们对该做的事情具有十分明确的认识——他们的法律明智而简约；他们的宗教也很简朴，但很有精神色彩，而且他们从没有想要确立
神像，这是一种没有庙宇的宗教，几乎只能算是祭司们拟定的道德律法， 142
而且形式上是民主的，而希腊宗教是贵族的。

这样确定罗马人的心理特征后，蒙森又在他们的生活中追寻各种心理表征，并依据从中得出的观念来解释罗马人的全部历史。在这里，我们

可以看到泰纳在他那些伟大的批评著作中——尤其是在《英国文学史》中——使用过的方法。这种方法的一个弱点是，历史被假定为某种相互关联的一组事物，它们之间的关系是必然和严格的，以致每件事都好像是机械的。加斯东·布瓦塞（Gaston Boisser）说："事件彼此之间的承接是如此自然，并具有如此合乎逻辑的关系，以致我们会面临这样的危险：如果我们不小心仔细的话，就会夸大算计和预谋的作用，就会忽略所有偶发状况。那一系列惊人的征服，从罗马城门开始一直延伸到文明世界最遥远的边缘：在我们眼中，它们似乎是第一天就预想好的计划的实现，似乎是持续地逐步推进的。好像可以有这样一种推想：罗穆鲁斯的元老院——几个牧羊人在原野中组成的会议——曾梦想过征服过全世界，并且立即开始执行他们的计划。"[34]没有哪一段对蒙森著作的批评比这段评论更深刻了。

蒙森关于罗马史的看法纯粹来自他的政治见解。他的确十分重视民
143 族生活的一切外在表征——关于罗马的农业、工业和商业的章节，关于国民经济、拉丁艺术和文学的章节，都是我们所见的最为出色的描述——但在他眼里，政治仍然是民族生活中最重要的生活表现形式，因为政治决定一切其他方面并为之创造条件。[35]

研究政治史有两种路径。第一种是托克维尔的路径，它关心的是制度，对于事件，它实际上更关心其意义、其必定存在的原因和后果，而非事件本身。也许可以说，这种方法是唯一科学的方法，因为研究者只有一个目标——他接受事实的教导而不试图对任何特定的政治形式表达他的同情或反感。

第二种路径也是最常见的路径，它是根据一定的政治、社会或宗教标准去评判历史事实。于是我们便有了来自自由主义或保守主义立场的历史；个人主义的历史和社会主义的历史，新教的历史和天主教的历史。

德国人很长时期内没有这种形式的历史，虽然它在19世纪前期的英国和法国特别繁盛。我们已经看到，民族主义历史学的先驱者尼布尔和兰克把他们与事实之间的关系限定在中立的立场上，而没有明确支持某

种政治形式。但从1850年起,我们看到一个新的史学派别逐步成长起来。1848年革命的后果是出现了一批曾涉足政治、出席过法兰克福议会的教授们。当他们返回学术界后,他们把外部世界的影响带到了课堂上, 144
当他们探讨过去的政治问题时,他们把一些针对自己国家事务的情感融入研究中。

从年代上说,蒙森是这些历史学家中的第一个。对于他,罗马史是真切而现实的。他完全投入了使罗马帝国四分五裂的政治斗争中。他支持民族主义君主派,反对共和派贵族,他的情感之强烈让麦考莱和梯也尔的主观主义也望尘莫及。

然而,蒙森在撰写历史的时候并不认为他有派别立场:他觉得自己的判断与过去的经验是相吻合的。但实际上,这些判断很大程度上来自他对历史生活的观念,它们通常根源于作者的爱国主义情感、他生活于其中的政治环境——我们也可以说,来自一个富有想象力的艺术家的主观印象。我们现在就从这四个方面来考察他的历史判断。

蒙森的历史哲学是为生存而斗争的哲学:为实现政治统一而进行的内部斗争,为展现民族之伟大而进行的外部斗争;对他而言,整个罗马史就是一连串规模巨大的斗争。[36]

这些斗争首先具有商业和战略特征。拉丁姆是一片农业和商业地区,四周都是敌对部落,它以战争为交往方式。"罗马国家后来的所有发 145
展都注定如此。"

接着是内部斗争:贵族、平民和没有公民权的居民之间的政治斗争,贵族试图削弱个人权力以维护中央权威,平民试图获得与贵族平等的权力,无公民权者和外国人则为取得与公民的权利平等而斗争。

政治斗争之外还有社会斗争,后者虽然与前者有别,但经常与前者交织在一起;那些反复交错叠加的斗争就是构成罗马史的框架:斗争的一方是资本家和大地主,另一方是中产阶级。

在讲述这些斗争的同时,蒙森以他卓越的文笔向我们描绘了罗马的征服扩张,按他的说法,扩张是历史法则的结果,根据这个法则,"一个业已成为国家的民族要努力兼并政治上较为弱小的邻居”。

蒙森反复引述这一有关各民族历史进程的法则,他觉得它的必然性就像万有引力法则一样确定无疑。他说,历史的目标是文明。而为了取得胜利,文明要求“高级民族来压制那些能力较差、或文明不够先进的种族”[37]。因此战争就成为推动进步的伟大机器,一个国家的繁荣要求斗
146 争变成战争和掠夺征服,以便国家的政治权威能组织起来。

必须认识到,这是一种最适合于那个连续进行三次战争的人民的历史哲学,他们的三次战争为的是先在德国、然后在欧洲和世界建立优势地位。[38]当蒙森于1854年写下他的著作时,他无疑还不能预见到这些战争,但是他向人们表明,政治离不开战争,而且战争具有革命所不具有的锻造力量,这样他就事先论证了后来三次战争的合理性。

在做这样的表述的时候,蒙森不像黑格尔那样,声称每场战争的根本之处都有某种道德理念、武力和美德是同义词。他从来不劳神考虑道德问题。他只是陈述历史法则,这就是强者压迫弱者的法则,“在世界历史的力量漩涡中,这个法则注定要粉碎所有缺乏钢的坚固和韧性的民族”[39]。

因此历史成了世界的法庭,成功是裁决政治之价值的唯一标准。如果说凯尔特人被罗马人征服,那“不是意外的毁灭……而是咎由自取、某种程度上说具有历史必然的惨剧”[40]。

在这个诞生过康德道德律令、诞生过近代伟大的道德良知的导师的国度,看到有人在为这样的理论辩护,我们也许会感到一丝惊奇。但1850年的德国不再是费希特和康德的德国。德国已经是讲实际的哲学家的学校,这些人向德国人表明,情况总是在改变的,正义的价值只是相
147 对的,它最终只取决于维持它的力量:如果力量不足,那么唯一正当的结局就是弱者应该被牺牲;在最后的灾难中,如果遇难的是无辜者,而狡猾的罪犯安然逃脱,那也没有什么不安的:这是世界的法则,我们的一切抗议都无济于事。

俾斯麦有一次也表达过这种讲实际的哲学,他说,“即便一个人的论

证十分蹩脚,但只要大部分刺刀都支持他,那么他总是对的”,而蒙森的《罗马史》中反映的恰好也是这种哲学。这部著作无非是对武力的颂歌,即使武力是用来反对正确的东西。对蒙森而言,被征服者总是错的。他支持狡诈善变的尤里斯·恺撒反对他所称的诚实而平庸的元老院。即便那样他还嫌不够,他一定要找机会言辞尖刻地评论一番。没有什么比嘲笑那些老实但愚蠢的人的德性更让他高兴的了。

“他们对各自表现出来的英雄气概彼此祝贺;庇布鲁斯(Bibulus)宁死也不愿屈服的宣言,加图(Cato)在扈从中间反复发表的讲演,都是伟大的爱国业绩。”[41]

另一方面,尤里斯·恺撒是个完美的人,因为他是个昧良心的假道学。“恺撒出现在人民面前的每一天,他的同事庇布鲁斯都会发布众所周知的关于天象的政治性评论,此举打断了所有的公共事务。恺撒自己并不关心天上的事,但总是汲汲于地面上的征服。”[42] 148

蒙森始终如一的蔑视对象,是为拯救他们所认为的国家之自由而斗争的诚实公民,他们试图阻止这种自由的毁灭,至少是要推迟毁灭的日期。[43]他不能理解西塞罗良心上的顾虑,他把后者描绘成一个滑稽的胆小鬼,“与那些老是谈论福音、但地狱又对他们毫无作用的无聊之辈为伍”。蒙森的姿态很像一个摆脱了“既定道德准则中的中产阶级偏见”的人。他攻击所有在恺撒的骗术中看不到天才表现的人,以及那些智力不足但还要以愚蠢的言论来厌烦人的家伙。

这就是他希望传达给当时的德国人的主要教诲。在太长的日子里,善意的德国人被看作不具备邪恶品质的简单生物。蒙森不再需要这样的认识。“我们并不简单”,他的说法本身颇为幽默,“而且我们不希望不惜一切代价做简单的人”。

蒙森的祷告灵验了。没有人会说一个产生俾斯麦的民族是简单的。
不幸的是,摆脱简单之后的智慧并不是总能在德国人当中掩藏这种马基 149
雅维利主义政策。不久前,在帝国议会,每当抗议分子——丹麦族或波兰族议员——为他们的同胞提出任何要求时,都会听到哄堂大笑。

对此维克托·谢比列评论说，“对于普鲁士人的那种严厉和粗暴，那种让其邻居感到紧张不安的侵略癖好、那种对弱小民族的苛刻态度，有谁会责怪他们呢？”[44]

缺乏对弱小者的宽容，这也是蒙森的《罗马史》的特点之一。他在谈论那些被罗马人征服的民族时趾高气扬。这种典型的德国式的优越感在他的某些描述中暴露无遗。例如，当他谈到凯尔特人的特点时，那是一种怎样轻蔑的讽刺呢！他将凯尔特人和现代爱尔兰人做了对比：

> ……所有特征都重现了；耕种田地时的懒散；酗酒打闹时的高兴劲儿；言语中充满对比、夸张、影射和稀奇古怪的转弯抹角的说法……还有那种爱打听的怪癖：街上的商贩在通过之前必须说出自己知道或并不知道的新闻；……还有孩子气的虔诚，把神甫当作父亲，在所有事情上都向后者请教……但同时又无法保持自立的勇气，对他们的傲慢和怯懦而言，这种勇气都同样遥不可及……无论何时何地，他们都是、并将一直是同样的懒惰散漫，同样的优柔寡断但又
> 150 狂热躁动、爱管闲事、轻信、和蔼、机灵，但是——从政治的角度看——他们完全是个一无用处的民族。[45]

虽说对爱尔兰的评价已经这样糟糕，而在法国人那里则更进一步：凯尔特人是个聪明的民族，的确如此，但是反复无常；从文学的角度看，他们极有天赋，但是缺少任何道德和政治上的理解力；他们是优秀的士兵，恶劣的公民；作为具有破坏力的武士，凯尔特人曾推翻无数国家，但他们没有建立自己的国家，甚至也没有建立起强大的文明。[46]

蒙森不喜欢法国人。他把1870年的战争欢呼为一场解放战争，因为它终于使德国人民摆脱了“对法国愚蠢的模仿”。在一封告诫意大利人不要与法国结盟的信中，他以先知的口吻宣告现代巴比伦即将覆灭，宣称法国文学是腐朽的，“就像塞纳河的河水一样不干净”。皇帝拿破仑三世则被说成是个“骗子，他的宫廷就是一帮冒险家，他们要让全世界都堕落到不伦不类的半人类(demi-monde)层次上”，不过当蒙森进行历史研究

时,他并没有鄙视法国皇帝提供的漂亮的办公处。在庆祝阿尔萨斯重回
德意志祖国的怀抱时,这位历史学家欢呼道:“看到法国的旗帜在德国人
的杰作——斯特拉斯堡大教堂上飘扬时,确实很苦涩。当斯特拉斯堡的
德国大生读着歌德那甜美的爱情故事,那优美的塞森海姆(Sesenheim)田
园诗[47]时,他们合上书本,内心里追问他们的祖先风尚如何,但是这些祖 151
先把德意志诗神的神圣园地给了外国人——给了那些既不照料花蕊亦不
关心花朵、唯一的目标就是根除德意志的风尚、德意志的宗教和德意志语
言的人。”[48]

蒙森是个热情的德意志爱国者,这表现在其历史著作的字里行间。除了德意志民族,其他的人民都是不屑于启齿的。人们本来可以期望,他写作《罗马史》是因为他对拉丁人民有强烈的钦佩之情。但实际上他并不怎么喜欢这些人。虽然他认可一切促使拉丁人成为伟大民族的事物,如他们强悍的个性,他们教育中强有力的纪律性,他们“简朴而不失深刻的智慧”,但他不赞赏拉丁人的才气;他认为,拉丁人在这方面过于理智,也过于浮夸,因而缺乏诗情和情感的深度:

> 诗歌是激情洋溢的语言,它的变化就是旋律。从这个意义上说,
> 任何民族皆有其诗歌和音乐,不过有些民族在诗歌方面特别有天赋。
> 但是拉丁民族并无天赋,不属于幸运者。意大利人在心灵之激情、在
> 追求何谓理想化的人等方面存在欠缺……他们感觉之敏锐和优雅全
> 面的才艺使他们在讽刺和叙述性特征的创作方面很突出,这一点我
> 们可以在贺拉斯(Horace)和薄伽丘(Boccaccio)那里、在卡图卢斯 152
> (Catullus)那些富有幽默感的爱情笑话和歌曲中、在那不勒斯优秀的
> 民歌中、但首先是在低俗的喜剧和滑稽剧中看得到。在修辞和喜剧
> 表演艺术上,过去和现在都没有哪个民族可以和意大利人比
> 肩。……意大利所产生的最高尚的文学作品,如但丁的《神曲》之类
> 的神圣诗歌和萨卢斯特(Sallust)、马基雅维利、塔西佗、克莱塔(Col-
> letta)等人的历史著作,其中弥漫的更多是修辞的而非纯真的热情。
> 即使是在音乐中,有些成就很容易让人以为十分卓越,但其实际的创

> 造性才能远比这样的成就黯淡。……艺术的内在领域……还没有作为一个特别的园地进入意大利的视野;美的力量、美对他们的全部的效应,并不是以观念的方式反映在他们的思想中,而是以感官的方式呈现在他们眼前。因此,意大利人在建筑、绘画和雕刻方面驾轻就熟,在这些领域,在整个古典文化时代中,他们是希腊人最出色的学生,而到现代,他们成了所有民族的导师。[49]

蒙森论述方式中的专断傲慢也是他思想和情感的一个特征。他像泰纳那样追求体系化。他写作历史的目的是为了证实自己的某些观点,因此他省略了一切可能摧毁或削弱这些观点的事实。他想要罗马人无论如何都要成为他试图阐明的罗马人。除了政治,罗马人在任何方面都缺乏创造力,这是历史委托他来证明的一个教义,这样,从一环接一环的演绎
153 中,他终于得出了可以总结自己观点的格言:罗马只产生了一位天才——尤里斯·恺撒。

对于这个政治和战争方面都很强大的罗马民族,蒙森还以另一些在他看来更为完善的民族来做对照,这就是希腊人和日耳曼人。“只有希腊人和日耳曼拥有自发喷涌的诗歌之泉:缪斯诸神的金瓶中只有几滴甘霖落到了意大利的绿色土地上。”[50]生气勃勃的艺术、深邃的思想和情感、独创性的学术,这些就是希腊和日耳曼民族的传统。蒙森总是在自己的脑海中将它们与拉丁民族进行对比。在他眼里,首先是日耳曼种族具有某种象征价值。当他批评拉丁人的性情时,我们可以感到,他是暗地里赞扬日耳曼人的性情。他不无骄傲地指出,在高卢,只有积极而成功地抵抗罗马人的地区,其居民的血管里流淌的才是日耳曼的鲜血。

这样的例子贯穿他的整部著作,以致某种意义可以说,这部罗马“历史”变成了一篇日耳曼民族的辩护词。

他的听众和读者当然理解这一点。这部著作出版后不久,另一些著作陆续面世,它们受蒙森的启发,运用民族心理学来颂扬自己的国家。一门新的科学诞生了,这就是民族心理学(Völkerpsychologie),历史学家、地理学家、人种学家和教师以这种学说来解释日耳曼民族优越于其他民族

的原因。德意志在这个世界上首屈一指,高于一切(Deutschland vor Allem und über Alles in der Welt)。于是我们在德国学校的地理教科书中看
到这样的话:“德国确实是欧洲的心脏,作为心脏,它的责任就是要让新 154
鲜血液在肢体内循环,以使那些正在衰老的部分获得新生,并增强年轻的部分,所以德国的历史使命是将日耳曼的血液输入欧洲衰朽的肢体中,让这个老大陆焕发青春。”这本教科书教导德国的年轻人,法国一切美好的东西都归功于日耳曼种族:不仅是弗拉芒人、诺曼人、勃艮第日耳曼人,还有具有鲜明体征的香槟人:金黄的头发,蓝色的眼睛;而且作为西哥特征服者后裔的朗格多克人、血统上与哥特人和勃艮第人渊源深厚的普罗旺斯人,所有这些人都可被视为日耳曼种族的成员;真正具有法兰西特质的部分只有法兰西岛,“这块法国馅饼的馅儿是一堆发酵的霉物,它慢慢地感染和腐败了其余的部分”[51]。

对这些德国学者的惩罚来自那些比他们还要愚蠢的人的发现,后者对他们的学说的运用滑稽可笑。这些学说落到了头脑既缺少训练又不够冷静的人那里,结果开出的是奇怪的花朵。可以在1870年战争催生的众多文献中找出几个标本。几千个见证了这场战争的人在这个事件中看到,他们在学校里听到的所有说教现在都被证实了,他们在自己的“战争回忆录”——现在这种出版物在莱茵河那一边像野草一样层出不穷——
中证明,日耳曼种族与其他种族比起来是多么优越,法国人受到德国 155
人——欧洲的法官——的打击是多么罪有应得。

当然,若把所有这些怪诞的作品都归因于蒙森,那是荒谬的,但是,难道他不应该对那种思想状态负有某种责任么?他关于罗马人和高卢人的心理学至少使得这类看法成为可能,难道不是这样么?[52]

在政治方面同样如此。蒙森著作中可以提炼出的理论使他在实际结 156
果上走向了他愿望的反面。

蒙森关于罗马史的观念首先受到德国1848年后事态发展的强烈影响。他关于历史的一个重要观念是,罗马人证明了民主和君主制是一回事。无疑,这个观念归因于他在民主的德国和尤里斯·恺撒的罗马之间

看到的相似性。

我们知道,在很早的年代,这两个词是同义语,而且蒙森以出色的方式地向人们证明,以家庭为模式组建起来的罗马国家形成了一个巨大的家庭,它的首脑就是国王。罗马人的公社"由自由平等的农民组成,没有蒙神恩所赐的贵族"[53]。国王是人民权力的唯一代表,因此他只是人民中的一员,这样,君主制和民主制从起源上说是同一的。

但是,蒙森的错误在于,他认为罗马废除君主制之后的政治斗争的唯一目的是回归这种最初的民主君主制状态。在他眼里,从格拉古到尤里斯·恺撒的所有革命都只有这一种意义。

157 这种关于罗马史的观念在于尤里斯·恺撒时代罗马的自由与贵族共和国之间的对比,后者只代表某些阶级的利益;在蒙森的脑海里,这种历史观还因为刚刚在德国发生的事情而进一步强化。他已经看到,自由主义无力实现德国的统一。它的结果就是全方位的混乱和国人的失望。蒙森的信念是,只有剑可以解决分歧,而这就是普鲁士的使命。在他看来,普鲁士国王应该完成尤里斯·恺撒在罗马完成的事业。这样他便热忱地为独裁者辩护。作为一名普鲁士民主派,他的满腔愤怒都在这部著作中宣泄出来。他给人的印象是无时无刻不对自己国家的事务做某种影射。

对他而言,罗马贵族就是"容克","充满偏见的保守派","一个围绕着王座和祭坛的阴谋集团"。当他谈到庞培的怯懦时——这个人在应该前进的时候把剑插回鞘中——我们可以在他的言语中感觉到这个爱国者对于弗里德里希·威廉四世在奥尔缪茨的可耻让步的全部怒火。[54]

同样,当他抨击民主派、抨击那些街角和俱乐部中的演说者、"那些
158 以低音嗓子向农民演讲的大胡子"时,读者也许觉得自己就身处那种民主派聚会和"1848 年的白胡子们"之中。

当论述到尤里斯·恺撒时,蒙森充满了激情:这个天才最终成了社会的拯救者,是他建立了民主制的罗马。

蒙森对尤里斯·恺撒的赞叹之情之所以这样热烈,那是因为他觉得恺撒是人类罕见的完美典范之一。他列举了恺撒的优点:难以置信的活

力,这使他可以轻松地从事任何工作而绝不感到最艰难事务带来的负担;始终清晰敏锐的头脑,这尤其表现在他所发命令的清楚明了上;无可比拟的记忆力,周全之极的思维;对现实的感知力堪称天才;对自己从事的每件工作都抱有热情,但热情始终限定在理智的框架内;持续而活跃的好奇心,在军营里依然抽出时间学习名词的词尾变化及拉丁诗歌的格律。

蒙森不知道最应该赞赏恺撒的哪个方面,是政治家还是将军,抑或是“民族战略”的创始者。他说:“在这么多世纪过后,如果我们还能在恺撒所愿和所为的功业前鞠躬致敬,那不是因为他渴望并获得了皇冠(说得抽象一点,皇冠本身没有什么了不起的),而是因为他伟大的理想——一个统治者之下的自由共同体——他从未放弃这个理想,后者使这位君主没有淹没在那些庸俗的帝王中。”〔55〕

在我们看来,这样的表述有些夸张,但蒙森把尤里斯·恺撒置于人类 159
天才的最高地位,从而更强化了这一表述。在近代人当中,只有两个士兵政治家与他接近,这就是克伦威尔和腓特烈二世。但他们之间还有很大的差别——“那位清教英雄与那位无拘无束的罗马人之间很少有相似处。”他还补充道:“作为一名政治家,他行为中最显著的特征是完美的和谐……他从未诉诸类似于雾月十八日这样的极端措施,虽然与元老院之间的不融洽关系使他颇有理由这样做……总之,在强力人物之中,他也许是唯一到政治生涯告终之日还保持着鉴别可能与不可能之才能的人……他考虑的不是漫无边际的征服世界的计划,而仅仅是如何有效地确立一条经过深思熟虑的边界线。”〔56〕

在这种热情的驱使下,蒙森变得像个先知。如果恺撒不死,帝国会是什么样子呢?他对此做了预测:“他不会是个平庸的暴君,他不会重蹈别人的覆辙。”这个说法确实美妙,但可靠么?

当我们看到蒙森以这样夸张的热情为尤里斯·恺撒辩护时,我们很快就能发现,这不仅仅是由于德国局势与罗马局势的相似性促使他这样做。还有一个更为深刻、更为内在的原因——这就牵涉到这位历史学家最本质的东西。

帕斯卡尔在他的《思想录》中有一段著名的话对三种类型的伟大做了区分:外在的伟大,思想的伟大,美德的伟大:“亦即三类人的分别:尘
160 世间的天才,他们进行夺人眼目的伟大战斗;艺术和科学领袖,他们以自己的名望和荣誉来丰富这个世界;圣徒,他们的伟大在于仁爱。”不必看太多蒙森的文字便知道他景仰的是哪一类伟大。他笔下经常冒出来一个词,这个词看来道出了他心中偏爱的东西,这个词就是“激情”(passion)。每当他论及那些完成了世间伟大功业的行动上的伟人时,他作为艺术家的灵魂便躁动起来,他的想象力也被唤起。这就是他所理解的那种美。他不是以历史学家、而是以诗人的身份提出自己的观点的。活跃而激动的天性使他充满热情,他的语言就像莎士比亚一样。当需要在诚实但平庸如庞培者和乖张、暴烈、冲动如喀提林者之间做出选择时,蒙森毫不犹豫:他更喜欢喀提林。[57]

不过,虽然蒙森对英雄伟人有一种艺术家般的看法,但他还没有走得像弗里德里希·尼采那样远,后者赞美一切自然强力,赞美人类能量的一切表演,最后滑向了君主们和异教复兴(pagan Renaissance)中的艺术家们的道德学。但蒙森不是这样,他希望伟人们的行为指向更高的目标。他没有把美和道德分离开。他在《罗马史》中抨击奢侈之风,在他看来,这是受教育阶层和某些社会的特点,在这样的社会中,人们在政治上总是
161 追随反复无常、高傲狂妄、目光短浅的煽动家。蒙森蔑视罗马共和国末年的附庸风雅之人,他认为这些人已经预示了罗马的衰落——如米特鲁斯(Metellus)和路库鲁斯(Lucullus)之流,在战争中,他们对拓展帝国的疆界并不热心,他们挂念的是如何丰富游戏节目单、是那些可以带回罗马的观赏鱼类。

不过,虽说蒙森的人生观不是爱美者的人生观,但人们很容易据此做出错误的推论。最好的证据便是,这位《罗马史》的作者在爱美人士中间赢得了一些热情的赞美者。他为尼采开辟了道路,并使得这位哲人在德国的出现成为可能,这一点难道还要多讲吗?无论如何,对于反基督教的人生观的产生,没有谁的作为有蒙森那样大。[58]他的理想,至少是他在

《罗马史》中阐发出来的理想，与马基雅维利在关于李维的论著中表达出的理想是一致的："我们的宗教青睐于人道的、折中性的美德而非行动的美德。它认为至上的幸福在于谦卑、弃绝，在于对人世事务的蔑视，而异教信仰认为，至高的善在于宏伟高大，在于外在力量，在于一切令人恐惧的品质。如果说我们的宗教也诉诸某种思想力量的话，那是为了使我们能忍受不幸，而不是为了成就伟大的业绩。"

他对尤里斯·恺撒的全部辩护都可以归结于这一点——虽然他反复
申述说自己没有神化英雄伟人、没有把他们塑造为负有神圣使命的再世 162
救世主的意图，但在德国，蒙森是"力量优于正义"理论的最热情的倡导者之一。对于为达到统治目标而施展的力量和手腕，蒙森着力颂扬，从而在德国传播了恺撒主义观念，在他看来，恺撒主义的历史使命是不惜任何手段将人类引向文明。从这个意义上说，他最直接的弟子就是尼采，后者把他的理论推向了合乎逻辑的结论，并把马基雅维利笔下的君主赞誉为"人类领袖的伟大典范"。

三

很少有哪部历史著作在成就上超过蒙森的《罗马史》。当它于1854年出版的时候，整个德国都产生了反响，影响巨大。不过，各大学却感到不悦。这位历史学家在他的书中推翻了一切既定的看法，而且他对那些通常受人敬重的人的论述完全缺乏尊重。例如，西塞罗在书中被描绘成懦夫，最不知廉耻的文人，自负傲慢的残废，文字贩子，充其量是个律师但绝非好人，一个鼠目寸光的自私货色。即使西塞罗的著作也"不能算作拉丁文学作品……任何要在如此拼凑出来的文字中寻找经典作品的人，最好还是去文字堆里研究那种逐渐销声匿迹的东西"[59]。

不过，使他成为一名低劣的科学主义史学家的要素，正是他作为一名 163
叙述派史学家的最主要的力量。此前的德国还没有哪位才子以如此充沛的激情来叙述历史事件。蒙森创造了一个奇迹：他使罗马历史变成了生动鲜活的对象。在他的笔下，风度、习俗、私生活、人物和地点都复活了。

特赖奇克正确地指出:“《罗马史》是以我们语言写出的最优秀的作品之一,可能没有哪个年轻人或战士不为蒙森对汉尼拔(Hannibal)和恺撒的刻画而感到享受。”[60]确实,蒙森书中的人物刻画得十分出色。例如,还有什么比苏拉(Sulla)的形象更成功的吗?

> 无论从身体还是从精神上看,他的气色都很健康。蓝眼睛,皮肤白皙,脸色白得出奇,但每当激动之时就会泛红;虽然他是个目光深邃的漂亮男子,但对国家而言,看来他命中注定并不比其祖先重要多少……他对人生的唯一渴望就是宁静地享受生活。虽然他在锦衣玉食的环境中长大,但在不太富裕的罗马元老的家中亦很适应,于是苏拉很快就拥有全部的感官和精神享受,这些享受是希腊的风雅和罗马的财富结合之后产生的。无论是在贵族的客厅还是在军营中,他都是个受人欢迎的伙伴;与他相识的,无论身份高低,都认为他是个和蔼可亲的朋友,一个危急时刻乐于助人的人;对于身陷困境的朋友,他乐善好施,而且他此时的热情远高过还钱给富裕的债主。他喜
> 164 欢豪饮,但对女人的热情更高……不过在纵情狂欢之中他并没有丧失身体和思想上的活力:在最后几年的乡间闲暇时光中,他对狩猎的热情依然不减;由于局势所迫,他把亚里士多德的著作从被征服的雅典搬到罗马,这至少说明他还想认真读书。苏拉没有罗马人的那些怪癖。罗马显贵喜欢在希腊人面前表现出毫不掩饰的傲慢,但苏拉不是这样,他也不像有些思想褊狭的伟大人物那样自负……他总是说,对他而言,每件率性而为的行动要比精心策划的事业完成得更好……他同时代的人评论说,他一半像狮子,一半像狐狸,而且作为狐狸的他比作为狮子的他更为危险……但是他完全没有政治上的自私心,就此而言——确实也只能就此而言——苏拉可与华盛顿齐名……后者把这位罗马的拯救者和意大利统一的缔造者看得比较低,但还是把他与克伦威尔列在一起。[61]

作为历史学家,蒙森有一项才能是他的国人未曾超越的,这就是他的

造型艺术。他笔下的人与物都有鲜活的色彩和形象。寥寥数笔之后一个
地方便展现在读者面前。例如，他这样描写特拉西梅诺湖和及其隘
口——“两面陡峭山崖之间有条狭窄的通道，尽头是个高坡，入口处对着
特拉西梅诺湖”[62]；又如，“东北部的密林环绕着阿登高原的中心，从日耳 165
曼的海边一直绵延到莱茵河；弗兰德尔和洛林的原野如今已成沃野，而当
时米纳皮和特里维连部落的牧人却是在浓密的橡树林中放养半野生的
猪”[63]。

即便是在表现抽象事物时，蒙森的文字也具有绘画意味。他曾以五
行文字描写庞培的归来：“在喀提林的支持者进行非法审判、在保民官米
特鲁斯遭受闻所未闻的猛烈攻击之后，庞培本可以立刻以罗马公共自由
的两大支柱——上诉权和保民官的不可侵犯性——的捍卫者的名义对贵
族发动战争，充当秩序派的首领反对喀提林集团。庞培几乎不可能忽视
这个机会，不可能睁眼让自己再度陷入 674—680 年[64]的困境，当时他的
部队被解散，最后只是因为加比尼法（Gabinian law）他才得以脱身。尽管
白色花冠如此接近他的额头、而他自己也确实很渴望，但到了采取行动的
时候，意志和手腕的欠缺再度使他落败。”另外他还谈到那些接二连三但
毫无成果的阴谋：“它们就像肥皂泡一样在空中破灭。”口若悬河的西塞
罗只是个虚张声势、无的放矢的司令。

蒙森擅长从自然界和人们熟知的历史事件中借用意象来增强历史叙 166
述的真实感。我们知道，欧内斯特·勒南在其《基督教的起源》和《以色
列史》中曾出色地运用过这种方法。蒙森也有一些绝妙的创造。例如，
他把亚历山大里亚文化描绘成温室里的学术，卢克莱修（Lucretius）的《物
性论》是一片诗意的荒漠，吠陀经的评论家是“文学上的植物学家”；密提
利尼城的特奥多鲁斯（Theodorus）是第一位“宫相”，拉比努斯（Labienus）
是“拿破仑麾下的元帅”；庞培派流亡的萨洛尼卡是“新科布伦茨”；苏拉
是个“唐·璜”，加图是“桑丘·潘沙”[65]。他说：“罗马人对于维斯塔贞
女的看法就好比《十日谈》中的意大利人对修女的看法。”费边（Fabius）
“年事已高，为人谨慎而坚定，但在不少人眼里，这种性格简直成了犹疑

和固执”，这个老人让他想起了一位普鲁士将军，因为后者“认为步步为营的作战方式是——仅次于牺牲和祈祷——拯救国家的手段”[66]。

这一做法中当然会有专横武断的情况发生。例如，当蒙森谈到罗马的聚会、俱乐部、客厅，谈论凯尔特人的铜币、容克、“首都的金融巨头”、意大利的警察、极端主义者、人民党、雇佣兵、元帅们、埃里奥维斯图斯(Ariovistus)亲王时，我们会觉得他倾注了过多的个人情感。为了使历史具有现代意义，他对历史进行了拙劣的类比。此外，蒙森还在类比的过程中大量使用外文句子，这就使得这一错误更形严重。为了给文字增添色彩，如果他在德语中找不到合适的词语时，他就使用法语词。法语在他的
167 文章中随处可见：他会说 Blasirtheit，bornirt，chicaniren，die chicanöse Opposition，perorire，haranguiren。[67]在莱辛和 18 世纪散文家风格中培养起来的德国作家，如大卫·施特劳斯等人，觉得蒙森的语言糟透了。他的语言确实不够优雅纯正，但另一方面，它又生动而富有表现力！[68]

但公众对蒙森的评价很高。当《罗马史》问世时，读者对精雕细琢的学院派文风已经感到厌烦。当时法国的泰纳曾说过：“最好的风格就是能赢得读者的风格。”而蒙森在这方面的造诣达到了一个很高的境界。首先，他希望自己的著作能有现实感。他不用修辞手法。他生硬的词句，犀利而坚定的语调，把那些历史画面活生生地呈现在我们面前。他的文风中有某种别有情致的粗暴，这是那个时代的象征，也是当时人最喜欢他的一点。

实际上，德国的文学风格在发生转变。当时正在全欧洲崭露头角的现实主义在德国也赢得了新的一代人。德国人在文学领域内尚无法赶超果戈理(Gogol)、福楼拜(Flaubert)和泰纳，但他们的历史学家具有强烈的现实主义色彩，而蒙森又是其中首屈一指的。

在当时，德国青年热衷于三部著作：歌德的《浮士德》、叔本华的《作
168 为意志和表象的世界》以及蒙森的《罗马史》。不难理解这三部著作何以能让那一代人着迷，因为他们厌倦了梦想，他们转向了实证，只有现实能吸引他们。歌德的《浮士德》所教导的哲学是这位诗人在众多探索之后

最终得出的,它表现在如下的词句中:“一切都能从行动中得到慰藉。”

《作为意志和表象的世界》是一本基于经验之上的讲求实际的形而上学著作,它只讲述事实,无疑,它提供的是一种并不讨人喜欢、通常还令人难受的哲学,但它具有现实感,它在虚无主义的癫狂中催促人们去行动;这种哲学渗透着辛辣而严厉的气质,它对诡辩的揭露一针见血,并毫不留情地指出了人生的弱点;这样的学说当然是已经幡然醒悟的那一代人所赏识的,他们已经摆脱了所有幻想,准备全身心地投入人生的斗争之中。

作为这种新哲学的倡导者,叔本华为了自己学说的光大等待了好多年。三十年的时间里,这部著作的第一版一直堆放在书店的后堂,无人问津。但在1844年,它在一夜之间全部卖光。叔本华成为读得最多、最受追捧、人们评论最多的作家。他终于找到了自己的听众。[69]

蒙森也是如此。他之所以能写出如此生动和引人入胜的作品,那是 169
因为他深受自己时代的激情和关切的影响。他比任何人都清楚地感觉到自己民族需要什么,而且知道该用何种方式向其同胞们灌输。他向危险的幻想宣战,对梦想家和阴谋者进行毫不留情的讽刺和攻击,他还嘲弄“按‘学校老师’的规矩”(这是他的说法)行事的诚实的老好人,在各种场合下他都在反复宣扬“我们的时代是铁血时代”的论调;他的宣传让那一代人为未来的斗争做好了准备。

在1850—1870年那个奇特的时期,《罗马史》也许是最为重要的成就之一。蒙森在这部著作中完全展露了自己的想法,这也是他之所以对同代人产生这样大的吸引力的部分原因。他的《罗马史》不是冰冷无味的学识的堆砌,这样的书只有学者感兴趣,他写出来的是一部激情澎湃的历史,读者可以从书中发现他们的所有悲伤和希望。[70]

但这部历史没有继续写下去。蒙森在帝国开端之时搁笔,后来再也没有下文。三十年后,即1885年,他出版了一卷《罗马行省》,但《罗马史》中那些魅力因素已经荡然无存了。新著作是作为学者的蒙森写下的:书中的评论言辞温和,其语气之平和及学术上的从容与《罗马史》判

170 然有别,但话又说回来,它看起来多么平淡乏味啊!为《罗马史》增添异彩的人文旨趣已经看不到了。蒙森也知道这一点。当新书出版的时候,他恳求读者的宽容。他说:"可以让人读一读,既然已经以谦恭的心情写出来了。"这位历史学家——我本该称他为诗人——说得有理。1885 年时,垂暮之年的蒙森不可能焕发青春岁月的激情:1848 年的伟大光辉已经黯淡下去。

注 释

〔1〕《19 世纪德国史》,第四卷,5 页。

〔2〕施旺(Schwann)细胞理论为病理学开辟了新道路。

〔3〕1847 年。

〔4〕黑格尔的学生们——被称作左派黑格尔主义者——说:"现在不只有一种宗教,而是有多种宗教,不再有道德而只有习惯;不再有原则,而只有事实。"黑格尔曾夸口说他的体系是君主制和宗教社会的支柱,但他却培养了一些 19 世纪最激进的无神论者和无政府主义的理论家。

〔5〕这本书于 1835 年首次面世。

〔6〕《力量和物质》(*Kraft und Stoff*, Frankfort-am-R., 1855)。

〔7〕莱比锡,1841 年。

〔8〕古斯塔夫·弗赖塔格的文学生涯开始于 1844 年的一部戏剧——《学者》(*The Scholar*),他写这部戏剧是为了推进大众教育,但它从未上演过。"所有政治进步",他说,"都依赖于大众在实际生活的所有领域的能力之提高(Steigerung)"。另一部戏剧《瓦伦丁》(*Valentine*, 1846)旨在嘲弄当时德国小城镇的生活方式。《记者》("The Journalists", 1852)同样是嘲讽当时德国的生活。在小说《债务人与债主》(*Debtor and Creditor*, 1853)中,弗赖塔格企图阐明这样的道理:"人应该防止思想和空想的欲望对自己的生活带来过多的影响。"

〔9〕严格说来,《前沿快报》不是弗赖塔格和施密特创办的,此前它就存在;它最初是由一位来自奥地利的德意志流亡者考夫曼(Kaufmann)在比利时创办的,后来该杂志迁往莱比锡,弗赖塔格于 1848 年 7 月接手它的编辑工作,使它成为一份完全亲普鲁士的评论。当弗赖塔格作为编辑加入参加这份杂志时,尤里安·施密特已经在为它工作了。他的工作一直持续到 1861 年,随后的继任者

是莫里茨·布施(Moritz Busch)博士,而布施后来成了俾斯麦的秘书。

〔10〕 尤里安·施密特曾从新教和普鲁士的角度出发,写出了一部自莱辛去世以后的德国文学史(3 卷本,柏林,1866 年)。作为天主教和浪漫主义的对手,他在具有这两种思想倾向的文学中只看到“病态的赘疣,必须将它们连根拔去”——在他看来,法国文学中的理性主义特色对德国的危害要小于浪漫主义的危害。他只喜欢文学中的“健康人物”(gesunde Menschen)。他的文学观与法国批评家埃德蒙·谢雷(Edmond Scherer)极为相似。

〔11〕 其中有著名的书商、莱比锡著名的希策尔出版社的奠基人所罗门·希策尔(Solomon Hirzel);莱比锡未来的市长斯特凡尼(Stephani);信贷机构的负责人卡尔·马蒂(Karl Mathy);马克斯·约尔丹(Max Jordan)、藏克(Zarncke)、古奇米特(Gutschmidt),后来还有特赖奇克。这些人组成了一个号称“五月女郎”(Maikäfer)的政治社团,他们每周在基岑(Kitzing)啤酒馆聚会三次,一边喝啤酒一边讨论德国的未来。“在这个小型密谋团体中”,特赖奇克说,“形成了很多后来兑现了的政治方案”。

〔12〕 《政论集》(*Politische Aufsätze*, Leipzig, 1888),82—83 页。

〔13〕 《政论集》,86 页。弗赖塔格后来说:“在我所处的时代所发生的冲突中,我之所以很轻易地站到胜利者一边,那不是因为我自己,而是因为我幸运地生而为普鲁士人、新教徒和西里西亚人,我出生的地方离波兰边境很近。当我还是普鲁士的孩子时,我很早就学会了热爱德意志的民族性、反对其他种族:作为一个新教徒,我获得对自由的认识比别人更迅速,也无须经历痛苦的斗争:作为一个普鲁士人,我生长在这样一个国家,那里每个人对自己国家的忠诚是他们的日常的职责。”见《生平回忆录》(*Erinnerungen aus meinen Leben*, Leipzig, 1886)。

〔14〕 毛奇:《通信集》(*Correpondance*),391 页(1849 年 9 月)。

〔15〕 弗里德里希·大卫·施特劳斯在处理耶稣基督的问题时是个十分谨慎的批评家,但一提到腓特烈大帝,他却毫不犹豫地宣称,这位国王之所以征服西里西亚,是因为他想把德意志人从天主教奥地利的奴役下解放出来。他还写道,德国所进行的战争从来都是“圣战”,而法国人的战争(弗朗索瓦一世、路易十四和拿破仑的战争)的唯一动机就是掠夺和抢劫的欲望(Raublust),所以法国在 1870 年受到了应有的惩罚。他这样评论 1870 年的战争:“一件由德国

在法国身上完成的公共事业,法国已经腐烂透顶,完全没有了道德约束。"

〔16〕 "随着年龄的增长",毛奇说,"我们都变得理智了,一切热情都只是虚荣和无聊的叫嚷,都被我们抛弃"。见毛奇:《通信集》,358页。

〔17〕 海涅:《歌集》——"北海"(*Book of Songs*—"North Sea")。

〔18〕 泰纳认为地理环境与民族的心理特征和审美取向有莫大关系,这种理论很容易让人想起孟德斯鸠的学说。——译注

〔19〕 特赖奇克说南德产生了德国所有的诗人——歌德和席勒、乌兰德和吕凯特(Rückert)。但是他又说,革命却全部是来自北方。(《德国史》,第四卷,429页)

〔20〕 戈蒂叶(1811—1872),法国诗人、剧作家、小说家、文学批评家。虽然戈蒂叶是浪漫主义的捍卫者,但他的作品被认为具有象征主义、颓废派和现代主义的特色,并为波德莱尔、福楼拜和王尔德等人称道。1830年,他和奈瓦尔、大仲马等人组成了"小诗社"(le petit cénacle),该团体以行为乖张离奇著称,但这也是他们逃避社会的唯一的避难所。——译注

〔21〕 汉堡,1834年。"以青年德意志的名义写作的人",他说,"自然声称不会承认过去的贵族制,他将把老德意志的那些破烂学问送到埃及金字塔的地下室里,他会向那些年迈的庸人宣战,下决心对后者进行无情的清查,直至揭穿他们古典装饰物上的最后一根纱"。

〔22〕 "在某些特别的领域,我们应该很专业,但绝不要为了专业化而固步自封",他在柏林科学院发表的一篇关于莱布尼茨的演讲中这样说,"我们确实应该通过专业化的分支获取一切知识……但在那些只看希腊和拉丁作者的著作、只观察地层、或只考虑数学难题的人眼里,这个世界该是多么狭小和可悲!"亦可参阅他80岁生日时写给他学生们的出色信件。(《法兰克福报》:*Frankfurter Zeitung*)

〔23〕 特赖奇克:《德国史》,第三卷,589页。

〔24〕 见聚贝尔:《德意志帝国创建史》,第二卷,99、100页。

〔25〕 《布拉格和约以来的德国政治》(*L'Allemagne politique depuis la paix de Prague*, Paris, 1870)。

〔26〕 他的确认为,1860年后的德国不再是从前的那个德国了。"一切都被消磨光了",他说,"那些曾如此热烈的理想,都已在最近的岁月中饱受挫折。满怀希

望的种子已经干枯。我们的政府最紧迫的任务也许是激励和增强德国之所以伟大的源泉。我们的任务很艰难,但我们能够并愿意推进'德意志的学术。'"

〔27〕“在我看来,”他说,“神比施托克更清楚,为何德意志这块金属要铸就自己的形状需要一定比例的犹太人”(《也谈我国的犹太人》[*Auch ein Wort über unser Judenthum*, Berlin, 1880])。[译者按:蒙森提到的施托克(Adolf Stöcker, 1835-1909)曾担任德皇的宫廷牧师,反犹主义神学家,建立德国最早的反犹政党之一基督教社会党,他同样谴责工业化的消极后果,主张重建基督教信仰、恢复日耳曼法律。]

〔28〕《欺骗政治》(*Schwindelpolitik*)。

〔29〕《罗马史》(*History of Rome*)各处。“独裁制度”,他说,“在一个代议制度尚未使得社会救世主归于无益的国家和时代是必须的”。

〔30〕蒙森自己说:“重现所有细节是不可能的。最好关注那些主要轮廓。”

〔31〕蒙森远非赞成巴克尔和泰纳学派的唯物主义史学家的观点,这些人认为一个民族的所有特征,甚至精神特征,都可以通过物理因素——土地、气候和食物等——来解释。他认为,人类思想中存在某种物理原因所无法解释的无意识的活跃因素。在谈论波利比乌(Polybius)时,他责备这位历史学家忽视了人类的精神力量,其对世界的认识纯粹是机械的。

〔32〕《罗马史》(1908 年英译本),第一卷,41 页。

〔33〕同上书,第一卷,37 页。

〔34〕米什莱为《罗马史》所作的导言,C. Levy 出版社,1898 年(《两个世界的评论》,1898 年 4 月 1 日)。

〔35〕在论述艺术和文学的章节开篇之处,他几乎为给予这些问题如此重要的地位而道歉。(《罗马史》,第一卷,284 页)

〔36〕罗马人是意大利种族中英勇的一支,蒙森认为它是其中最好战的,总是在进行战争,无论内战还是对外战争。(《罗马史》,第一卷,第七章)

〔37〕《罗马史》,第一卷,9 页。

〔38〕三次战争指的是普鲁士统一德国的三次王朝战争:1864 年的丹麦战争、1866 年的普奥战争、1870 年的普法战争。——译注

〔39〕《罗马史》,第五卷,99 页。

〔40〕同上书,第五卷,98 页。

〔41〕《罗马史》,第四卷,511 页。

〔42〕同上。

〔43〕历史学家弗里曼(Freeman)正确地指出:“人们遗憾地看到,这样一位学者的历史判断中完全是麦考莱笔下阿沃(Avaux)的说教;人们遗憾地看到,他的政治学宣扬的是普世侵略者,崇拜的是残酷的武力,不管这种武力来自何方。”参见弗里曼:《历史研究方法论》(*Methods of Historical Study*, 1886),291 页。亦可参阅阿克顿爵士的评论:“这样卓越、这样长于研究一切新事物的人物,他们追随的信条竟然是这个世界曾千辛万苦去推翻的信条,这一点对理解他们的思考方式很重要。”见阿克顿:《德国历史学派》,载《英国历史评论》,i. 34)。[译者按:这里的阿沃指的大概是法国外交官阿沃伯爵(1595—1650)。]

〔44〕《布拉格和约以来的德国政治》,107 页。

〔45〕《罗马史》,第五卷,99 页。

〔46〕同上书,第一卷,27—32 页。

〔47〕歌德的诗作。——译注

〔48〕《给意大利人民的信》(*Letter to the People of Italy*)。蒙森曾长期认为,若从学术的角度看,法国学者的著作没有任何意义。在谈到伪造的铭文时,他以胜利者的姿态宣称:“不必说它们出自法国人的文献。”在他 1885 年出版的《罗马行省》(*Roman Provinces*)中,他要么不引外国人的著作,即使引用也是为了讽刺挖苦。不过自那以后,蒙森对法国新学派的优秀著作的看法倒是公正的。

〔49〕《罗马史》,第一卷,284 页。

〔50〕同上书,第一卷,297 页。

〔51〕A. 胡梅尔:《地理知识手册》(A. Hummel, *Handbuch der Erdkunde*, 1876)。

〔52〕在这方面,最明显的例证就是,一些学究气十足的著作中出现了蒙森式的话语。有个在法国打仗的士兵每天都写信给父亲,讲述他的战地印象。他父亲是个萨克森的教师,一个典型的条顿主义者,既狂热又现实,还是个饕餮之徒,有点贪杯,从思想上说是个极端专横的实证派,他给儿子寄去了羊毛袜、香肠,还有如何“提高法语、不要浪费任何改进法语的机会”的实际建议,所有这些都与对索多玛的咒骂、与对德意志种族之纯洁和德国人的世界使命的热

情讴歌交织在一起。"德意志的镇定、坚定、睿智、纪律和良知让我们在饶舌而自负的法国人面前有了优越感。""你痛恨法国是对的。不必可怜这个国家。""德意志民族在道德方面远胜于法国人。"这位高傲的教师说,法军中的阿尔及利亚人和法国人根本不能与自己的儿子相提并论,"法军中的阿尔及利亚人比妇女还要低劣……整个世界都在崇拜你……无论是伦敦街头衣衫褴褛的儿童,还是非洲海岸边的黑人孩子,抑或是北美的红皮人,他们现在都知道,德国的战士是世界上最伟大的。看到20年前我的预言得以实现,我是多么高兴!当时我对学生们说:'统一的德国会让世界恐惧,但它也会成为世界的福音,成为所有人的楷模。'"此外还有这样一句话:"德国人很难喜欢上法国人,但他很愿意喝法国人的葡萄酒。"参见《戎马300天:一个萨克森炮兵的亲历记,1870—1871》(*300 Tage im Sattel: Erlebnisse eines sächsichen Artilleristen, 1870-1871*, Dresden, 1892)。

另外,在乌兰斯(Uhlans)上校的信件中,我们甚至能发现更为清晰的蒙森的影子:"法国人的特性",这位穿军服的心理学家说,"是两大历史遗产造就的:一个来自高卢人或凯尔特人,另一个来自诸位征服者……由于高卢人的传统,他们的光荣就是武力的光荣——这也是罗马人的怪癖,因为罗马人也总是自认为是世界的主人。这种对光荣的热爱在法国人那里得到了最高度的表现。法国人不会适应某个民族比他们还优越的观念",等等。参见莫里茨·冯·贝格:《第一军重骑兵通信》(Moritz von Berg, *Ulanenbriefe von der* 1 *Armee*, Bielefeld, 1894)。

〔53〕《罗马史》,第一卷,81页。

〔54〕在这部著作中,他经常影射普鲁士贵族狭隘、充满偏见的特征:"所有公共行政职务和公共祭司职位都排斥平民……在法律上,旧公民不得与平民通婚的规定依然顽固地维持着,这进一步表明,贵族从一开始就排外并享受着荒谬的特权"(《罗马史》,第一卷,334页。另见他在该著各处对"罗马贵族"的评论)。

〔55〕《罗马史》,第四卷,507页。

〔56〕《罗马史》,第五卷,310—313页。

〔57〕"喀提林在战斗开始之前把自己和所有军官的马都送了回去,以此来表明那一天上苍会委与他不同寻常的事情,表明他当场便明白如何作为一名将军去

指挥,如何作为一名战士去战斗。"《罗马史》,第四卷,485页。

〔58〕 现在看来,这可能就是他为什么没有撰写《罗马史》的续篇的一个原因。关于"基督教起源"的历史问题给他造成了难题。

〔59〕 《罗马史》,第五卷,504—510页。

〔60〕 Th. 希曼:《特赖奇克》(Th. Schiemann, *H. v. Treitschke*, Munich, 1896),227页。

〔61〕 《罗马史》,第四卷,139—148页。

〔62〕 同上书,第四卷,278页。

〔63〕 同上书,第五卷,14页。

〔64〕 这里指的是罗马纪元年,相当于公元前80—74年。——译者

〔65〕 宫相(Maire de palais)是西欧墨洛温王朝后期的权臣;科布伦茨在法国大革命期间是法国流亡贵族的聚居之地;唐·璜是西班牙家喻户晓的风流人物,在很多作品中是"情圣"的代名词;桑丘·潘沙是《堂吉诃德》中的角色,淳朴农民出身。——译注

〔66〕 《罗马史》,第二卷,281页。

〔67〕 这几个词令人费解,Blasirtheit、bornirt、peroriren、haranguiren可能是现代德语中的Blasiertheit(自命不凡)、borniert(头脑狭隘的)、perorieren(强调)、haranguieren(喋喋不休);chicaniren可能是从法语chicaner(找碴儿)改造而来的德语动词,chicanöse则可能是从法语改造而来的形容词(爱找碴儿)。——译者

〔68〕 且举关于共和时期罗马的精彩描述为例:"设想一下这样一个伦敦城:那里有从前新奥尔良的奴隶,有君士坦丁堡的警察,还有1848年巴黎的政治骚乱,这样你就能对那个宏伟的共和国城市有个足够准确的印象,西塞罗和他的同代人曾在他们哀怨的文字中叹息它的衰落。"

〔69〕 叔本华对新德意志帝国的作家们产生了十分巨大的影响。他的后继者中不仅有尼采、马克斯·诺尔道(Max Nordau)和邓林(Döring),甚至还包括特赖奇克这样的作家,特赖奇克虽然反对叔本华的哲学,但是他在表达自己的思想时的措辞几乎与叔本华是一样的。例如,特赖奇克对妇女的偏见就纯粹是叔本华式的思想。德国人最喜欢的俾斯麦和特赖奇克的讽刺艺术,与叔本华的讽刺也有同样的风味。

〔70〕 后来,蒙森意识到自己的著作是极端片面的,他本想修改其中的一些判断。

但他并没有这么做。“有一种想法阻止了他”,尤里安·施密特说,“这就是:这部著作应被视为一件艺术品,改动会糟蹋它。因此他宁愿原封不动地保留它”。施密特:《德国评论》(J. Schmidt, *Deutsche Rundschau*),第44卷,66页。

海因里希·冯·聚贝尔(1817—1895)

第三章

海因里希·冯·聚贝尔

1874 年,一位才能卓著的德国评论家卡尔·希尔德布兰(Karl Hilde- 171
brand)曾写道:“德国的历史首先和首要的特征在于民族主义和新教性质,虽然历史学家们以其著作的公正而自鸣得意。”当教授们追求客观性、“学术上的纯洁性”、“良知上的正直”和“方法上的绝对正确”时,他们也许产生了很多错觉;“他们在为民族主义和新教的利益服务,无论他们是否希望或知道这一点。他们研究历史是为了迎合他们的想象。他们选用的是能够支持自己观点的史实。他们很快就忘记了在大学课堂上学到的知识,剩下的只有民族主义和新教取向。”

以上这段话,用在海因里希·冯·聚贝尔身上比其他任何人都更加合适,在德国,他是民族主义和新教取向的卓越代表。另外,他毫不掩饰地表达出这些取向。在他看来,历史学的最终目的就是达到与他的政治和宗教观念相一致的结论。他以最大的热忱为这些观念辩护。

到目前为止,我们讨论的民族主义历史学家当中,还没有谁在自己的 172
史学著作中亲自现身为个人的政治观点辩护。尼布尔和列奥波德·冯·兰克仅仅是揭示书中各民族的历史发展过程,而让读者自己总结那些从作者观点中演绎出的政治教训。蒙森比两位先驱者更进一步。他认为自己在罗马发现的局势与 1848 年后德国的局势之间存在可比性,并对此做了描述,其热切之情是此前德国的历史学家从未有过的。而在聚贝尔那里,我们将看到这样一位史学家:他笔下的一切都服从于自己的观念,对他而言,过去的每种境况都是为了证明霍亨索伦制度之优越性、证明民族自由派政治原则之正确性的一个借口。在《法国大革命时期的欧洲史》(*History of Europe during the French Revolution*)以及同样重要的关于“德意志新帝国之起源”的著作中,他集中阐发了自己的思想。[1]

一

描写海因里希·冯·聚贝尔的心理就是描写民族自由派的心理,从思想倾向和精神本质上说,他或许是这个派别在德国最杰出的代表。

173 对一个民族自由派而言,民族性并不在于种族和语言上的特点。在这些特点之上还要加上某些政治观念和特定的宗教信仰。在1850年左右的德国,要成为一个民族主义者就必须是个新教徒,即使不是在信仰上、至少在精神上应该如此;另外,在政治观念上,他必须是个普鲁士派。就这个派别的自由主义而言,它与坎宁、加富尔(Cavour)和拉布莱(Laboulaye)的自由主义毫无共同之处,因为后者热爱自由本身,而前者只能想象被特定制度规约的自由,而这种制度的楷模就在普鲁士。

性格、生活经历和教育方面的某些特点肯定对这类民族自由派的塑造有所影响,他们大多来自开明的中产阶级,或是自由职业者、教授、报刊评论员和作家阶层。海因里希·冯·聚贝尔就是最能体现这些特点的德国人之一。

海因里希·冯·聚贝尔性格坚定务实,但缺少想象力和洞察力,头脑武断,具有相当专横的教条主义倾向,不过另一方面,聚贝尔又是活跃清醒的;从出身上说,他具备民族自由派的两大思想来源——中产阶级精神和贵族精神。从父系来看,他属于威斯特伐利亚的一个贵族世家,这个家族以产生过很多官员、律师和牧师而引以为豪;从母系上看,聚贝尔出身于埃波菲尔德的一个工商业家族,可以算是中产阶级的一员。

贵族和中产阶级的双重特征构成聚贝尔性格的基础;从外表上看,他是个肩膀宽阔、开朗和蔼、工作努力的人,他知道如何享受生活,在他身上,坦率和中产阶级那自负的尊严感融为一体,就像个美国来的白手起家
174 的奋斗者。[2]不过,从思想和趣味来说,他属于普鲁士官僚贵族阶级,施

坦因是这个阶级的典范。此外我们还需补充几个特征,它们来源于聚贝尔的性格,也来自他生活的环境。

聚贝尔是来自莱茵地区的新教徒。在今天的人们看来,这一点并不那么重要,但在1840年左右具有特别的意义。一般来说,莱茵地区的德国人比德国北方其他地区的人们更具自由主义色彩。在这个地区,从前法国人的统治的根基比其他地方更为深厚,并给这里留下了某种对自由的渴望,这在所有政治人物身上都可以看到。当然我也知道,对这里的很多德国人而言,法国人的自由(他们称之为国家的自由,并与市政自由相对立)根本算不上自由。德国人也不太看重政治平等,虽然法国人的统治废除了莱茵地区的等级差异、并将所有公民置于同等的层次上。

聚贝尔就是这些德国人当中的一个。作为莱茵地区的新教徒,他像自己的新教同胞一样,觉得自己更倾向于普鲁士,1815年后,这个国家成了新教徒最强有力的支柱,而当地的天主教多数派仍倾向于法国人的观念。这种情况看起来很自然。这些新教徒淹没在天主教居民当中,他们的所有观念都受到后者的敌视,因此他们把普鲁士视为自己信仰的堡垒。但是最奇怪的一点是,这些生长在公共自由已然渗入其习俗的地区的新教徒,竟然不遗余力地表明,只有普鲁士这个军事封建国家才能拯救他们 175
的自由。像很多德国新教徒一样,他们倾向于把普鲁士确实存在的宗教、思想和经济自由与这个国家根本不具有的政治自由混为一谈。

聚贝尔于1817年出生在小城杜塞尔多夫,这里是新教的文化中心之一,一个像他这样的聪明人可以得到最好的培养。自巴拉丁选帝侯查理·特奥多尔(Charles Theodore)在这里创办绘画学院以来,这个城市就成为一个艺术中心,科内柳斯(Cornelius)、夏多夫(Schadow)、本德曼(Bendemann)等人曾在这里任教,当时这里还能碰上一些音乐家,如菲里克斯·门德尔松(Felix Mendelssohn),以及卡尔·伊梅尔曼(Karl Immermann)之类的文人,后者当时是剧院的经理,剧院演出德国及国外的剧目——如莎士比亚、卡尔德隆、歌德和席勒的作品。聚贝尔的父亲(一位有名的律师)的家是当地艺术界聚会的场所之一。这位历史学家后来说:“我知道这种出色的环境对我帮助很大。”他应该补充一句,这个新教艺术中心同时也是普鲁士影响力的中心,从思想倾向上说,这里与莱茵地区其他的艺术中心判然有别,因为后者在文化上完全是天主教的。

这样,我们便能理解,德国自由主义的源头就在于莱茵地区的新教徒当中——这种自由主义被称为民族自由主义,它有三个特点:从精神上说它是普鲁士的,此外它也是反教权主义和反法国的。它最重要的领袖也是莱茵人:汉泽曼(Hansemann)、冯·德·海特(von der Heydt)、老聚贝尔、康普豪森(Kamphausen)、默维森(Mevissen)——所有这些人都对这个
176 派别未来的理论家海因里希·冯·聚贝尔思想的形成起过作用。1840年后,他开始以一位一流政论家和史学家的才能为这些人的事业效劳。他通过自己的著作把他们的思想传播到整个德国,也正是因为他,帝国时代的一大党派——民族自由党——的建立迈出了第一步。[3]

二

1840年,当海因里希·冯·聚贝尔在政治生活中开始崭露头角的时候,他还是个年轻的历史学者,刚刚在柏林大学完成学业,在大学里,他的思想的成型得益于两位大师:历史学家兰克和法学家萨维尼。

兰克首先教会他批判的研究方法,而萨维尼教给了他历史哲学:在他看来,这两种学术、两种真理可以组合成一股强大的力量,这力量将能以某种科学的方式对某些政治问题进行论证。

聚贝尔的历史-政治体系,从根本上说只是兰克体系的某种夸大,而历史批判是其中首要的因素之一。由于政治评判应该以历史事实为依据,那么首先要做的是以某种不容置辩的方式来确认这些事实的真相。

177 在兰克的指导下,聚贝尔成了一流的史料批评家。他的头脑思维清晰明了且充满活力,从对材料权威性分类之技巧、鉴定史料真实性和在各种互相矛盾的证据中搜寻真相之艺术上来说,德国还没有人可与他匹敌。他关于约尔丹内斯、关于《第一次十字军东征史》、关于《德国君主制之起源》的批判性论文,在精确、明晰和情理上说堪称杰作。

但对于聚贝尔,历史之所以是科学的,并不是单单是因为研究之准确性,同样也因为历史确立的道德、社会和政治真理。这起码是法学家萨维尼教给他的理论,这位大师曾向他揭示:有史以来的所有社会都以同样的方向和方式在演变,因此可以断定,人类的政治经验可以根据某些类型进行搜集;由于这些经验在所有历史阶段都以类似的形式重复,所以考察过去就足以为解决当代所有政治问题找到钥匙。[4]

有了这种历史法学派理论,聚贝尔便没有像尼布尔和兰克那样,仅仅 178
是民族个性理论的捍卫者,他也不像蒙森那样,成为生存斗争史学的辩护者;他试图以自己的理论去进一步解释历史和当代政治中的所有重大问题。

那么,这种历史哲学和文献批评结合到一起之后产生的是何种结果呢?首先要证明的是:如果说法国大革命是失败的,那么原因在于它的政治原则是错误的;因为当今的时代无法与作为大革命之根本的共和理论相协调,也不能与作为大革命之后果的拿破仑主义的普世帝国相调和;因为以民族为基础的国家的组建是19世纪的重大历史事实;德意志也要在这方面取得成功,为此它必须将任何有摧毁民族活力之倾向的事物从思想中排除掉,换言之,必须清除哈布斯堡的天主教和反德意志政策的影响。一旦哈布斯堡家族被排除,霍亨索伦就能承担起这一运动的领导角色。评论家尤里安·施密特天真地说:“于是,这位作者的政治观最终与他的学术结论相一致了。”

在聚贝尔看来,这一信念极为重要,因为它使得自己在表述观点时就像陈述无可争辩的真理一样。他确实做到了这一点。从他早期的著作开始,他便公开以新教徒、民族主义者和自由派的身份表达自己的看法。

聚贝尔的博士论文是关于约尔丹内斯(1837)的。他很年轻的时候便在这位历史学家身上看到了民族主义理想的导师,看到了恺撒式的和天主教的普世统治的对抗者。《第一次十字军东征史》是部不大的著作,
他在书中找到了驱除浪漫主义传说的光环的机会,他“对僧侣及其骗人 179

的历史书写方式”发动了战争，并向我们展示他（聚贝尔）对于宗教的观念。他说：

> 我们已经看到，是什么造成十字军的失败：不是曾其（Zenki）的鲁莽，不是努尔丁（Noureddin）的坚定，也不是萨拉丁（Saladin）[5]的勇敢。在历史大潮中，只有那些自我毁灭的人才会无可救药地被吞没。催生十字军的是宗教狂热，将十字军推向万劫不复之境地的也是宗教狂热。我们已经看到，过度的狂热、对神迹的渴求、对尘世的蔑视如何从一开始就使得任何正常的、连续的征服东方的计划成为不可能。十字军蔑视所有尘世的精神资源，因此他们神秘的狂热情绪导致他们产生了所有其他可悲的激情……现代人……不再像中世纪的人那样，认为天国和尘世之间存在根深蒂固的敌对关系，不再从弃绝、而是从尘世事物的正确运用中期望宗教的完善。因此，在这个表面看来对宗教不冷不热的时代，才真正实现了乌尔班（Urban）的热忱和鲍德温（Baldwin）家族[6]的权威倾尽全力而未曾实现的目标。[7]

180 第三部著作《德国君主制之起源》尽管具有纯粹的学术特色，但聚贝尔竭力表明，他与那些仇恨新教德国的天主教史学家不同，后者试图割裂过去和现在的一切联系，而他则证明，君主制在德国的演变是相当独立的，其发展历程中没有受罗马国家的任何影响。

这个论点迎合了聚贝尔的民族主义观点，他还通过人种学、经济学和社会学论据去支持自己的论点，但是它远远没有得到德国学者的支持。甚至在普鲁士历史学家的阵营中，伟大的中世纪专家魏茨成功地对它进行了反驳，因为魏茨在这个问题上的知识和材料更为深厚，而且在判断力、或许还在作为史学家的眼光上也更胜一筹。[8]

由于具有这样犀利的论战精神，聚贝尔看来更应该成为一名成功的
181 政论作家，而不是史学家。他偶尔写作的小册子确实非常成功。每当普鲁士政治处于紧要关头时，他都会写出这样的作品。第一本小册子是反

天主教的,题为《特里尔的圣袍》,发表于 1844 年。

那一年,莱茵地区的天主教徒在特里尔展出了一件他们自称的“天衣无缝的主的圣袍”——似乎是为了对文化斗争进行报复——这件圣物保存在特里尔大教堂的礼拜堂里。特赖奇克在他的著作中说:“七周的时间里,数千朝圣者来到特里尔;在美丽的摩泽尔河谷地带,每当一批朝圣者扛着旗子经过时,所有城镇和村庄的教堂都会敲钟;在特里尔这个大主教驻跸的城市,旅店老板和兜售宗教圣物的人发了大财。热烈的祷告声在大教堂内回荡:‘圣袍啊,请为我们祈祷。’”[9]

当聚贝尔听说这件事后,他“对这种辱没德国人民的理智和诚实的行径暴跳如雷”,于是他以伏尔泰的笔调写下了这部讽刺作品,他决心一劳永逸地根除“特里尔的圣袍和世界上的所有圣袍”[10]。

在德国的信仰斗争中,聚贝尔扮演着重要角色。教权至上派的对手中没有谁像他那样警觉。1847 年,他发表了一篇名为《莱茵各省的政治派别》的小册子,其中写道:“作为教权至上派还是德意志爱国者,这是互不相容的两件事;我们不能同时为两个主人——教皇和国王——服务;我们必须做出选择。”

1847 年,当聚贝尔写下这部小册子的时候,他在德国已经是一个公 182
众瞩目的人物。作为一名马堡大学的教授,他积极投身这个民族的政治生活。作为一名亲普鲁士的自由派,他首次当选黑森的议员,并期待能成为普鲁士的议员。他知道,没有普鲁士,德国不可能有统一,但他也相信,为了使普鲁士在德意志的使命深得人心并有效地履行之,这个国家应该引领这场自由运动。他写道:

> 普鲁士在德意志和欧洲的地位要求它同时达到两个目标,但不幸的是,它们通常彼此排斥:这就是强大的统一和强大的自由。要想生存并在必要时变得更强大,普鲁士需要一位强大的君主和强有力的公共舆论;它必须同时拥有强大的军队和议会制度。要厘清这一难题,十五年的时间还是短了些;今天,虽然这个难题还在等待其最终和持久的解决方案,但我们可以说,普鲁士政府未曾片刻忽视过自

> 由的观念。自由观念是不可摧毁的；它流淌在我们的血液中；它也必定存在于我们呼吸的空气中。[11]

为了进一步明确自己的观念，聚贝尔补充说："有一点可以肯定，这就是：在普鲁士的泛德意志事业的道路上设置障碍的人，他们不是在推进自由和议会宪政的事业，而是为德意志和欧洲的封建主义者和正统主义
183 者服务。请你们为自由祈祷吧，祝福普鲁士政府的德意志事业一帆风顺。"

聚贝尔所谓的自由之含义，并不完全等于这个词在法国和英国的意义。后来，他在《德意志帝国创建史》的开篇处提到了这一点："我渴望的不是通常意义上的自由，这种自由无非是削弱中央权力去满足个人权利；而我的自由则意味着国家权威的增强，其具体方式是国家在履行一切责任时都得到人民充满爱国热忱的合作。"说到底，聚贝尔的根本政治原则并不是自由，而是具有个体特征的民族，而后者通常与政治自由呈明显对立关系。托克维尔曾说："他们应从对民族性的狂热中清醒过来，而这种狂热暂时遮盖了他们对政治自由的热情。"托克维尔说得对。当聚贝尔拥有一个强大的政府时，他十分轻视这些基本的自由，1850 年后，他在反对法国大革命观念的斗争中进一步证明了托克维尔论断的正确性。

1848 年后，大革命的观念在德国的影响力吸引了聚贝尔，他决心反对这些观念，为此他要揭示："作为法国大革命成果的激进民主理论和人民主权的信条，到底产生了怎样的实际后果。"

最初他只是准备写一篇短文，一本生动活泼的小册子。[12] 但是——
184 情况经常是这样——小册子变成了一卷书，然后又是一卷接一卷。随后的 20 年中，聚贝尔以不知疲倦的耐力完全沉入自己的研究中；任何出版物他都要看：通史、回忆录和通信。在已出版的资料穷尽之后，他又去翻阅未出版的材料——政府公文和档案文献。在当时的巴黎，法国人要想获准查阅档案尚有困难，但聚贝尔承蒙拿破仑三世的眷顾，得以接触到国防部、内务部和外交部中最珍贵的文献。巴黎的资料搜集完成之后，他又到伦敦、布鲁塞尔、海牙和柏林做进一步的研究，以求完善。

聚贝尔在写作这部历史的时候只有一个观念——或曰一种激情:永远驱散法国大革命的英雄主义光环。

他说:“由于大革命是以对封建君主制的斗争和自由平等的口号开始的,我们就长期习惯于认为,革命和自由运动总具有同等的重要性;虽然我们责怪所有的革命过激行为,但我们仍习惯于按照当时各个派别在革命道路上前行之远近,把它们描绘成自由倾向程度不一的派别。”[13]

聚贝尔认为,对于大革命这场宏大戏剧中各个角色的表演,法国复辟时代的历史学家做了过多的歪曲,现在应该正确地审视这些表演;应该展示这些人物内心的意图——如反应在政府公文中的想法;应该揭示指导他们行动的真实动机;他认为这样就能还历史以真实面目。但遗憾的是, 185
聚贝尔对研究对象有自己的看法。对于已被别人塑造为巨人的事物,他要使它们变成侏儒,但这两种意向都是同等荒谬的。

聚贝尔这样做的同时还在追求另一个目标。德国的中产阶级并不喜欢普鲁士。他们对这个国家有很多成见,并称之为军国主义和官僚的国度。聚贝尔希望克服这些成见。他的著作也试图服务于这个目的。首要的问题是要通过历史来揭示这一点:普鲁士必须在德意志完成一个使命,对于这个使命,即使普鲁士处于其历史上最艰难的时刻,它也从未忘记过,而法国大革命就是这样一个时刻。同样必须证明的是,自由派从遥远的法兰西追寻的自由,普鲁士可以给他们,因为这个国家的制度是全德意志最自由的。为此聚贝尔对普鲁士和英美做了一番比较,并指出:

> 在这三个国家,执掌国家事务的都是最受民族统一、独立和忠诚观念鼓舞激励的派别。在普鲁士,国家控制权掌握在国王和他的仆人手中,较高的阶层仍因为持不友好或无所谓的态度而置身事外,而人民大众则对政治完全无知。

但这还不是全部。聚贝尔希望通过自己的历史著作向德国人民论证第三点:奥地利应该被排除出未来的德意志联邦,因为它本身没有任何德

意志的因素。他说,“哈布斯堡家族的耶稣会气质已经从根本上完全摧
186 毁了真正的德意志的活力”,他在关于整个大革命时期的叙述中都将竭力论证这一点。

于是,1853 年,他在德国制造出了五卷本的庞大斗争武器,它确实是具有最高水准的学术著作,因为它发掘了大量的新史实,但它又是一本拉长的历史小册子,其目的是要改变那些仍不信任霍亨索伦使命的德国人的判断。[14]

聚贝尔注定要成功。德国人一直敬畏学术,何况他的学术又是那么渊博。邦雅曼·贡斯当说:“若我有四万个事实,那它们就可以改变一切。”聚贝尔从档案馆的文件堆中发现的事实何止四万。他良好的信念确实不容置疑:那就是,他也是一个追随某种理论的狂热学者,他会不自觉地看重那些可以支持自己的偏见的证据。有句德国谚语说得好,“说出来的一般不假,没有说的才藏有谎言”。聚贝尔将再次向我们揭示这句话的含义。

三

在评论这部著作之前,我们应承认,它是 19 世纪历史学的一部杰作。首先,由于披露了新的材料,聚贝尔揭示了这段历史中的许多问题。我们
187 甚至可以说,他是第一个接触一手史料的。在他之前,大革命史可以说是推演出来的。米涅(Mignet)在他的纲要中叙述的历史,是以复辟时代依然健在的大革命的亲历者的见证为依据的。梯也尔也仅仅是满足于询问大革命时代的幸存者。稍后的埃德加·基内(1846)以一部文本材料为研究基础:这就是博多(Baudot)的回忆录(此人原是国民公会的议员),但仅此而已。唯一从巴黎档案馆中寻找材料的学者是米什莱,他的大革命史的第一部是在中央档案馆写成的,当时他是历史部的主任。[15] 1853 年 12 月 2 日,米什莱隐居外省,并查阅了南特的档案以及旺代的珍贵档案。虽然米什莱有自己的偏见,且叙述史实时充满热情,如挥舞得胜的标枪一般,但必须承认,他所说的史实确实存在,而且是他给我们讲述了这

些。他在《法国大革命》的序言中说:“如果我因为对这些史实的意义之评判而受到攻击,那好极了。但首先得承认,读者是因为我才得知这些史实的,虽然他可以根据这些史实来攻击我。”

聚贝尔对有关大革命的新知识之增长做出了卓越的贡献,他还对我们已知的史实进行了最严格的审查。由于不必轻信任何东西,或许跟法国历史学家相比他还有某种优势。他不必对某些传说心存敬畏。没有任 188
何顾虑可以阻止他进行考辨。[16]而且我们必须承认,他那强烈的仇恨有时能带来出色的结果。在考证过后,一切都得进行订正:事件、人物、制度。不过,当他想表明他多么不赞同先前大多数历史学家的意见时,他言辞上的造作又超过了实际需要。但是,尽管我们对他的观点多有保留——大多数是很成问题的,我们随后将谈到这一点——但必须承认,这部史学著作是现有的关于欧洲历史的最完整的画卷,因为聚贝尔不是仅仅论述法国革命史,而是论述那个时代的欧洲史;因为他属于这样一类历史学家,他们认为,一个事件只有通过同时代的其他事件来审视,才能揭示出其全部秘密。

聚贝尔的历史纯粹是政治史,但同时它又是一项经济和社会研究。跟我们前面研究过的那些历史学家不同,聚贝尔没有对政治和民族生活做明确区分的倾向,所以他对民族生活的一切外在表现都十分重视:乡村政府、财政、工业、商业、税收、军队,等等。关于这些问题的章节也许是书中最出色的,它为我们提供了有关旧制度的最完整的画卷(要知道,泰纳的书比聚贝尔的晚了20多年),以及关于大革命各个时期私人生活的最完整画面。

他重视旧法国的经济生活,这一点带来的首要成果是改变了人们对 189
于大革命的观念。在聚贝尔之前,大革命的研究几乎完全集中于政治问题:议会斗争完全充斥了学者们的著作,他们就是以这些斗争来解释大革命的进程的,当他们控诉大革命中的极端行为(这些行为已成为罪过)时,他们就对1789年和1793年、对美好的壮举——攻陷巴士底狱——和恐怖时期的血腥暴行进行区分。但聚贝尔则证明,这些区别实际上并不存在。

他说:“最初的几年通常被称为法国大革命最美好的时期;但它与1793年的关系就好比种子和收成的关系。”对此他给出了证据,或者说,通过对这个民族的经济生活的描述,他证明,大革命首先具有社会特征,它实际上是一次贫困的转移,一场新的财富分配。他这样说:“在此前所有的大革命史中,最大的一个疏漏是对有关大革命的经济问题闭口不谈,以致这样一种陈词滥调长期流行:上个世纪的目标是进行一场政治革命,而这个世纪的目标是社会革命,而社会革命在法国的第一个策动者是巴贝夫(Baboeuf)。今天的看法已经不是这样,我们的眼光更为敏锐,我们认识到,最极端的共产主义者已经在大革命的雅各宾时期找到他们的楷模……但要以这种理论来解释这段历史,还有很长的路要走。”[17]

190 但是,一旦脑子里有了这种观念之后,聚贝尔不是冷静地去证明之,相反,他在研究大革命的细节时,其思维表现得特别片面。无论是对于事件还是对于人物,他都不够公正:对于前者,由于他总是想贬低其意义;对于后者,他总是从他们最不讨人喜欢的侧面进行描述。

聚贝尔的片面性首先表现在他贬低法国大革命的影响范围上。今天,我们不再像某些历史学家就依然坚持的那样,以绝对单一的视角去看待这场革命,但我们必须承认,它仍是近代史上最重大的事件,它的性质绝不是局部的、偶然的,而是具有普遍意义。甚至聚贝尔某种程度上也不能不承认这一点。他说:“凡尔赛发生的事,可以在政策的执行方面给各个民族和统治者一个重大教训。”后来,当大革命的影响传遍全欧洲时,他承认,革命宣传带来的后果远不都是邪恶的。

> 毫无疑问,在这个案例中——像所有其他案例一样——一件美好的事业受到每一步事态发展的推动,正是在这个意义上,法国大革命推动了自由的事业。若是以和平方式在半个欧洲废除衰朽的封建主义垃圾,恐怕需要一个世纪的时间。[18]

但这就是他所认可的全部东西,而且是带着千般的不情愿。另外,对于自己承认的东西,他又会以某种方式否认之。当他肯定了某一点后,又迫不及待地想贬低它的意义。

首先,在聚贝尔看来,大革命无非是终结旧制度的各种形式中的一 191
种,因此它应该与同类性质的历史表象等量齐观——如波兰的没落和神圣罗马帝国的覆灭。

他说:“这三个事件是捆绑在一起的:虽然意外形势可能会造成不同的外在表现,但三者的基础是一样的。无论是在巴黎、华沙,还是在德意志帝国,到处都是中世纪的事物在土崩瓦解,到处都是新的政策高奏凯歌:这就是现代军事君主制国家,它推行的是平等化和集权化的政策。”

聚贝尔希望这些事件之间不要表现出明显的因果关系,法国也不要充当这场改变近代历史的伟大运动的组织者;这些想法固然是偏见的一种表现,但更为明显的是,他努力把这些事件置于同一层次上,赋予它们同等的重要性。

在指出大革命的意义之后,他马上便抨击其中的那些细节。显然,我们不能要求聚贝尔充满热情地描述“伟大的革命的日子”。他很少描写它们,对此他的理由是,他希望着力描写一部有关制度的历史。[19]但在有关这些日子的只言片语中,他还是不能掩饰自己的蔑视之情。对于一个“认为自由的基础在于热情”的民族,他在谈到其全民的痴狂之时带着挖苦的口气。显然,聚贝尔不是米什莱一类的人,后者对人民壮举的每一次 192
爆发都激动不已。从气质上说,他讲究条理、注重实际,生性不太信任群众的激情。另外,当他论述到共和国的时候,他乐于接受一切有关共和国暴行的言论;他带着明显得意的神情着力指出那个时期所有的黑暗和悲剧特征。很快他就只看到大革命的这些方面。任何会强化读者对于大革命的罪恶和无赖之印象的材料,他都欣然采用。泰纳在大革命中看到的也只有无赖[20],个中原因在于,他的资料主要来自警察的报告。聚贝尔的做法肯定与此相同,因为他几乎只提那些过激行动和暴力行为。

于是一个奇怪的现象出现了。他声称自己只是一名制度史专家,在自己著作的序言里,他宣称自己的意图是要研究革命时代的社会,要通过确定大革命对现代社会的影响来揭示它的本质和它的作为;但我想说的是,由于他对这场革命的憎恶之情,到头来他只认为那些次要的东西才有价值。在谈论国民公会的罪过时,他连篇累牍地堆砌那些最鸡毛蒜皮的小事,但在揭示国民公会的持久而稳定的成就时,这位历史学家就一笔带过。

但这种偏见也给聚贝尔造成困窘。它迫使聚贝尔经常陷入自相矛盾的境地。在描述旧制度的时候,他通过当时的不幸状况来揭示大革命的
193 必要性。但当谈到大革命本身时,他又表现出对旧制度的惋惜之情,觉得"它没有那样糟,只要通过对某些细节进行改革以完善制度体制就足够了",那样一来一切都将善莫大焉。

对于聚贝尔,这种对大革命的仇恨有很多原因,但首要的、最强烈的原因在于他的思想方法。

一提到法国大革命,那就总有可能把评论者分成两类:一个对它极尽赞美,第二个则对它充满仇恨。

这两类人实际上是两类思维方法,也许我们可以说,这个世界上只有这两类人:这就是理想主义者和现实主义者。大革命早期的崇拜者不全是诗人,如克罗普施托克、席勒和华兹华斯(Wordsworth),还有哲学家,如福克斯(Fox)、费希特、康德和赫尔德;这些理想主义者都向下一代人重复着赫尔德高贵的话语:"种子撒播到大地上,很长时间里它好像已经死去,但突然之间它长出了嫩芽,将覆盖它的坚硬泥土翻到一边,它同充满敌意的黏土斗争,最终成长为一株开花结果的植物。"

我们很愿意承认,这些高贵思想家向往的崇高希望并不全都实现了,大革命没有完全实践它的期许和承诺,它没有将所有社会阶层团结到博爱的旗帜下,没有结束不公正和盲信主义,也没有终结这个世界上的战争行为。这一切都千真万确。但大革命的理想难道因此就变得不那么崇高么?难道它在别的地方、在别的条件下就不能改造社会么?谁能够为人
194 类确定行程呢?那些说大革命已经破产的人,好像就是暗示大革命已经结束了。这场革命的影响力仍然存在。它注入社会的酵母依然是活跃

的。从这个角度看，大革命与基督教义相近的说法并非夸张，18世纪以后，大革命关于人类的理想还远没有实现。但谁能说它没有对人类的塑造发生过影响，没有给这个世界带来更多的公正和友爱呢？进步是切实的，但也是缓慢的。大革命的理想在社会中的发扬光大只能是一点一滴的。今天我们仍处于这场运动的黎明期。弗雷德里克·哈里森（Frederic Harrison）正确地指出，“现代欧洲把1789年视为标志着自基督教义诞生以来人类最伟大之演进的日子。”

但是，与怀有上述梦想的理想主义者不同，悲观的现实主义者构成一个紧密的战斗阵营。我们知道这个阵营的领袖人物：他们是柏克、马莱-杜潘（Mallet-Dupan）和泰纳。从那思想倾向上说，聚贝尔完全属于这个集团。柏克是他最为推崇的人之一，我认为他对前者的称颂最为有力。他说，柏克的《法国革命论》是“我在政治上的福音书”。他赞扬柏克的思想深度和洞察力，这个人在1790年10月就预见到“这场革命将终结于军事上的绝对权威”。这样一来，人们怎能怀疑这样一位先知的政治原则的正确性呢？随后，聚贝尔超越了这位英国批判者，他对人权观念的批判比柏克更为严厉——他称呼人权为“聪明人不屑于玩弄的小把戏”，为此他还写了七页充满偏见的辛辣文字，以训诫“那些以为通过希望和热情就可以建立国家或完成革命的傻瓜”。

他说：“每当看到他们在辩论中试图以多数表决的方式确定‘权利’ 195
和‘自由’的真正含义时，没有比这更痛苦、更厌烦、更丢脸的事了……他们以永不餍足的狂热摧毁了传统的最后遗迹，以便按照自然法重建这个国家。”

不过，当我们对问题做深入了解之后，我们会发现，聚贝尔之所以迸发出如此强烈的激情，并不仅仅是因为他要驳斥自己不喜欢的政治理念。还有一个更为隐秘的原因——恐惧。对于柏克的那本小册子，也许人们可以正确地指出：“从来没有哪部著作像他抨击法国革命那样表现出如此高傲、如此狂热的民族主义倾向；英国所有的傲慢、嫉妒和敌意都在书中得到淋漓尽致的发挥：对于美国独立战争的怨恨之情，作为唯一配享自由政府的民族的骄傲，严厉的新教气质对高卢的放纵产生的反感——所有这些情绪都将这篇火力十足的檄文变成了某种不列颠爱国主义的宣言。"[21]现在，对于聚贝尔的《法国革命史》，这样的批评同样适用。在声称对法国大革命本身做出评判的幌子下，他实际上是在对法国人的思想和法国历史进行审判。

聚贝尔不喜欢法国。当然，他承认法国人民具有伟大的品质——中产阶级坚定的情操、美学上的感知力、人民的智慧和努力工作的精神（这
196 使他们在所有艺术上都取得了惊人的成就）[22]——但他并不认为这个民族在政治上有任何持久的、或至少值得德国人模仿的东西。[23]对于自己的这种看法，他的理由是，普通法国人无力自行管理好自己的事务，他需要国家的大力帮助。"盎格鲁-撒克逊种族的本质可以表现在'自治'一说中，而法国人的本质则体现在持续的中央集权努力中。"在他看来，法国大革命的失败没有别的原因。他说："要想解释大革命，我们必须时刻回溯到这样一个问题：1789 年渴望自由的热情曾如此强烈，但 6 年之后，何以这种热情造成如此凶残的后果？毫无疑问，革命的前半期中，领袖人物的无能、暴民治理政治事务的经验之匮乏、挑动公众对对外战争的狂
197 热：这些都是其中的原因。但主要的原因是对革命的两个基本观念——自由和平等——完全缺乏理解。"

在对自由进行定义的同时，聚贝尔向我们表明，法国人无法得享自由。他说："真正的自由是个人按照其自由意志全面发展其本性中的所有道德潜力的权力（Befugniss）。真正的平等在于承认所有享有平等的受保护权、在法律面前享有平等地位的人都应享有此种自由。因此，确立个人政治权利的真正的永恒的民主观念，它不能来源于古老的、以偶然的盲目的血统出身为标准的封建原则，而应该以个人成就为原则，它应优先考虑有能力和思想开明的爱国者——即便他出身最贫寒的茅屋——而不是考虑那些自私而无知的贵族的后裔。前途和机会应向才能和贡献开放，这就是自由和平等的含义。"

惊诧不已的读者也许会说："你怎么能说法国大革命没有确立这个

原则呢！恰恰是法国大革命把这个原则引入了欧洲。”对这个诘难，也许聚贝尔会在做某种区分的基础上给出答案。他说：“首先，法国人根本没有完成他们自己设定的任务，这个任务就是在他们的国家确立自由制度，对于第二个任务，即在公民中间建立平等，他们只成功了一半。”

为此他向我们阐述了他所称的法国人关于平等的错误观念。他评论说：“法国人声称，在权利方面人生而平等，国家有责任为每个公民争取平等的选举权以实现这一平等，选举权就是平等地享有政治权力的资格。198
这个论断可能很快就把他们引向另一个合乎逻辑的要求：平等的财产权、平等的享用权、甚至还有平等的工作权。我们知道罗伯斯庇尔和埃贝尔(Hébert)离实现这种平等理想该有多近。这就是大革命自身的一个制约性因素，也是一切暴力行为的原因、其一切成就的不稳定性的根源——无论这些成就是在19世纪还是在18世纪。”

在这段文字中，最让人吃惊的是他在表述时的自信。对于聚贝尔，这些都是不可辩驳的真理。他并不满足于表述这些真理，他还要解释之，很自然，他的解释是借助于“关于法国人的心理学”。

在考察高卢人的特性时，聚贝尔找不到任何可以缔造真正民主制度的特征：“没有服从既定法律的愿望，对于国家和个人也缺乏尊重”。

他说：“每个人都在谈论自己的权利，但没有谁躬身自问，他对自己、对同胞还有哪些义务，或者他应该做出哪些努力以帮助国家实现所有人的愿望。”

那么，这种恶劣品质有无匡救之方呢？聚贝尔的回答十分坚定。法国人需要一个人物。如果这个民族能够自由地选择一个所有人都认可的人物，那就万事大吉了，但由于它并没有这个能力，所以这个人只能强迫这个民族接受自己：这个人就是拿破仑，所以他是个不可或缺的救星。

有些历史学家认为伟大人物是必要的，聚贝尔就是他们中的一员。
在英国、美国、瑞士这样的国家，出色的政治业绩是由集体性会议完成的，199
因为这些国家缺少天才，而只有正直、诚实、善良的人物，但这些例子在他眼里不是很有说服力。他在一封信里写道：“我赞同特赖奇克的意见：历史是由强有力的人物创造的。普通大众毫无作为:他们受生计所迫甚为强烈。有文化的人对未来的理想会有一孔之见,但他们的看法是混乱的。要实现这个理想,需要一个人物,强有力的人物,他不仅像别人一样,能认识到自己时代的理想,而且还能在自己身上找到实现自己目标的有效手段。俾斯麦和德国统一就是这样。社会改革何时何地才能找到它的俾斯麦?现在我认为,德国人寻求统一的运动开始于1844年:一次值得表扬的努力,一些不易觉察的夸张,还有一些错误的经验。"[24]

对于法国大革命,拿破仑就是这样的人。由于这个民族的失败,他成为了"救世主",就是说,这个人"足够强大,可以控制这个民族,并将这次革命的积极成就巩固下来,以确保人民享受公民生活、并立刻将这个国家的生机力量投入追求荣誉的事业中"。

在另一处,他又指出:"没有必要在这个军事领袖的无赖和欺诈品性中去寻找政变的起因,……这是事态发展的自然结果……到1797年9月,从所有方面看,共和国的命运都已经注定了。果月18日的企图再次证明,激进主义的基础之上不可能存在真正的国家,正如1795年的宪法
200 形式和1791年宪法条文都不能缔造真正的国家一样。人们应该预见到,这样的理论绝不可能产生可靠的政治生活之条件以及对法律的尊重。政治堕落为无政府状态和各次政变之间的持续动荡,直到一位强有力的超人最终让所有人都安定下来,为了制止对自由的滥用,这个人摧毁了一切自由。"

聚贝尔认为,如果大革命一开始就找到这样足够强大的人物,波拿巴也就不必出现了;但当时没有这样的人。唯一超越平庸的人是米拉波,但他只有一种"沾满污点的光荣"。他的放荡生活摧毁了自身的一切道德力量。米拉波的确拥有一些杰出政治家的品质:能够把握和引导事态发展的卓越头脑;与信念之热忱紧密相连的意志力。但是,作为自己的过去和生活方式的奴隶,他没有能够承担本来应承担的角色,他命中注定只能"局促于宫廷阴谋之中,而身处困境的宫廷仍然希望通过特别手段来拯救自己"。

在聚贝尔看来,米拉波死后,平庸者当道的岁月开始了:议会屈从于变化无常的群众意愿。暴民支配了局面。巴黎公社依靠它那些受暴民支持的狂热分子而成为议会的主人,它以自己的意志控制了整个民族。

在此后法国政策的支配者当中,聚贝尔只发现了两类人:冬烘和无赖。

冬烘是些愿望良好的傻瓜,他们痴迷于抽象理念,头脑狭隘;在聚贝尔看来,这种人十分危险,由于他们心地虔诚,故可能因为信仰之狂热而
走向最可怕的极端。至于另一类人,即无赖,他们只在革命中窥伺可以为 201
他们所用的机会。这类人占大多数。看来聚贝尔不需要太多的鼓励便可以宣称,所有革命领袖多少都有点这个特征,在聚贝尔,一个简单的革命者也是一个潜在的罪犯——这太平常不过了。不过可以肯定的是,聚贝尔并不害怕做出大胆的普遍性论断。例如,他说:“对于法国人而言,博爱无非是出于抢劫邻近民族之癖好而进行攻击的一个借口。”在另一处,他指出:“每次对自由的呼喊都无非是专制主义和战争的信号。”又如:“没有谁对现存的状况有丝毫的眷顾之情。他们一边梦想着最奇妙的乌托邦,一边又习惯于利用眼前的事态来牟取私利。”还有:“自由对于革命者来说,就是干他们最喜欢之事的许可证,就是扫除任何妨碍他们的政府,就是为满足他们的一己贪欲提供可能。”

情况既然是这样,当法国的志愿军越出边界后,他们对故土的献身精神又会带来何种后果呢?当然,聚贝尔不相信任何此类的精神。在他看来,法国的士兵和官员无非是些再常见不过的掠夺者。将军们“无法约束其军官和幕僚们的贪婪,已不能遏止士兵(die Soldatesca,兵痞)中军纪的败坏”。

看到这些文字的时候,你会怀疑自己是不是在做梦。难道所有这些军事冒险家和革命军队都是“唯以抢劫蹂躏为乐事的无法无天的匪徒”
吗?于是你还会想到其他的证据——想到司汤达尔(Stendhal)的叙述, 202
他经历了第一次意大利战役的全部过程,对于法军将士的无私行为他总是不吝颂词。当然,你也会想起托克维尔出色的论述:“我研究历史已经很长时间了,我从未在一次革命中看到人们怀有如此真诚的爱国主义、如

此的自我牺牲和如此慷慨宽宏的精神。”

聚贝尔和托克维尔，到底谁说的对？如果对聚贝尔的著作稍作一点深入的解读，你就不难得出自己的看法了：最终你会发觉，这位无可挑剔的历史学家虽然什么都读、什么都看、什么都要考辨一番，但他对能支持自己观点的证据有特别的偏好。在具体论述中，他不仅对于恐怖分子十分严厉，对于像拉法耶特、杜波尔（Duport）、巴那夫（Barnave）和拉梅特（Lameth）等自由派也同样如此，而对欧洲的绝对君主们，他则百般迁就，他说，“当革命者摧毁了阻碍他们道路的所有障碍时，这些人（君主）才是人民福利和意愿的关心者”。他从哪里看到这一点的呢？

在另一处，聚贝尔还试图为玛丽-安托瓦内特（Marie-Antoinette）的诚实辩护。他说，安托瓦内特很愿意“合理地尝试一下立宪君主制，只要国王的安全得到保障，并且享有恢复秩序的必要权力”；他一再指出，如果说王后想逃跑，那是因为她希望“领导旺代或普罗旺斯的天主教运动”（虽然瓦楞[25]并不在法国的西部和南部）；另外，他还知道，一旦王后的计划成功后，新宪法“将会确认封建制度和血统特权的废除，承认国家制度的统一性和工业和贸易的自由”。对于这些论断，他提出了哪些论据作
203 为支持呢？一个也没有。但他相信自己的论断，这就足够了。[26]

关于囚禁在坦普尔监狱中的小太子的死亡，聚贝尔创作了一段悲伤的历史，而其文中的主要轮廓及细节均来自波舍内（Beauchesne），此人悲怆的传奇作品被他全盘吸纳。[27]一切关于迫害的证据都可能被他得知，特别是这条证据能证明革命者天生的凶残时。因此在叙述恐怖统治时——他的历史著作中最不可信的一部分——他更加愿意追随比莫迪梅·特尔诺（Mortimer Ternaux）[28]还要可疑的蹩脚文人提供的材料。在另一处他还引彭朱拉（M. Ponjoulat）为权威。

我们本可以对聚贝尔的这种偏颇视而不见，如果不是因为他在叙述中着重渲染的基调的话。事实还不足以满足他表现同情或反感的需要；恶毒的评价必须用最尖刻的辞令表达出来。例如，当提到拉法耶特的名字时，“难以忍受的自大狂、自负而无能的家伙、骗子和懦夫”之类的称号

便不能不出现在他的笔端。当他提到法国人性格中的固有缺陷时，他绝忘不了加上“伟大民族”一说作为反讽。在他的著作中，有几个用作点缀的小型讽刺画像。例如，他曾这样描写准备驱逐27名吉伦特派的那次著名的国民公会会议：

> 于是巴雷尔(Barère)决定作最后一搏，他突然提议，作为一个整体，国民公会应该与它的主席断绝关系，以考验它的自由。全体高呼
> 赞同这个提议，议员们开始躁动起来，但一百来个山岳派除外，他们 204
> 仍然带着犹豫不决的好奇心坐在自己的位子上。其他人都跑到了大厅的大门口，昂里奥(Henriot)就在那里，略带醉意，后面站着一队民主派炮手。昂里奥以粗暴的言辞回应了主席的讲话，几句对话之后他就驱使人群进入大厅，这些人自称法国的代表，口中高喊“拿起枪炮”！国民公会撤到了花园里，但情况并没有改观：很快议员们在马拉(Marat)的带领下回到大厅，马拉迈着不可一世的步态，一帮小混混簇拥在他周围。[29]

在《法国革命史》中，还有别的方面更能表现聚贝尔的偏见：他总是竭力证明，自己的国家没有从法国得到任何有益的东西。

所有亲普鲁士的历史学家都有一个共同的特点，即他们都坚信，法国大革命在社会正义平等原则之实行和现代社会之发展方面取得的积极成果，普鲁士已经远在大革命之前就靠自己的努力取得了。聚贝尔当然也持这样的看法：他指出，德意志自由的坚强堡垒就在于普鲁士的制度之中。

在另外的论述中，他也不愿意承认其他地方的德国人曾受益于法国。例如，我们知道，莱茵各省的人民曾热情地欢迎法国人。但聚贝尔对此置
若罔闻，他说：“那里的人民心怀怒火，但无能为力，他们在颤抖。正是在 205
这个地方，德意志民族精神撒下了它最初的种子：接着，在数千愤怒的思想者那里，这样一种信念出现了：没有哪个德国公民可以在自己的炉火旁安然生活，除非整个民族团结在一个强大的德意志国家中。”

很明显,聚贝尔地把两个日期混淆了起来:1793 年和 1807 年。

不过,这种民族自尊的迸发尤其体现在他关于革命战争起源的叙述中。聚贝尔的爱国主义不容许他承认反法同盟(普鲁士是盟国之一)应对战争负责。他必须千方百计把罪责推给吉伦特派。他充分认识到,在 3 月 12 日之后,弗里德里希·威廉二世要求发动战争“以惩罚雅各宾派,秉承骑士精神去营救路易十六和流亡者,并最终在他的领地之上加上一个巨大的波兰省”;但是同样确凿的是,在他看来,是吉伦特派“开始这场推翻 1791 年立宪君主制、路易十六和斐扬派的战争”的。至于皇帝列奥波德二世,他信誓旦旦地说,皇帝“只想保卫宪法免受雅各宾派的攻击——因为宪法是防止建立共和制度的最后堡垒”。

但聚贝尔从未没有考虑过,列奥波德皇帝和普鲁士国王有什么权利自称可以干涉法国的事务。

他觉得这些君主在法国的边境展示一下力量是很自然的,他说,他们的做法并非想要侵略,而是要恐吓一下法国人。他赞成君主们的如下愿
206 望:“法国应该成为一个受到明智约束的君主国家,而不是充斥着各种野蛮骚乱的战场”;他还这样为君主们辩护:他们希望“给予法国政府必要的力量以扫除威胁欧洲的革命宣传运动”。

但是,当吉伦特派对上述行动进行反击、当他们以急切的爱国主义反对君主们的企图、并对玛丽-安托瓦内特和流亡贵族的阴谋感到警觉时,聚贝尔又以其他的理由对他们进行攻击:

> 在这种局面下,巴黎的革命者假装对流亡贵族的阴谋感到焦虑,这是很可笑的。后者大约 4000 人,部分人生活在科布伦茨,部分在沃尔姆斯和埃滕海姆。如果没有奥地利的支持,这一小撮人会作出怎样的反法国的行动来呢?要知道,虽然法国人存在各种分歧,但六月的事态表明,他们可以组织起不少于 40 万人的武装公民来。[30]

207 但事情的关键不在这里。实际上这里涉及的问题是:已经表现出独立精神和管理自己事务的人民是否可能容忍外人干涉他们的政治。聚贝

尔很小心地回避了这个问题,这一点上没有人像他的手法那样高超,因为在自己的国家,他是最热烈地主张民族独立原则的人之一。但问题涉及法国时,聚贝尔便不这样看了。

聚贝尔不仅在法国和普鲁士之间表现出双重价值标准,在德国的其他部分与霍亨索伦王朝之间、特别是对于奥地利也同样如此。在德国,聚贝尔是奥地利政策最激烈的反对者之一。1848 年后,他便宣扬组建普鲁士领导下的、排除奥地利的小德意志。在他著作的序言及小册子中,他千篇一律地将奥地利人描述为"白痴和没有开化的人民",他们不配与伟大的德意志祖国联系在一起。在关于法国大革命的历史中,这类说法虽然 208
不是很刺耳,但作者在观念上的表述并没有放松,并且试图为这些观念寻找理由。他的论证有两个方式:首先阐明各国历史的哲学;接着描写每个国家在大革命时代所扮演的角色。[31]

开始的时候,聚贝尔宣称,在每个现代国家,"文明的发展以艺术和科学的独立原则为根基"。

至于德国,他毫无困难地向我们表明普鲁士已经最好地实现了这些条件,而奥地利离这个目标最远。在他看来,一切都归因于宗教问题。他说,"勃兰登堡选帝侯拥护新教,正因为如此他成为德国独立的捍卫者;而另一方面,奥地利因为在其领地上摧毁了宗教改革的成果,由于把教育人民的任务托付给了耶稣会,因而永久地与真正的德意志精神疏远了"。

聚贝尔说:"如果为了一个特别的目标而对所有人进行培养,耶稣会的教育无可比拟,但这种教育恰恰是以否认一切个性和一切个人的自由权利为开端的。我们可以通过最确定无疑的外在表现发现,当时奥地利 209
的国民性是因为未能参与德国其他部分的进步运动而造成的。"

于是,聚贝尔从中看到了普鲁士和奥地利之间的斗争,前者是个真正自由的德意志国家,"在上个世纪,它自觉而忠诚地在帝国内外捍卫帝国的真正利益;而奥地利明白自己的宪法已经失去了全部影响力,它毫无顾忌地逃避服从帝国法律的义务,虽然统治这个国家的家族利益要求它这样做"。

聚贝尔把普鲁士国家的优越性不仅仅归因于新教思想,而且把它归功于普鲁士国王的功绩。他说:“这个国家之所以变得伟大、坚韧、充满生气、组织有力,应该感谢国王们;国家受单一意志的领导,但这个意志能在所有情形下考虑到全体民族及个人的利益。在这个坚实的基础上,国王之中最伟大最光辉者以作为国王的权威宣告了自由的两项基本权利(这在当时的欧洲是很罕见的)——信仰自由和司法独立。”

聚贝尔的这种君主主义情感还没有走向极端,他并不认为普鲁士国王仅仅因为是普鲁士国王而必然成为伟大的国王:他承认其中有很平庸的;但是他至少在所有普鲁士国王身上发现了一个共同点,那就是对他们家族之伟大的关切,还有他们的德意志使命感。

对于这一点,聚贝尔在他的著作中以最出人意表的方式来表现弗里德里希·威廉二世。虽然这位君主背弃了反法同盟并单独缔结了巴塞尔
210 和约,但在聚贝尔看来,他并没有因此背弃德意志的利益。相反,德意志的利益要求这样做。他说:“如果说此刻德国人错误地理解了他的意图,那是因为人民还不知道维也纳政策的隐秘动机及其对德意志利益的漠不关心。”

几年后,奥地利与法国缔结康波福米奥和约。但这一次聚贝尔的表现没有那么宽宏大度。多瑙河的河水都难以洗刷奥地利人的背叛罪行。奥地利为了换回威尼斯而把德意志土地让与法国,在聚贝尔看来,这是奥地利人“自私政策的新证据,这个政策的标志就是对德意志利益全然不在乎”。

当需要洗刷掉普鲁士政策中的所有欺骗嫌疑时,聚贝尔从不缺少论据。这特别体现在他对第二次瓜分波兰的表述中。对于“这场自耶路撒冷毁灭以来世界上最大的悲剧”,他闭着眼睛假装哀叹了一番,但他找出了一些颇具权威的理由,以论证兼并波兰某个省份的决定对普鲁士国王来说理所当然,而且这个决定是唯一“不会导致公共灾难并与普鲁士政府之责任是相容的”[32]。

聚贝尔很坦率地承认,波兰错在没有对普鲁士发动攻击,普鲁士对这

个国家采取的是进攻态势，而且“即使从权利一词最宽泛的意义上说也 211 看不到权利的影子”。但他对此进行了辩护，他说，“法国大革命突然对一切现存权利提出质疑，在这场革命造成的危机之中，自我保护的情感是至上的”；另外，波兰的命运咎由自取，“历史的法庭要求我们不能对一个民族犯下的招致其自身灭亡的错误保持沉默”，一切最终都让位于这样的考虑：“一百万德意志人从此摆脱了深受其痛恨的外国束缚，因此具有头等意义的是，真正的德意志国家的领土有了可观的拓展。”

最后一个理由才是聚贝尔真正看重的。那么为什么还要申述其他的理由呢？企图证明太多东西的人最后什么也证明不了。由于在每个场合下他都想证明其同胞的清白，总想把他们表现得像雪一样洁白，聚贝尔因而损害了自己作为一名历史学家的声誉。他的问题也是泰纳的问题。当我们看到《现代法国的起源》的作者从一大堆有关野兽的词汇中借用那些最激烈的辱骂之词来形容革命者时，常识会让我们不由自主地想起一个民间说法：“既然你在生气，那你肯定会犯错。”对聚贝尔，这个说法并不比对泰纳更尖刻，而且他的著作同样缺少平静。我们必须尊重他的学识，而且应该带着敬畏之心利用他学识中有用的、甚至卓越的东西，但是我们也必须极为谨慎地看待他的著作：就是说，我们只能接受他的部分馈赠。

四 212

既然聚贝尔有这样的材具，看来他应该受命在他的国家担当某种重要的政治角色。他的确有过激进的政治主张，但仅仅维持到1861年他当选普鲁士议员之时。当他写作《法国革命史》的第一部时，德国的政治生活已经完全死亡。没有人在思考重大问题。人们甚至没有地方去表达自己的思想。个别邦国稀稀拉拉的议会只关心地方利益。另外，媒体不像在法国和英国，还没有成为一个强大的工具：在德国，记者这一职业是毫无前途的，它不会带来影响力和荣誉。鉴于公共论坛的稀缺，大学讲坛自然就成为一些教授表达思想的渠道。

1848年后，一些法兰克福、艾尔福特和哥达议会的残留议员在德国各大学任教。俾斯麦总是对这些议会教授大加嘲笑,这些人以为可以靠自己的演说实现德国的统一。这些教授虽然没有别的资源,但他们从自己公共生活的经历中带回了对现实问题的兴趣,以及以讲求实际的方式处理这些问题的能力。当他们回到私人生活中、重新走上大学课堂时,他们把教席变成了议会讲坛。历史教学尤其如此。在积累大量学识的同
213 时,他们把更多的精力投入到教学当中,其授课也更具修辞色彩,这确实与复辟时代的法国史学家并无不同——如米什莱和基佐(Guizot)。同样真确的是,鼓舞他们的并不是对人类或自由的热爱。他们向德国人宣扬的是霍亨索伦制度的优越性。他们任教于最不相同的各所大学。1850—1870年之间,他们先后或同时出现于柏林、基尔、耶拿、波恩、海德堡,甚至还有慕尼黑[33]和布雷斯高的弗莱堡[34]。所有这些历史学家当中,三个人最为突出:豪伊瑟、德罗伊森和聚贝尔。

根据那些听过豪伊瑟授课的人的看法,此人是19世纪德国最能言善辩的教授。他在海德堡大学的课程吸引了大批学生,他们来自四面八方,或是为了聆听他所讲的内容,或是被他讲课的方式吸引。他是个自由派,而且是个坚定的亲普鲁士派,这对南德的自由派来说是件奇怪的事。不过,他之所以亲近普鲁士,主要不是因为后者当时在政治上的表现,而是因为它所代表的精神,以及他所认为的普鲁士的德意志使命。他也说过,这个使命本质上是自由主义的。[35]豪伊瑟是个热忱的爱国者,向往着一个统一而强大的德国在世界上扮演的角色,他把自己全部的口才都奉献
214 给了这一理想。他激发起听众的爱国情感,从而使他们逐渐接受普鲁士的霸权,后者在他眼里是唯一能实现统一的力量。正是由于他的努力,海德堡成了普鲁士观念在南德的强有力的桥头堡。[36]

豪伊瑟具有民族主义历史学家们的所有品质。像那些学者一样,他首先也是个积极行动的人,深信当代的政治问题可以通过历史寻求解决。他说过,在德国,历史学家的角色就是要成为“民族的教育者和领路人”。他还指出,一部著作的历史价值主要不在于它的知识之丰富或形式之优美,而在于民族从中得出的教益。“我们必须培养民族的历史意识,使其

理解我们的方法,以此增强它解决当代问题的能力。”为了达到这个目标,他自己写了《从腓特烈二世去世到1815年条约之间的德国史》[37],这是来自南德人和自由派的第一篇亲普鲁士的辩护书。

但豪伊瑟还不是真正的新德国的史学家。更准确地说,他的作品在形式上还有所欠缺。无疑,他的历史著作是出色的:清晰而富有层次感,
但它缺乏才气,甚至缺少个性。它的影响力来自它所传播的思想,但它没 215
有丰富19世纪的德国文学,今天几乎被人遗忘了。

像豪伊瑟一样,德罗伊森也受到相同的冷遇。他作为教授的影响力要大过他作为史学家的影响力。作为史学家,他著有大部头的《普鲁士政治史》[38],这是一部典型的德国学者的著作,名副其实的本笃会修士的作品,充塞着令人生厌的琐碎而精确的知识,然而就其叙述而言,实在不忍卒读。除此之外,他的语言风格极其冗繁,这方面他受毕克和黑格尔的影响颇深,前者是个语文学家,教给了他研究方法,而后者则给了他观念。[39]所以,德罗伊森同时具有语文学家和形而上学者的文风:一方总想表达一切,故显得十分冗赘,另一方大量堆砌抽象词句,因而难以捉摸。谁要是想
见识一下德语到底深奥到何种程度,我想推荐他看一本德罗伊森的小书, 216
《历史知识原理》(*Historik*),一部名副其实的以啰嗦费解的德语写成的中国式天书。

但这位奇特的作者却是位无可比拟的教授——事情常常就是这样。从这个角度看,他很像他的导师毕克,虽然写出来的东西令人头疼,但课讲得条理清晰。有一次有人问到其中的原因,毕克回答说:“因为我在书中讲述自己的学识,而在课堂上是表达自己的思想。”同样,德罗伊森虽然是个糟糕的作家,不过是个雄辩的演说家。弗里德里克(Frédéricq)教授说:

> 像那些伟大的布道者一样,他以低沉的语调开讲,以便听众能完全安静下来,静得即便是针掉在地上也能听得到。他身子斜倾到自己的讲义上方,锐利的目光刺穿眼镜片,射向听众,就这样他开始谈论歪曲历史的问题。在关于历史教育和史学方法的课堂上,他对以

> 历史的名义发表的各种伪作深感恼怒；对于自己的研究，他很投入，而且带有一种近乎严厉的激情，但除此之外他还经常表现出神经质似的不悦；他说话时嘴唇很紧张，时常发出愤怒和蔑视的叹息声。他的笑话总是讲得很犀利，每个成功的笑话过后，听众都会报以淡淡的微笑。他一会儿讲述某个历史人物的特点，一会儿又嘲笑某些同时代学者——如谢里曼(Schliemann)——的笨拙，或是指名道姓地嘲弄他的某个受过高等教育的同事。他在探讨课题的时候总是极尽新颖独创，同时以大量具有代表性的例子为佐证，而其戏谑欢快似乎只
> 217 有严肃的喜剧演员的台词中才会有。讲课结束时，德罗伊森会讲点趣闻轶事，他那不可抗拒的幽默感总是引发满堂大笑。我从未在大学课堂上有过如此轻松的经历……但我也很少听到如此严肃而充实的内容。[40]

作为普鲁士观念的宣传者，德罗伊森先后在基尔、耶拿[41]和柏林大学传播他的理念，按其传记作者马克斯·邓克尔的说法[42]，他“能唤起中产阶级对霍亨索伦家族的军队和制度的热爱，而这一切都是普鲁士的国王们为全体德意志人的福祉而创建起来的”[43]。

确实，德罗伊森是个忠实而地道的普鲁士人，他只对普鲁士有信心，而且他不像自己的同事那样，仅仅为自由而狂热。

很早的时候，他父亲就以这样的思想教育他，老德罗伊森在解放战争期间曾是普鲁士军队的上尉，他不停地向儿子灌输失败的教训：“记住高卢人带给我们的痛苦。”德罗伊森具有一个真正的普鲁士人的全部品质——性格坚定，头脑实际而警觉，没有任何表面做作，一旦认识到某个
218 想法有用就绝不放过[44]——他将自己与那个最好地体现着这些品质的国家的命运紧密地联系在一起。当时他仍是个狭义上的普鲁士人，彻头彻尾的普鲁士人，像古斯塔夫·弗赖塔格一样。后来，他又与特赖奇克一起成为最真诚的帝国主义的使徒。[45]

但是，作为教授的聚贝尔与德罗伊森很不一样。在教学当中，这位《法国革命史》的作者并没有在自由主义和普鲁士的政治之间做明确的

区分。作为一名一流的政论作家、不知疲倦的辩论者，他更多是依靠其演说中的才气和感染力、而不是其论证之紧凑来说服别人。他首先是个强有力的反对派代言人，他表现得最好的时机出现在1861—1862年自由派和普鲁士政府发生冲突之际。

他最初在马堡那所小小的黑森大学任教，当时他完全忙于自己的研究工作，没有任何迹象表明他具有演说家的才智。1856年，他成为慕尼 219
黑大学的教授，于是他拥有了更多的阅听人，但正像他说的，慕尼黑是个很难开展工作的地方。当他希望在教学中贯彻民族自由派的思想意识时，他受到老派巴伐利亚人和天主教派最猛烈的攻击。几乎每天都有反对他的小册子问世。在巴伐利亚人中间拥有广泛读者的《慕尼黑年历》(*Almanach de Munich*)上，曾以这样的话来憧憬1860年："你们很快会看到，真正的光辉不是来自北方，跟我一起向神祈祷：请不要把我们引入诱惑之中，但愿把我们从聚贝尔那里解救出来。阿门。"[46]

四年来这样的猛烈攻击一直不断，以致聚贝尔——他觉得自己在慕尼黑只是个"身处异国他乡的传教士"——一有机会便离开了这个城市。1861年，达尔曼教授在波恩的教席空缺出来，于是聚贝尔接替了他。

在波恩，聚贝尔才真正开始自己的政治生涯。古斯塔夫·弗赖塔格在信中告诉他："当你回到波恩时，你肯定不能期待平静安宁、一帆风顺
的生活：这里等待你的斗争很可能像你在慕尼黑遇到的那样令人失望。 220
但我们来到这个世界就是为了斗争。我和很多勇士一样，认为你出现在德国的首要战场上是很重要的。"

弗赖塔格说对了。对聚贝尔来说，一段激烈斗争的岁月开始了。对于他寄托着全部希望的那个国家，他不就前还说，"普鲁士在德意志、甚至在欧洲的地位要求它在两个方面取得同等的成就——二者看来似乎是相互排斥的——即强有力的统一和强大的自由：……首要的是自由，因为它已经嵌入我们国家的血肉之中；自由存在于我们呼吸的空气中；它给了普鲁士国家生命、力量和繁荣"；——但我要说的是，这个国家背叛了聚贝尔对它的信任，因为它向拒绝表决通过军事预算的民族

代表宣战了。

聚贝尔积极参与了这场斗争。[47]他刚刚当选埃波菲尔德地区的代表,成为普鲁士的议员。他与格奈斯特和维尔科夫教授一起成为政府顽固立场的最坚定的反对者。在一篇言辞激烈的演说中,他甚至警告一场革命的来临,并认为那些"对臣民的正当抗议充耳不闻的盲目的统治者"应承担全部责任。

像所有自由派教授一样,聚贝尔也没有预料到萨多瓦的胜利。甚至在这场战役前夕,他仍然认为俾斯麦只是个波林雅克式的人物,他之所以发动战争无非是为了摆脱内部困境,而且为了镇压公共自由,他已经使胜算大打折扣了。但当捷报传来时,聚贝尔大吃一惊。充满赞叹之情的他
221 现在认为,这个从前被他看作莽夫的乡绅是位至为严谨的政治家,他那老谋深算的刚毅全然是谨慎的结果,他是个对自己的权力十分自信、大胆而又成功的角色。从那一刻起,聚贝尔不再怙恶不悛了。他"赔罪认错"了。他不再对军事拨款吹毛求疵了。他说:"为了维护已经取得成果,普鲁士需要一支强大的军队。它也需要这样的军队来保障欧洲的和平。在这个世界上,德意志应该是战无不胜的。"[48]

从那一刻起,我们可以说,聚贝尔的自由主义已经非常残缺了。但这位历史学家依然坚称自己热爱自由。几年后,在拿骚的施坦因塑像揭幕仪式上(1872年年底),他说:

> 是的,普鲁士人民配得上自由的召唤,因为他们在前所未有的苦难的学校里明白了这样的道理:自由远不是利己主义的变体,它意味着对所有人都有益的工作,意味着政治责任和爱国主义的奉献。为了人民权益和国家权力之最大利益,但愿这些伟大的观念长存于每个人心中。

是的,聚贝尔仍在宣扬自由,但不久之后他便完全倒向了俾斯麦的政策,其言谈也走向了自由的反面。

不过,这种奇特而突然的转变只会让那些对聚贝尔的了解很肤浅的

人感到诧异。实际上，他更多是个普鲁士人而不是自由派。他的口才更多表现在为霍亨索伦家族权利的申辩中，而不是在为自由的申辩中。要确认这一点，只需看看他在 1847—1871 年之间发表的《历史和政治论集》(*Historical and Political Essays*)就足够了。

对于作为政论家的聚贝尔，应该进行单独的研究，因为他在帝国创建 222
时期的政论作品特别多。他每周都要写一部小册子、或是为报纸杂志撰写文章和评论。为了自己的事业，他甚至创办了一份史学刊物——《历史杂志》(*Historische Zeitschrift*)。他说，该杂志的“目的是在全民族中传播真正的历史方法”，并“向德意志人灌输坚定的政治原则”。他还指出，“在目前的事态下，越是存在那些会给我们造成损害的伪知识，便越是应该给真正的知识以发表的机会，越是应该引导群众正确认识历史科学对我们民族之生存具有的价值。我认为，在我们力所能及的范围内，没有比这更紧迫的任务了。”[49]

直到今天，《历史杂志》仍被视为德国首要的学术性史学刊物，它曾在德意志的民族生活中扮演过十分重要的角色。这份刊物 1857 年创办于慕尼黑，它面向的不是专业学者，而是普通大众。聚贝尔在给历史学家魏茨的信中曾表达了自己的观念：“我们的言论不是面向那些与我们在这一问题上看法一致的学界同僚；更不是面向文学界的那些轻薄之人，因为你我都不能指望改造他们。我们期望的是在受过教育的人民中间唤起关于真正的历史技艺的认识……当我们谈论教权主义历史学家时，难道我们没有责任去解释他们何以欠缺科学精神吗？……我们的目的不是为 223
教会服务，而是为学术服务。”[50]

聚贝尔究竟以何种方式为学术服务呢？他在自己的新刊物的序言中做了解释：具备历史感的观察者会注意到，各民族的历程就是在道德法则支配下的一个自然而独特的发展过程，这一过程本身又会产生出各种国家和文明形态，对于这些形态，人们既不能专横地抹杀或拔苗助长，亦不能使其服从于外来的规则。于是这样的观念便排斥了——

封建主义：它会把业已死亡的因素引入前进的征程，以便借机复活之。

激进主义:它会把武断的主观意志强加于有机的进化过程。

教权主义:它将民族和精神的进步置于外部教会的控制之下。

所以,聚贝尔宣称要建立"某种纯粹学术性而非任何派别之喉舌的独立机构"。

但实际上,他创办的刊物纯粹是新教和民族主义历史观的喉舌。我当然也知道,聚贝尔认为这种历史观所得出的结果就是科学。他自己也这样说过,但很难说他做到了这一点。他果真做到了吗?当然,为他撰稿的人的确是德国一流的史学家:蒙森、施特劳斯、策勒(Zeller)、豪伊瑟、德罗伊森、达尔曼、伯恩哈迪(Bernhardi)、魏茨、基泽布雷希特和罗贝尔(Loebell)。我们甚至可以承认,就批判方法和学术之严谨来说,这些史
224 学家要优于大德意志派的天主教史学家,但是,他们表现出来的狭隘倾向并不因此就比别人少。进入聚贝尔的圈子不必出示一份洁白的职业履历,也不总是需要学术上的清白担保,捷克新教史学家帕拉斯基(Palacky)便是一个很好的例子,在聚贝尔看来,帕拉斯基的价值就在于他是天主教的、封建的奥地利的敌人,虽然此人发表的一篇文章被指控对文献进行了篡改。当奥地利历史学家霍夫勒(Höfler)证据确凿地指出了这一点时,聚贝尔拒绝在自己的刊物上发表他的指正。[51]

聚贝尔说过,他创办这份刊物不是给几十个专家服务,而是"为了壮大民族运动的潮流",这就表明到底是何种思想指引他从事这一事业的。

直到那时为止,德国还没有类似于英国和法国的专业评论刊物。也许聚贝尔想弥补这个不足。他的意图是在公众能理解的范围内论述重大历史问题。要做到这一点,就必须避免过多的技术性探讨而仅限于那些重大事实、结局和观念。为了把历史研究引向这个方向,聚贝尔做的工作
225 比谁都多。他做出了表率。作为一名辩论者,聚贝尔是出色的:他论战的时候敏锐而紧张,风格犀利辛辣,具有入木三分的讽刺才能。他论文的基调总是生动泼辣的。这些才能使他成为一名智虑超群的辩手。没有谁比他更擅长发现对手的弱点。在捍卫自己的论点时,他展现出来的才智简

直就像个最高超的律师。必要时他出色的学识会给他帮忙。对于聚贝尔,历史就是个巨大的军火库,他可以从中拿起武器为自己的所有论点辩护,无论是为了论证从 13 世纪以来,“强大、精明、好战、但人数较少的丹麦民族一直试图取得与其力量不相称的地位……直至德国重振力量,将它赶回正当的自然状态为止”[52];还是要以新论据证明他在《法国革命史》中阐发的理论——就是说,不应把统治德国人民的期望寄托在奥地利身上,因为在大革命战争期间,它签订康波福米奥条约的行径背叛了德意志的利益。

必须承认,聚贝尔写这类文章时具有无可置辩的卓越手法。谁想要看看他的知识才智有多出色,我建议他读一读聚贝尔一份最有趣的研究,它论述的是历史学家维维诺特(Vivenot)。

维也纳史学家维维诺特曾激烈抨击聚贝尔关于奥地利在大革命期间的角色的论述。几年后,他出版了关于萨克森-特欣(Saxe-Teschen)公爵阿尔伯特(Albert)的专著,这位帝国元帅曾在 1794 年 4 月到 1795 年 3 月 226
间指挥上莱茵军团。作者虽然是位奥地利军官,但他在这部著作里对当时的军事行动的描写混乱之极。读者可以看看聚贝尔是怎样挖苦这位作者的。“当一个外行来考察一支军队的详细历史和这支军队的领导者时”,他说,“他首先要认真搜寻有关这支军队的力量和组成的严格而精确的信息,因为对于他这样的外行来说,对领导者的行动及其过失的全部理解看来主要依靠上述信息:更何况这本书的作者还是个军官,帝国和王家军队的上尉(K. K. Hauptmann),而且占有帝国和王家档案馆中有关战争的全部资料。但是,不管是维维诺特大人的行伍生涯爬升得太高还是他的写作能力跌落得太低,总之要在他给我们提供的信息中找到任何有用的东西总是一件难上加难的任务,我敢说,就我而言,虽然我对法国大革命时代欧洲所有国家的军事史都有一定的研究,我还从未发现那件作品堪与它媲美。”[53]

接着就是一些关于如何写作历史、如何选择和区分材料及利用材料的建议,但措辞很尖刻。他说:

> 他要是还爱惜自己的学术名声，他就别无他途：他需主动放弃历史创作，直到他经过多年广泛的研究后取得一个历史学家所必需的
> 227 基本素材为止；他应竭力……搜集材料。但是即使是完成这样一部著作，他自己的才智恐怕也是不够用的：如果他明智的话，以后他就别想出版什么东西了，除非先让某个真正懂历史的人检查一下。维也纳不缺少这样的专家，即便他们对普鲁士最没有好感。
>
> 对付这样粗陋笨拙的对手，最简单的做法就是跟他公开论战，这是在给他提供找到有效武器的方法，并教他如何以自己虚弱的双手去运用这些武器。

聚贝尔的所有评论文章都是这种生动、清晰而刻薄的风格。他的论文涉及所有问题，从早期基督徒的政治社会状况到拿破仑三世，从社会主义、共产主义、妇女解放到19世纪的教士政策。所有这些文章都表现出聚贝尔作为一名机警而精力充沛的辩论者的姿态。

不难理解他在德国何以能取得巨大成功。自莱辛以来，德国还没有出现过如此明快出色的探讨问题的方式。但是，也许可以提出这样一个问题：此类文章出现在一份自称纯粹是学术性的历史刊物上是否合适。

1870年后，聚贝尔的热情稍显冷却。这并不意味着他作为历史学家的才能在减退，而是因为他赢了，经历斗争的他现在可以休息了。聚贝尔欢呼普鲁士的胜利，其热情无远弗届。战争刚开始时他曾写道："在这些
228 伟大的日子里，这个民族在统一的疆界内达到了它命运的顶峰，看到这一切我是多么幸福啊。"[54]巴黎投降的消息传来时，他欣喜至极，无法自制："得知这个消息时，我泪流满面。'这是我们的创造'，我高喊道，'主啊，你看到这样伟大而恢弘的事业了吗？'今后我们该怎么生活？过去二十年的时间里，我们所有的期望、所有的努力都以最宏伟的方式实现了。像我这个年纪的人，在所剩无几的岁月中该从事怎样的新事业呢？"

现在根本谈不上反对政府的问题了。几年前，聚贝尔就与民族自由党的大部分领袖一起转而支持俾斯麦的政策了。[55]引人注目的老自由派中只有四个人还坚持自己年轻时的理想，他们是：蒙森、霍内尔(Hoenel)、

里凯尔特(Rickert)和维尔科夫。已经步入暮年的聚贝尔显然厌倦了斗争。他最后一次参与政治斗争是在1874年文化斗争之际,在当时的帝国议会中,他是这场斗争最坚定的支持者之一。此时他已经完全倒向了俾斯麦一边,后者后来对自由派进行了一次毁灭性打击(1881年),从而第二次制服了德国。聚贝尔没有提出任何抗议。而在五年前,聚贝尔到柏林档案馆任职,从此再没有涉足政治,而是尽余生的力量写作《新德意志 229
帝国创建史》,这一庞大的工作直到他去世时才告中断。[56]

对于这部著作的创作起因,他解释说:“我在《法国革命史,1789—1800》中已经描述了德意志神圣帝国的解体,但1806年和1870年的重大事件过后,在我的心中,没有哪种意愿比描述德意志帝国的复兴更强烈的了。”

聚贝尔认为,创作这部著作就是完成一项民族使命,因为他觉得这就是为确保1870年战争的伟大成果而工作。[57]的确,他认为1789年的事件与这场战争之间存在紧密联系。在第一部著作《法国革命史》中,他陈述了19世纪的关键性政治问题的消极方面。不过现在他认为,有关普鲁士在德意志的成就的历史将陈述积极方面。批判之后必须建设。问题是聚贝尔的第二项工作能否像第一项工作那样成功。对《德意志帝国创建史》的分析将会回答这一问题。

五

作为历史学家,聚贝尔已经在他的《法国革命史》中显露了最高层次
的材质。孜孜不倦的研究,积极活跃的辩论,一贯敏锐的思维,这些使他 230
成为一名无与伦比的评论家。他的过人之处不仅表现在搜集政府文档、对其进行甄别分析、去伪存真、鉴别互相矛盾的史料等方面,而且表现在他对观念和重大政治事件的评论、对谈判的分析及对事态的辨析之上。

但是他的才能也到此为止。他没有复活历史人物的技巧:他告诉我们这些人物的作为,但没有告诉我们他们到底是怎样的人,虽然他对政治的内部潜流及外交秘密有广泛的了解,但对于他希望描绘的重大运动,他

并没有给我们提供生动的画面。

我们已经看到，这个缺陷源于聚贝尔思维中的某种欠缺：他缺乏心理上的领悟力。他对外交计谋特别感兴趣，十分关注重大政治问题的解决过程——它包含在政治家的行动之中——但他往往忽视了这一点：正是这些带有情感和利益追求的个人创造了历史。在《法国革命史》中，他根本没有成功地刻画出人性的复杂多样性。我们可以说，对于聚贝尔，人只是一个大脑。事态发展纯粹是从局势的逻辑中推演出来的。人物仿佛仅仅受逻辑的支配。

聚贝尔曾激烈指责革命者以抽象原则为论证基础，但实际上他自己
231 正是这样做的。在探讨历史时，他对每类人物都有自己的观念，因此他的
思维通常是定型的，他在事件中看到的只是与其观点相符的东西，而不是
把自己的观点当作一种假设并根据自己的发现修改之。于是，除了极个
别例外，他笔下的人物从来都与本来面目有所出入——对大革命进行推
演的逻辑学家们同样如此。人物会因为千百种环境而有所变化。要想真
实地描绘他们，就应该在其人生的所有时段都把他们当作新奇的人物。
一个人今天对某件事的表态可能非常真诚，但明天的表现则会判若两人。
聚贝尔缺乏足够灵活的理解力去洞察人类思想的隐秘微妙之处，因此也
绝不可能深入体察那些复杂多面的人物。当他描绘女性的时候尤其如
此。我们在他关于玛丽-安托瓦内特的描述中已经看到过这一点。要理
解一个像她那样多变而奇妙的人物的性格，应具有圣伯夫的洞察力和敏
感性，应长于在各方面运用那种洞烛幽微的感知力，如此方能把握心灵深
处最难以觉察的变化。但聚贝尔是根据外在形势来构建逻辑论点的，他
完全不具备这样的能力。这位王后所有的谎言、所有口是心非的遁词和
伎俩，聚贝尔都视为她的意图之纯粹性的证据。甚至在致迈尔西(Mer-
cy)公爵的信这一著名的案件中，聚贝尔也设法来为她的罪行开脱，虽然
他曾引述信中的原文："我必须让他们放松警惕，以便今后能更好地愚弄
他们。"但聚贝尔说："她深信，巴那夫及其同党给她的一切承诺都不能保
232 障她未来的安全。"他怎么知道这一点呢？他有什么证据证明这就是玛

丽-安托瓦内特本人的想法呢？这种论断无非是他的个人信念，确切言之，是他的偏见。

偏见确实是聚贝尔最大的敌人。偏见误导了他，误导了他的判断，模糊了他的理解力和鉴别力。如果说他无论如何都不愿承认玛丽-安托瓦内特犯有任何过错，那是因为他希望战争的责任由吉伦特派来承担。他之所以这样做并非故意，而是出于某种天生的弱点，这种弱点我们将在他的当代史著作中看到大量的证据，而聚贝尔本人也是这段历史中的一个角色。

我们本可以设想，当历史著作涉及的不是一个已经很古老的时代、或一个作者本人感受不到些微的热情的时代，而是一个他密切关注的事件，这个事件的成功还是他一生中意义最为重大的，那么聚贝尔应给我们留下一幅鲜活的画卷。他不是认识那个时代的很多历史人物吗？他不是深得位高权重者的信任吗？[58]这些人不是告诉过他普鲁士政治的内幕吗？没有这些，他自己不是就无法写成这样的著作吗？在担任档案馆主任时，他不是掌握了所有这些事件的秘密吗？但是，尽管有这些有利条件，他并没有为我们描述 19 世纪后半叶德国政治生活的生动画面。他仍然是我们已经熟知的那位批评家和外交史家。在他的这部历史中，最出色的章节是阐述重大历史问题的：例如，就石勒苏益格-荷尔斯泰因问题来说，他 233
的叙述堪称明晰而睿智的杰作，如果我们抛开作者那些渗透着普鲁士偏见的个人观点的话。他在讲述丹麦战争时的清晰简约怎么称道都不过分；在讲述 1870 年战争的起因时，他表现出一如既往的批判姿态和明智见识，尤其是在否认格拉蒙（Gramont）子虚乌有的言辞的那个章节。但这本书没有任何可以让人着迷的东西。读者不仅看不到当时德国历史的鲜活画面，即便要寻找普鲁士政治中人性化的、生动活泼的有趣特征，那也纯属徒劳。他无法理解普鲁士政治的真正精神和其内在生活。要写出这样生动鲜活的著作，需要激发一点感受力和一点热情。但此时的聚贝尔已经激发不起这种感受力，他本来就很温和的情感纯粹是智识方面的。如果就其著作中的史实而言，聚贝尔成功地写出了一部精确而真实的作品,但它没有揭示更高层次的人性真实。

聚贝尔在该书的序言里说:“在这部著作中,我根本不想隐瞒自己的亲普鲁士的民族自由主义观点。”这看起来很自然,至少与他的历史哲学相符,因为聚贝尔是那种仅凭政策之后果来评判政治之价值的史学家。

既然普鲁士实现了德意志的统一,那么19世纪德意志历史的一切问题都应根据它们与普鲁士政策之间的关系来判断。

234 不难看出这种观念必定会推导出怎样的结论:完成德国统一大业的两件工具是普鲁士的行政机构和军队,前者通过关税同盟为普鲁士支配德意志做好了准备,后者则在战场上兑现了这一支配权。

德意志的统一直到腓特烈二世真正的继承者出现之日才有可能。这位继承者就是威廉国王,他在1848年曾这样描绘时局:“问题不能以加戈恩的方式、而只能以武力来解决:未来的秘密只在于何时及如何使用武力。”

这就是聚贝尔的“历史”试图阐明的观念。他承认,“为了生存”,普鲁士必须发展,而“原地踏步对它而言就是灭亡”,普鲁士的命运在于确立在德意志的强权,而且日耳曼文明迫切要求这种强权。关于石勒苏益格-荷尔斯泰因问题,他认为,对于普鲁士,这只是个利益问题——“对其商业利益至关重要”[59]。同样,他在解释普奥战争的起源时也认为,战争的主要原因不在于个人情绪造成的主观后果,而在于许多世纪中取得的古老权利与日益强大而紧迫的民族要求之间不可避免的冲突。“由此造成的不协调状态令人难以忍受,只有一场剧烈的危机才能一劳永逸地终结这种不幸。好在这种疗法最终有利于德意志的福祉。”[60]

他还认为,1870年的战争是不可避免的(他在通信中透露说,这场战
235 争他等待了20年!),因为从根本上说,它只是“一个寻求在阳光下的位置的新国家和一个为维持其地位而斗争的老国家之间”必然出现的历史生存斗争之一。

既然聚贝尔忠实于自己的历史哲学,我们本可以期望他在自己的著

作中直截了当地描述战争征服，以达尔文的适者生存法则为普鲁士的战争辩护，就像蒙森已在《罗马史》中做的那样。

但情况并非如此。当问题涉及其理论的逻辑后果时，聚贝尔退却了。要承认他的国家必须诉诸受人指责的手段去追求自己的目标，这是让他十分反感的。因此当他论述这三次战争的原因时，他竭力归咎于丹麦人、奥地利人和法国人。

当腓特烈二世进军西里西亚时，这位国王曾玩世不恭地说："我先占了它，随后总能找到足够多的学究来论证我的权益。"[61]

德国从来不缺少这样的学究，尤其是在它的历史学家当中，现在聚贝 236
尔给我们提供了一个典范。

在《法国革命史》中，聚贝尔已经显示出一个能够颠倒黑白的绝妙诡辩家的才华。[62]不过，与他为证明普鲁士的政策——如果您愿意的话，我们不妨说是俾斯麦的政策——无可挑剔的、始终如一的正确和诚实而付出的努力比起来，《法国革命史》中的聚贝尔就不值一提了。

不过德国的公众与他的看法并不相同。聚贝尔著作的面世大大激发了读者的好奇心。德国人十分兴奋地期待着轰动性的揭秘。那些对正义怀有本能意识、并能激发对伟大而崇高的事业的热情的人们，现在也对无耻之徒宽宏大量——如果这些无耻之徒很幸运的话。公众对待这些人的态度就好比为抽打警察的基尼奥尔（Guignol）[63]的恶作剧而鼓掌欢呼的孩子。

俾斯麦，这个手腕高超者中的最高超者，也在自己的手腕之上平添了一分自鸣得意，德国公众对他敬佩有加，他们很愿意原谅他的所有劣迹。但是在聚贝尔的叙述中，他们的好奇心根本得不到满足。他们发现自己看到的是一个神奇的人物，一个超人，但没有任何使其成为一个真实而鲜
活的角色的细微描写。这位忠实于自己史学方法的学者在刻画俾斯麦的 237
形象时，一切都是为了描写"这个人无与伦比的政治天才"，这个"把一切都奉献给国家利益的声望卓著的政治家"。他进一步指出，"任何其他的考虑对于他都是次要的。自由贸易还是保护主义、封建制度还是民主制

度、宗教自由还是教阶制——这些问题对很多人来说是他们生活的决定性原则，但对于俾斯麦，它们无非是特定环境下达到某个目标的或好或坏的手段而已：他只考虑如何扩大普鲁士的势力，而他的敌人有时的确可以指责他是有史以来最不讲原则的机会主义者。腓特烈二世把国家看作文明开化的工具，而俾斯麦始终是个纯粹的功利主义者——他总是在考虑，某种艺术或科学会在何种程度上促进普鲁士国家的繁荣。”

但是，在聚贝尔的著作中，我们根本看不到这个“无所顾忌的功利主义者”在实现德国统一中施展的手腕。这位历史学家要让我们相信（也许这关乎荣誉问题），俾斯麦从未蓄意欺骗他的对手：他笔下的俾斯麦是某种美德上的楷模，其行为完全出于高尚的动机，且总是受责任感的驱使。

在这方面，最能说明问题的是他对三次为新帝国奠基的战争的起因的解释。

首先是石勒苏益格-荷尔斯泰因的历史问题。

此前的聚贝尔从未如此出色地展现过自己的天才：他在洗刷普鲁士
238 政府因其两面派手法而蒙受的一切指责时，各种辩解理由信手拈来。他极为细心地考察了德国人为干涉这两个公国而辩护时援引的两个理由：政治或宪法问题及继承法问题。

在当时的环境下，第二个问题在两种截然对立的意义上获得了解决，但说到底这是符合当时普鲁士的利益的，但在聚贝尔看来，这个问题根本上说不值一提，于是他将它舍弃，但还是要以某种粗暴的方式责备他的同胞对这个问题的纠缠，因为这样损害了重大的事业。

而对第一个问题，即政治问题，也是更重要的问题，他在论述中倾注了全力。但他承认这个问题十分复杂，因为它牵涉王朝问题，而王朝问题又可追溯到15世纪，这需要“解决复杂的个人、诸侯和国王的权益问题”。他向我们揭示，普鲁士王朝的法学家们如何去论证这是人民的权利还是国家享有的最高权威、抑或是诸侯的个人权益问题；一项确立四个世纪的权利是否能给予其家族的每个男系成员以不可撼动的个人权益，或者国家的立法权是否能行使监督王位继承的权责:换言之,继承权是否应按封建体制来裁决,还是应按英国革命后指导政治事务的新原则来裁决。[64]

实际上,所有这些精心拟定出的庄严的权利诉求仅仅是为了欺骗外 239
人。罗恩(Roon)曾不顾廉耻地指出,“两个公国的问题不是什么法权问题,而是个武力的问题,而武力在我们一边”[65]。整个普鲁士军事界都持同样的说法。曼托伊费尔将军对弗勒里(Fleury)将军说:“不妨想一想,我是一个师的指挥官,但还没有经过战火的洗礼呢。”

于是,一件奇怪的事情出现了,这些封建分子竟支持人民的权利,因为后者使得普鲁士可以介入石勒苏益格-荷尔斯泰因,而支持奥古斯滕堡(Augustenburg)家族[66]的德意志民主派则赞同封建法权。

在聚贝尔的书中,人们想看到的大概是由俾斯麦扮演主角的人间喜剧式的章节:他如何施展自己的高超手腕:他暗中知会丹麦人,英国将应他们的请求支持他们[67],从而鼓动丹麦人的抵抗;他如何施展诡计消除国王的顾虑(Rechtsbedenken,法律上的顾虑),因为国王很关心且很仰赖局面的合法性;他如何诱使奥地利卷入这一纠纷;在发现奥古斯滕堡家族的无能后,他又如何为后者设下陷阱;通过受资助的媒体和对这两个公国的自由派的怂恿,他如何“松开所有希望对着丹麦人的权威狂吠的狗的
缰绳”[68](这是俾斯麦的原话);还有他如何以更高明的手段诱惑正统派 240
的奥地利向帝国议会提议对奥古斯滕堡家族采取严厉措施;在奥地利的角色演完后,他再次以巧妙手段把这个帮凶驱逐出两个公国:所有这些高超至极的政策无非都是在实施一项周密的计划,而这个计划早在1862年就已制订出来:“毫无疑问,对我们而言,整个丹麦问题只能通过战争来解决,正如我们希望的那样:当发动战争的恰当时机到来时,我们将很容易找到借口”[69]:但是我想说的是,我们在聚贝尔的著作中找不到这一政策的任何痕迹。在这位历史学家看来,在这些事件中,一切都是合乎逻辑的自然过程,普鲁士只是被迫介入,以扑灭一场很可能迁延日久的骚乱。[70]

丹麦问题过后,普鲁士和奥地利的外交谈判破裂,但聚贝尔试图让我
241 们相信,在这个问题上,普鲁士政府像往常一样没有过错。虽然普鲁士向奥地利承诺不会采取任何单独行动,但当它的舰队占领基尔港时,聚贝尔说:“你怎能指望普鲁士采取别的行动呢?如果说奥地利由于其地理位置而无法利用这个港口,那么这就是地理位置不同的普鲁士不应该利用该港口的理由吗?”[71]

当俾斯麦于1865年秋天突然启程前往比亚里茨——当时拿破仑三世就在那里——时,聚贝尔向我们担保说,这主要不是为了窥探法国皇帝的意图,而是“从比斯开湾汹涌的浪涛中为自己过分劳累的神经寻求力量”[72]。

战争过后,虽然普鲁士兼并了汉诺威和黑森选帝侯的领地,但你绝对猜不到它这样做的理由。因为这是对愚蠢地干涉德意志事务的法国进行的惩罚。这段话应该引述一下:“普鲁士之所以进行战争,仅仅是为了对德意志邦联进行改组并占领石勒苏益格-荷尔斯泰因,但并没有想过更广泛的兼并。但由于拿破仑反对德国统一,俾斯麦被迫增强普鲁士的力量,以便他的国王能具备保卫德意志利益所必需的实力。”[73]当一个辩护者只能拿出这样的论据时,他所辩护的事业必定是不为人齿的。

1870年的战争起因是聚贝尔希望进行彻底探讨的历史课题。他当然很清楚,在后代人眼里,渴望这场战争的人将会承担沉重的战争责任,
242 所以他竭力将罪责推卸给法国。为此他花了不下半卷书的篇幅[74],尽管这样会有打破著作各个部分之间的平衡的风险。不过,尽管他费尽气力,我们仍然可以怀疑他对这个问题的论述是否有进展。

首先,要确定所谓的这场战争的深远起因是非常困难的。真如聚贝尔所认为的那样,法国人嫉妒萨多瓦的胜利——“那场光辉的大捷令索尔福里诺战役[75]和拿破仑三世的所有胜利黯然失色”——是战争的起因之一吗?同样需要确认的是哪一类法国人渴望进行这样的报复。

这类人不是有教养的阶层——自由派,因为他们自始至终支持普鲁士;也不是广大公众,因为他们在第二帝国时代对国外的局势漠不关心:

在法国，这类人只可能出现在军事界和教会。但他们在这个国家究竟怎样表演呢？我当然知道，一旦他们决定发动战争，他们会有千百种方式来挑动公众舆论、制造虚假的骚动。但他们到什么时候才这样做呢？——说到底，一直到普法关系骤然紧张的那一刻，而这种紧张是来自霍亨索伦家族继承人问题，这个问题才是真正的真正起因。

如果我们要衡量一下不可衡量的因素，毋宁说，我们在1867年之后的德国更能发现战争的精神性起因。德国人的民族情感至少表现得比法国人更敏感、更嫉妒。对于拿破仑来说，卢森堡只是俾斯麦对他保持中立而许诺给他的某种补偿，但这个问题在德国引发的民族主义狂热让法国 243
深感震骇。聚贝尔也暗自承认，德国人在萨多瓦战役之后认识到了自己的力量，他们对局势的考虑与此前不同。那么他为什么指责法国呢？他自己承认，如果法国皇帝足够明智的话，他就会利用普鲁士忙于波希米亚战事的时机占领卢森堡。“德国没有人会认为这是个开战的理由”，他说。但是在他看来，在萨多瓦大捷过后再提出对卢森堡的要求就是另一回事了。

在做了这样一番论述之后，聚贝尔仍然坚持说，法国人民族情绪之敏感有甚于德国人。当然，他也如实承认，卢森堡问题在德国突然之间就具有“民族问题的态势”；他还指出，俾斯麦也没有想到这一点，一开始他措施不及，但他立刻镇定下来，为了安抚民意，他决定就这个问题接受自由派议员本宁森(Benningsen)的质询。[76]此刻的俾斯麦已经知道——如果说此前他还不清楚的话——怎样及以何种手段将德国人更紧密地凝聚在普鲁士周围，这一点有谁看不到呢？

只有一场民族战争才能实现俾斯麦的目标。[77] 244

如果说战争没有在那一刻爆发，我们也知道其中的原因：俾斯麦要保留选择战争时机的权力。此后他要弄的所有手腕都是为了让法国宣战。

迄今为止，关于霍亨索伦家族继承权的来由问题有过很多讨论，这件事究竟是马德里还是柏林发起的，至今还不明朗。[78]很可能俾斯麦就是发起人[79]，不过这一点只有在西班牙的档案揭秘之后方能确认，但我们至少可以认为，即使这件事不是俾斯麦个人一手策划的，那么他起码巧妙地利用了这件事来为自己的政策服务。在霍亨索伦家族的候选继承人的兄弟、罗马尼亚国王查理透露有关情况后，我们的看法看来完全正确。[80] 今天的德国人对此也毫不怀疑。对此汉斯·德尔布吕克说："今天看来，
245 法国人的疑虑完全在理。是罗马尼亚国王透露了外交大臣极力保守的秘密——其原因难以理解，有人说他不希望由他的家族来承担战争责任。"

有了这样的说法，我们便不能不认为，俾斯麦从一开始就为霍亨索伦家族的继承权而谋划。早在公众得知继承问题的一年之前，他曾写信给普里姆。[81] 显然，他希望给法国的公众舆论"把脉"，看看在得知霍亨索伦家族登上西班牙王位时这个脉搏是否会加速。当他得知在这个问题上只能任由事态发展时，他便秘密策划，诱使那位霍亨索伦家族的亲王不要断然拒绝继承权。

但这件事聚贝尔并没有承认。我们几乎可以说，在这个问题上，聚贝尔捍卫了德国的荣誉，因为在他的笔下，俾斯麦在所有细节上都始终以正确而诚实的方式行事。在他关于这场危机的所谓三阶段的叙述中，我们可以看得特别清楚：(1)兰塞斯(Rancès)访问柏林；(2)俾斯麦与普里姆及候选继承人的父亲安东尼(Anthony)亲王进行的双面谈判；(3)埃姆斯电报。

关于兰塞斯的访问，我们知道其目的何在。在萨拉查(Salazar)的小册子发表两个月后——其中第一次公开谈到了霍亨索伦继承人的问
246 题——前西班牙驻柏林大使、时任驻维也纳大使的兰塞斯极为神秘地前往柏林逗留了三天。他每天都跟俾斯麦进行有些神秘性的会谈。在会谈期间，难道真有可能如聚贝尔描写的那样，"根本没有提到霍亨索伦家族的候选继承人问题"吗？他给我们提供了什么论据来证实这一论断呢？没有任何证据，如果有的话那也是他的个人信念。这无论如何不是柏林外交界的看法。这次出人意料的访问刚好发生在提名霍亨索伦家族继承人之后，它多少会让各国外交使团生疑。洛夫托斯爵士道出了外交官们的心声："很显然，兰塞斯来柏林不仅仅是为了表达他对俾斯麦的问候。"

他嗅到了“草丛里的蛇”。注意到此事的法国政府也不安起来。贝内德蒂[82]要求俾斯麦作出解释。解释确实给出了,但贝内德蒂并不满意。他似乎看出俾斯麦的言辞中隐瞒了某些事情,他怀疑“他没有说出真相”[83]。聚贝尔没有公正地考察这种推测是否有依据,而是抨击“贝内德蒂生性多疑,他得出的结论根本是空穴来风的主观臆断”[84]。

如果聚贝尔认为这件事毫无反常之处,那么他对于俾斯麦在马德里和西格马林根玩弄的神秘奸猾手腕,就更看不出有什么奇怪的地方了:这位首相一方面建议普里姆直接询问亲王,并在未经国王同意的情况下向
普里姆保证,这件事“会得到国王的大力支持”,另一方面他又向亲王的 247
父亲施加压力,让后者替儿子接受西班牙王冠。[85]虽然聚贝尔讲述了这些细节,但由于他的偏见和心理理解力的不足,他未能追寻其意义。俾斯麦为了防止普鲁士国王的干涉而宣称这件事不带有政治性质,但聚贝尔从来没想过这是为什么,虽然亲自过问此事的俾斯麦纯粹是个政客。[86]

对于这样的突兀之处,他提出了哪些理由来解释呢?一个也没有——除非说,一个人会在他乐意的时候改变主意。[87]但这个理由并不能让我们满意。

对于聚贝尔来说,本来有更简便的方法来论证普鲁士政府行为的合理性,如果他指出法国使得霍亨索伦候选人问题变成了一个民族问题,俾斯麦就能顺理成章地暗中支持这个候选人并以此来试探法国人可能提出的要求。但偏见使得他竟未想到这个便宜的方式。

对于埃姆斯电报,聚贝尔的意图更为明显。他别出心裁地说:“一 248
份被删改的电报并非捏造出来的。”[88]要想让人确信这个说法,比较一下两份稿件就足够了。谁都会发现,第二份电报带有的攻击性口吻是第一份中看不到的。今天谁还怀疑这一点呢?这份被删改的电报是宣战的直接原因,这一点不是很早就为人所知了吗?勒伯夫(Leboeuf)元帅[89]向调查委员会回报说:“一份电报传到了外交部,接着便在国务会议上宣读,我不记得电报中的原话了,我的记忆力不够准确,但是电文的措辞使得国务会议与会人员的态度立即发生了转变,随即便发出了

动员令。”[90]但是有一点直到俾斯麦本人自鸣得意地坦白之后才为人所知，这就是：他巧妙地删掉了电报中的一些词句，从而使得这份文件具有了进攻性语气。这的确是蓄意进行的删改，正像德国历史学家菲利普松（Philippson）正确指出的：“这使得国王的言辞恰恰呈现出与其原意相反的意思。”[91]

在聚贝尔有关这段历史的叙述中，我们很难精确地衡量出他的偏见和心理感知力之匮乏到了何种程度：正是这些欠缺使他无法为我们描绘
249 出真实生动的历史人物、使他无法逼真地再现历史的悲喜剧。偏见影响了他对事件的解释，心理感知力之匮乏尤其体现在他臆造出来的人物形象中：当他综合自己的观察、并试图突出人物的某些特征时，其形象就显得很做作。在他的《德意志帝国创建史》中，这方面最鲜明的表现莫过于他对这场历史剧中一些重要角色所作的全景式刻画了。举个例子说，谁能够在他的描述中认出俾斯麦来呢？

> 当时俾斯麦36岁，正处于人生盛年。他身材高大，超出大部分平庸之徒一个头加肩膀，光鲜的脸庞透出健康的气息，目光之中饱含睿智，嘴巴和下颌显示出一种不可屈服的意志……言谈之中他总是不断冒出机智风趣之词，还有色彩鲜明的形象和生动的措辞。他曾这样谈论弗里德里希·威廉四世：“他把我当作鸡蛋，但他想从鸡蛋中孵出一位大臣”。[92]

在这段描述中，一切都是那么平淡、苍白、琐碎。他关于俾斯麦的话也许很容易拿来形容任何人。没有任何独具个性的特征、没有一个生动而富有表现力的词语能使读者透视这个非同凡响的人物的性格本质！

他笔下的其他人物同样如此。在威廉一世那里，我们看到的只是一个谦卑而恭顺的基督徒形象：

> 他总是在神的注视下行事……信仰就是他生活中的面包，是对
> 250 他忧伤的慰藉……是他行动的唯一准则。虽然他在神的手中感到很无力，但在面对尘世时他十分强大。[93]

这样谄媚做作的形象描述占了好几页的篇幅。这让我们觉得,如此不辞辛劳的聚贝尔是长于此道的!他显然认为,为了恰如其分地祝贺德意志帝国缔造者的丰功伟业,他必须吹响庆功喇叭。他确实努力这样做,但那是怎样的夸张露骨呢!

由于这样的风格所致,毛奇的才干甚至没有在聚贝尔的书中点出来。作者只是指出了“一位深谋远虑的人物”带来的成就,这个人能“透视、预见、盘算和理解任何问题,且不会有任何疏漏”,但若想发现有关毛奇活动的多彩画面,那纯属徒劳。[94]

《德意志帝国创建史》中有一些趣闻轶事,但有关的叙述味同嚼蜡。这里有一个相当有趣的故事,作者是从首相本人的嘴中得知的:

> 1848年3月,俾斯麦曾同国王弗里德里希·威廉四世一同在波茨坦的奥兰治露台散步。国王抱怨自己无力终结革命。亲王回答说,缺乏勇气会妨碍任何事业。“勇敢、勇敢、再勇敢”,他高喊道,
> “这样陛下就会取得胜利”。这时王后从树丛后走来,她说,“俾斯麦 251
> 先生,你怎敢同国王这样说话?”国王笑道,“让他说吧,我很快就要让他住口了”,于是国王开始陈述他的谨慎政策。[95]

很显然,聚贝尔的叙述很好,但他的描绘太差。俾斯麦——其实他的思维方式与聚贝尔相反,他觉得一切历史都包含在趣闻轶事之类的细节中——的见解很能说明这一点。有一天,当他在聚贝尔的书中看到关于拉多维茨[96]的描写时,他惊叫道:“这个历史学家描绘的拉多维茨根本不存在。”然后他便开始描绘真实的拉多维茨,那个他了解的拉多维茨。“从外交文件中无法了解人物,而应该从日常生活来认识他们。”[97]

俾斯麦还应该补充几句:心理史的书写需要特别敏锐细腻的认知能力,如果缺乏思维上的灵活性、幽默感、甚或某种反讽意识,即便在叙述中包含了一切内容,那或许也是某种平庸或毫无特色的作品。达到上述要求的思维最有可能摆脱狂热、甚至摆脱偏见,但它要求某种善意的怀疑主义为基础,而这种怀疑主义是聚贝尔根本不具备的。他首先是个信念坚

定的人。他坚信某些政治原则的真理性,他还认为这些原则始终能为我们提供解释各种人物的钥匙。简言之,他有教条主义者的偏见。

252 但教条主义或许就是他的力量之根源并有助于他的成功。虽然此书总的说来不过尔尔,但对创建新帝国的现实主义政策的表述清晰而沉稳,这样的表述更因为作者的教条主义而更形有力了。虽然聚贝尔没有发热的火,但至少还有能照亮的光。

他在书的序言中说:“我放弃任何制造浪漫效果的想法……这是因为我渴望全面地展现历史真相而不得不做出的牺牲。”[98]

总之,聚贝尔觉得历史画面中总有些主观的东西,整体性重构总是很成问题的,所以他努力的目标在于教诲而不是娱乐,所以他对形象化的描述相当轻视。在他的著作中,他只想揭示观念、总结教训。因此他的解释性叙述具有抽象的特点,在段落告终或转折之处经常会出现“看来可以肯定的是……在考察……之前……让我们看看……首先应提出的问题是……如果我们总结……我们发现”之类的说法。

聚贝尔认为,这样的文风可能对同代人产生更为深刻的影响,他这个看法并没有错。在他写作历史的时候,历史学家最紧迫的任务是培养这个民族的政治判断力。聚贝尔十分适合于这样的工作。他的思维清晰简约、重点突出,表达虽然贫乏枯燥,但直接而尖锐;他的讽刺是冷冰冰的,
253 但效果肯定有[99];他的头脑活跃而激动,时刻准备反击别人,且长于从最有利的方式来运用和表达思想观念;另外,聚贝尔有把这些观念置于科学权威之下的特别才能,因此在传播民族自由派的政治观念——现已成为新帝国的政治观念——方面,他的学术著作比任何一个德国学者的贡献都要大。阿克顿爵士对此有过精彩论述:聚贝尔“使勤奋的德国人中弥漫的情感性、非政治性的才智收缩凝固起来:他向他们灌输对现实性的兴趣”。

德国人不会忘记这些具有实际效应的工作。聚贝尔是他们名副其实的政治教师。

这部重要著作为德国人接受帝国主义政策作了准备,但还有另一项

工作有待完成:那就是书写一部歌颂霍亨索伦家族丰功伟绩的历史。

要创作这样一部著作,需要的不是辩论家,而是一位诗人、一位演说家,他应具备聚贝尔相当欠缺的火一般的热情。普鲁士的屡次胜利足以催生这样一位作者:这就是帝国主义思潮的旗手海因里希·冯·特赖奇克,我们马上就对他进行考察。

注 释

〔1〕 第一部著作题为 *Geschichte der Revolutionszeit*,五卷本,杜塞尔多夫,1853—1871;该著的英译本题为《法国革命史》(*History of the French Revolution*, London, 2 vols., 1867),译者是 W. C. 佩里(Walter C. Perry)。另一部著作题为 *Die Begründung des deutschen Reiches*,七卷本,慕尼黑,1889—1896。

〔2〕 1895 年 8 月 6 日《新自由评论》(*Neue Freie Presse*)上的讣告文章。另见 P. 弗里德里克:《德国大学的历史教育》(P. Fredericq, *L'Enseign. De l'his. dans les Universités allmandes*)。

〔3〕 "民族自由派的观念",经济学家施默勒正确地指出,"是普鲁士贵族旧的封建思想与莱茵自由派思想的结合。聚贝尔是这种温和的莱茵立宪主义在学术上的倡导者,其中带有某种中产阶级和贵族色彩(Kaufmännisch-aristokratische Farbe,商业-贵族色彩)"。也许施默勒还可以补充一句:"他具有最强烈的新教特色,这与莱茵天主教徒具有平等色彩的自由主义形成对立。"

〔4〕 "一个真正的历史学家",他说,"应该同时具备三个条件:他应该是具有批判眼光的研究者,一个具有政治意识的人,一个长于表达的艺术家。"

"就研究而言,历史学家应将全部的个人情感搁置在一边。"

"为理解历史事件的根本意义,主观见解必定总是最有效的。"

"最后,从艺术的角度看,'一个故事之所以产生影响,'总是得依靠历史学家的'艺术家特质'。"

参见《历史杂志》(*Historische Zeitschrift*),第 56 卷,484 页,关于 G. 魏茨的论文。

〔5〕 曾其是统治阿勒颇和摩苏尔的基督教国王(1128—1146),努尔丁和萨拉丁是阿拉伯世界的领袖。——译注

〔6〕 乌尔班指的是发动十字军东征的教皇乌尔班二世,鲍德温家族是曾统治耶路撒冷的基督教王族。——译注

〔7〕 “The History and Literature of the Croisades”,由 Duff Gordon 从德文译成英文(1861),125—126 页。聚贝尔后来经常复述这些看法。“今天”,他在另一篇关于十字军的论文中说,“已经不再有中世纪的那种天国与尘世的对立:宗教之完善不能指望从克己禁欲中实现,它只能通过对尘世事物的正确运用来实现”。又说:“但我们现在还在重复圣伯纳德(St. Bernard)的话:‘最好与内心罪恶的欲望斗争,而不要去征服耶路撒冷。’”(《历史散论》[*Kleine historische Schriften*],第二卷,103 页)他在另一处还说:“在中世纪,人们蔑视科学和艺术……由于当时通行的思想倾向的影响,祖国、国家、公民义务全都缺乏吸引力、没有价值:它们属于尘世,是世俗的、充满罪孽的。当时连这样一种简单的意识都没有:行动和工作的人也是在侍奉神,而这样的意识本来可使人欣慰坦然地感觉到神的永在。但这种意识对当时的人来说是不够的,他们企图以自己的感知来把握神。”

〔8〕 历史学家特赖奇克在很多方面与聚贝尔一样的片面,但他也意识到,聚贝尔经常因为爱国主义激情而走得过远。他这样评论聚贝尔的《德国君主制之起源》:“聚贝尔具有构建历史的哲学思维的倾向,他将所有历史时代都置于同一线索之下,但这些时代之间的承接并不那么自然;他有时过于草率地将 18 和 19 世纪的一些倾向归因于中世纪。这是他的著作的缺陷,虽然这本书中没有史实的错误,错误的判断很多。”希曼:《特赖奇克》,229 页。

〔9〕 特赖奇克:《19 世纪德国史》, 第五卷,335—336 页。

〔10〕 这部小册子是跟波恩大学的一位东方学学者奥托·基尔德麦斯特(Otto Gildemeister)合作写成的。

〔11〕 《历史散论》,第二卷,389 页。

〔12〕 他说:“当时我决心写一篇短文或一本小册子,以向人们解释,法国大革命由于其共产主义倾向而将下层人民置于何等悲惨的境地。”《巴黎研究》(*Paris Studien*),303 页。

〔13〕 《法国革命史》,第四卷。

〔14〕 历史学家埃里克·马尔克斯(Erick Marcks)在一篇关于聚贝尔的出色评论中指出,这部历史是“对这个民族的政治教育贡献最大的作品,虽然这项工作本身很困难”。

〔15〕 他参考了议会的会议记录手稿,而《导报》往往对这些手稿进行了篡改和删

节,他还参考了各城镇和乡村关于自治运动的记述,以及救国委员会和公安委员会关于巴黎公社的记录,这些努力都取得了不错的效果。很多这类材料后来在1871年的巴黎公社期间被焚毁。

〔16〕“一个外国人”,他在这部著作的序言中说,“不大会有对某种可爱的错误执迷不悟的危险,也不大可能受不准确、乃至危险的观点的诱惑”。

〔17〕《经济状况》(*Oekonomische Verhältnisse*),第二卷,第四章。

〔18〕《法国革命史》(W. C. 佩里英译本,1867),第二卷,198。

〔19〕他说:“我试图阐明历史事件中某些迄今尚不清晰的方面。我特别专注于法兰西共和国的财政和经济状况,以及法国与欧洲其他国家的关系。”

〔20〕《现代法国的起源》(*Origines de la France contemporaine*),第2、3、5卷。

〔21〕A. 索雷尔:《欧洲与大革命》(A. Sorel, *L'Europe et la Révolution*),1889年第二版,第二卷,145—146页。

〔22〕“巴黎的大部分中产阶级”,他在1870年后发表的题为《我们能从法国学什么?》(*What Can We Learn from France*)的有趣的小册子自中指出,“都以勤勉、活跃和谦逊的品位见长。当我们在报上看到那些有关丑闻的报道、当我们看书、看戏、上餐馆时,我们务必不要忘记这一点。因为在这些场合下,你不可能发现有关健康的私人生活和持续而努力的工作的暗示……这些努力工作的人们构成法国公民的大多数,丑闻在他们中间不会引起兴致”(6页)。

〔23〕他在一篇很有意思的论文中对法国人和波兰人做了对比:“跟波兰人一样,法国人也是躁动不安、朝三暮四、捉摸不定,法国人的感知力也是非常强烈的。他们的情感非常活跃,这使他们成为十分细腻的艺术家,能够体验到审美和感官方面的愉悦。在宗教方面,他们也像波兰人一样,无法认识德国人的个别的内在的情感。对他们而言,宗教就是一些外在的仪式,人们在履行这些仪式的时候无须为自己与生俱来的轻浮、盲信和不宽容感到不便。”见《德国评论》,第一卷,17页。

〔24〕转引自埃里克·马尔克斯:《聚贝尔研究》(*Study of Sybel*)。

〔25〕1791年6月,路易十六一家出逃,在法国东北的瓦楞被拦截。时代在法国西部,普罗旺斯在南方。——译注

〔26〕他自己也充分认识到,这些看法只是推测,“一切都还不确定”,他说。

〔27〕波舍内的这部两卷本的著作名为《路易十七:生平、末日和死亡;王室在坦普

尔的囚徒生涯》(*Louis XVII : sa vie, son agonie, sa mort. Sa captivité de la famille au Temple*, Paris, 1852)。——译者

〔28〕 特尔诺(1808—1872)著有 8 卷本的《恐怖史》(*Histoire de la Terreur*, 1862—1881)。

〔29〕 《法国革命史》(英译本),第三卷,82、83 页。

〔30〕 《法国革命史》(英译本),第一卷,380 页。1871 年,该书出版了第五卷,这卷的序言最鲜明地表现出聚贝尔既定的反法主旨。不过这时战败的法国已不再构成他的国家的威胁了。"1870 年后",他说,"我们德国人在看待法国的政策转变时,心态要比德国的分裂时代平静多了。战争的威胁已随拿破仑的战败而去了。法国思想观念入侵的危险(如 1789、1830 和 1848 年)也大为降低。我们国家的进步与法国 1789 年后的进步大不一样。我们的帝国是民族性原则的产物,这个原则与法国大革命中错误的平等理想水火不容。法国人的平等观念否认任何个体存在的权利,无论此种个体是民族还是个人。吉伦特派所谓的全人类的解放、拿破仑的世界征服,都无非是对这一基本原则的合乎逻辑的应用,但即使是在法国,这个原则也窒息了个人的自由发展。而民族性的原则奠基于根本不同的理念之上——这就是,个人自由只有在政府的保护之下才能存在,这个政府的首脑以人民的语言说话、他们与人民有同样的思想、能感觉到后者的心跳。……政府的基础即对个人的尊重:故自由和权威的完全和谐就是民族性原则的结果。毋庸赘言,德意志将清除国家中那种虚妄的平等和自由放纵,因为德意志深知,在这个专制主义的赘疣下面,掩藏着教会和独裁的激进主义,而耶稣会士和巴黎公社就是二者最鲜明的例证——这些赘疣难道不是实现自由国家的障碍吗?"(《法国革命史》,第五卷,序言,viii, ix 页,1871)

〔31〕 在《法国革命史》的最初几版中,聚贝尔在序言中公开抨击奥地利。后来他删去了一些较为激烈的说法,不过维也纳并没有忘记他的攻击。没有多少普鲁士人——他们有些人被维也纳称为"小德意志历史的制造者"——像聚贝尔那样受到多瑙河边的人们的憎恶。当他去世时,《新自由评论》说,聚贝尔遭受的这种仇恨完全是他自己造成的。"作恶终遭更大的恶报。"见聚贝尔:《历史散论》,第二卷,8 页,他对奥地利历史学家 Vivenot 的猛烈抨击。

〔32〕 同一个聚贝尔在解释腓特烈二世进攻玛丽亚·特丽莎(Maria Theresa)时这样

说:“这位普鲁士国王之所以要占领西里西亚,那是因为他想让德意志再生,并以一个牢固而持久的联邦来取代就的宪法体制。”

〔33〕 聚贝尔(1856—1861)。

〔34〕 特赖奇克(1864—1866)。

〔35〕 1847 年,豪伊瑟在海德堡创办了一家报纸——《德意志报》(*Deutsche Zeitung*),当时所有自由派都曾为这家报纸撰文:达尔曼、贝泽勒(Beseler)、盖维努斯。豪伊瑟极为看重普鲁士从精神上征服德意志的价值。1864 年,他抗议兼并石勒苏益格、荷尔斯泰因两公国,他说,这样做会削弱普鲁士的精神威望,而在德意志其他邦国面前,普鲁士需要这种精神威望。

〔36〕 接替他在海德堡的位置的历史学家是特赖奇克(1867)。特赖奇克具有同样的雄辩口才,但其普鲁士倾向更为狭隘,不过当时他还是个自由派。

〔37〕 德文版:*Gesch. Deutsch. Seit dem Tode Friedr. des Grossen*(《腓特烈二世去世以来的德国史》), Berlin, 1854-5, 7 vols. 。特赖奇克称这部历史是“19 世纪德国史学中的一块瑰宝”,不过特赖奇克指的是该书的思想,而非其形式。

〔38〕 *Geschichte der preussis. Politik*, Berlin, 1855-76, 12 vols.

〔39〕 德罗伊森是历史学中黑格尔主义的卓越代表。在他早期的著作《亚历山大大帝史》(*History of Alexander*)和《希腊化史》(*History of Hellenism*)中,他试图直接运用其导师的理论,以证明亚历山大大帝是“将希腊文明传播到全世界的使者”。这位在情感上最亲普鲁士的学者认为普鲁士与马其顿类似,它注定要为文质彬彬(gesittet)但政治上无力的德意志建立马其顿曾为希腊创下的功勋。他说:“希腊人自己无力实现民族统一:无论是雅典、斯巴达、还是底比斯,都没有能力领导统一运动。希腊人彼此之间处于持续不断的竞争状态。‘城邦’观念支配了他们的头脑。他们还没有考虑到希腊的伟大。希腊对于他们毫无意义。所以必须有一个人注意到这一点,将他们的文明组织起来并传遍世界。”他还补充说:“如果德谟斯梯尼取得胜利,除了那种可悲状态的延续之外还能有什么结果呢?”

〔40〕 弗里德里克:“论历史学的高等教育”,《比利时公共教育评论》(P. Frédéricq, “De l’enseignement supérieur de l’histoire,” *Revue de l’Instruction publique en Belgique*),1882 年,第 25 卷。

〔41〕 德罗伊森在耶拿创办了一个专门研究普鲁士历史的史学讲习班。

〔42〕《近代史论文集》,“德罗伊森”(*Abhandlungen aus der neueren Geschichte*, “Droysen”),350—390 页。

〔43〕为此他写了《约克传》(*Life of York*),约克是解放战争期间的一位英雄。

〔44〕他父亲见他具有这么多的优秀品质,便像 Thomas Diafoirus 一样预见到儿子的聪慧。“从耐心、坚韧和条理性来说,他无可挑剔”,老德罗伊森这样说。(译者按:Thomas Diafoirus 是莫里哀的喜剧《无病呻吟》中一个爱摆弄学识的医生。)

〔45〕另一位具有同样的思想倾向的历史学教授是马克斯·邓克尔,此人先后在哈雷、蒂宾根和柏林任教,后来担任普鲁士档案馆主任。在聚贝尔前往慕尼黑时,他对聚贝尔说起了大学历史学教授的使命:“前哨部队要比内卫部队重要得多。”作为一名达尔曼一类的自由派,他希望以自己的讲学来为推动“真正的德意志民族宪政国家的诞生”。像古斯塔夫·弗赖塔格一样,他也是王储、未来的皇帝弗里德里希三世的坚定朋友。他的著作有《加戈恩》(*H. v. Gagern*, 1850);《对外政策的四个月》(*Vier Monate ausw. Politik*, 1851);《封建制和贵族》(*Feudalität und Aristokratie*, 1858);《古代史》(*Gesch. Des Althernthums*,1852-1857);《腓特烈二世时代论集》(*aus des Zeit Fried. Des Grossen*, 1876),最后一部著作最为出色,表述精确,文风谦和。

〔46〕巴伐利亚国王马克西米连(Maximilian)知道他的自由主义情感、他对教权至上论的仇视以及他对普鲁士的赞赏。在召他前来慕尼黑大学之前,国王曾踌躇日久。直到他与这位历史学家见面、后者向他陈述了自己的观点后,国王才决定让他前来。“在那次会面中”,聚贝尔说,“我向他解释了我在 1848 年何以逐步变成了一个‘哥达派’,而今天我何以认为一些大为不同的问题和趋向支配了这个世界。最后我说,我还是从前的我——一个温和的辉格派,从我对君主制一词的个人理解来说,我也是个君主派。”瓦伦特拉普:《传记引言》(Varrentapp, “Biographische Einleitung”),83 页。

〔47〕这场斗争即 1861—1862 年普鲁士的宪法危机,因民族自由派控制的议会否决政府的军事预算案而引起,1862 年俾斯麦上台后,政府不顾议会的反对强行推行自己的计划。——译注

〔48〕转引自瓦伦特拉普书中的信件,126 页。

〔49〕这些论文及他去世(1895)前发表的其他作品,后来由斯图加特的 Cotta 出版

社编成三卷本的文集出版,名为《历史散论》(*Kleine historische Schriften*)。

〔50〕 1857 年 5 月的信件,见瓦伦特拉普前引书,87 页。

〔51〕 后来,同样的情况也出现在特赖奇克和鲍姆加登(Baumgarten)的著名争论中。这份刊物公开站在特赖奇克一边,虽然学术上的真理是在另一边。历史学家鲍姆加登(1825—1893)也是个民族自由派,同样支持普鲁士的霸权,不过从未放弃自己的自由主义信念。关于他同特赖奇克的争论,见埃里克·马尔克斯:《H. 鲍姆加登:生平画像》(*H. Baumgarten, ein Lebensbild*, Munich, 1893)。

〔52〕 "18 世纪德国和丹麦的法律关系和力量对比"("Rechts- und Machtverhältnisse Deutschland und Danemark"),见《历史散论》,第二卷,108 页。

〔53〕 《历史散论》,第二卷,332。

〔54〕 1870 年 8 月 4 日给鲍姆加登的信。

〔55〕 1867 年,聚贝尔写道:"自由派曾企图撤换外交大臣,以此作为他们支持政府的条件,但他们犯了一个大错误。敌人也许很快就会教训他们认识到自己的错误。在普鲁士的威名被埋没 50 年之后,那个果敢的天才再次使得普鲁士让全世界敬畏和恐惧,还有哪件事比他的到来更值得欢欣鼓舞的呢?民族自由派可以在维也纳和法兰克福明白这个道理的"(瓦伦特拉普前引书,125 页)。

〔56〕 "Die Begründung des Deutschen Reich durch Wilhelm I vornehmlich nach den preussischen Staatsakten"(《德意志帝国的创建:尤其侧重于威廉一世时代的普鲁士国家行为》),7 卷,慕尼黑-莱比锡(1889—1895)。

〔57〕 瓦伦特拉普前引书,130 页。

〔58〕 《俾斯麦》(*Bismarck*),序言, xii.

〔59〕 《德意志帝国创建史》,第三卷,30 页,第四卷,81 页。

〔60〕 同上书,序言。

〔61〕 俾斯麦也说:"当大多数刺刀站在自己一边时,最蹩脚的论据也是漂亮的。"不过,普鲁士的国王们总是极为在乎自己的面子。当弗里德里希·威廉三世在法国的默许下进攻上巴伐利亚的纽伦堡时,聚贝尔告诉我们说,这位国王一直没有下定决心,直到他对自己档案做了一番深入研究:他在档案中发现,一些可追溯到 15 世纪的权利证明可以用作反对其邻近世家——帝国骑士和纽

伦堡城——的依据。在这之后他才采取行动。聚贝尔还惊诧地指出:“如果不是因为维也纳和柏林之间已经出现过战争状态,那么双方的指责和控诉可能不会这么激烈。”

〔62〕 在《历史散论》(第四卷,184)中,他这样评论对西里西亚的征服:“促使腓特烈二世采取这一征服行动的并非出于扩张领土的欲望,而是为了维护欧洲的和平的愿望。几乎不必在意腓特烈本人的那些话:‘我的国家需要一个躯体,所以我占领了西里西亚’,或者‘一个年轻而生气勃勃’之类的说法。”

〔63〕 19世纪初出现在法国木偶剧中的一个著名丑角形象,机敏、勇敢、诙谐,深受孩子们的喜爱。——译注

〔64〕 在这些识时务的王朝法学家中,有一个来自柏林的赫尔文(Helwing),此人支持霍亨索伦家族对于这两个公国的王权。“这个看法用意颇佳”,特赖奇克嘲讽道,“但不幸的是它并不可靠”(特赖奇克:《德国史》,v. 579)。

〔65〕 伯恩哈迪:《关于易北河诸公国的争论》(*Der Streit um die Elbherzogthumer*),163页。

〔66〕 丹麦的王族。——译注

〔67〕 关于这个问题,参阅伯伊斯特(Beust)的报告。

〔68〕 给阿尔宁伯爵的信。

〔69〕 1862年12月22日的信件。

〔70〕 相比而言,历史学家特赖奇克的表白则要坦白得多,他斥责“那些鸡毛蒜皮的阴谋以及外交官们或笨拙或高明的手腕,这些人企图让我们相信霍亨索伦家族对这两个公国的所谓权利,”而不是坦白事情的真相,而真相就是,“我们不想要另一个王朝……荷尔斯泰因居民的地方主义色彩已经太浓了:……问题的关键是这片德意志土地的繁荣,这地方必须成为乐土,不管它自身愿不愿意……石勒苏益格北部的日耳曼化迫在眉睫……最后,普鲁士应该兼并这个地区,以便能够推行大德意志政策”(《德意志斗争的十年》,9—26页)。

〔71〕 《德意志帝国创建史》,第四卷,105页。

〔72〕 同上书,第五卷,212页。

〔73〕 同上书,第五卷,253页。

〔74〕 同上书,第七卷,234—416页。

〔75〕 发生在1859年6月24日,法国和撒丁王国的联军在索尔福里诺(意大利北部

的一个村庄)击溃奥地利军队,这次战役是自1813年莱比锡会战以来欧洲规模最大的战役。——译注

〔76〕　聚贝尔为我们讲述了其中的细节,而这些细节此前不为人知或尚未被提及。在这一点上,俾斯麦的外交与腓特烈二世惊人的相似。当他写信给驻巴黎的大使格尔茨(Goltz)、告诉他"继续欺骗法国人"时,人们大概认为俾斯麦听到了腓特烈二世在背叛法国人时说过的话:"始终对那些老笨蛋保持微笑。"参见给伯德威尔斯(Podewils)的信,《政治通信集》(*Politische Correspondenz*),第一卷,99页。

〔77〕　聚贝尔引述了他与拿破仑三世的一次最有趣的会面,他曾于1867年在巴黎见过后者,当时他正在那里为他《法国革命史》而忙碌。"俾斯麦想愚弄我",拿破仑说,"而一个法国皇帝是不能上当的"。若要纠正聚贝尔在整个问题上的看法,可参阅罗堂(Rothan)的著作《卢森堡问题》(*La question du Luxemburg*),洛夫托斯爵士的《外交回忆录》,第二系列,第一卷,171、284页。

〔78〕　关于这个问题及普法战争的起因,可参阅《新编剑桥世界近代史》第10卷第22章,"普法战争的起因和德意志的再造",中国社会科学出版社,1999年,789—825页。——译注

〔79〕　莫里茨·布施最近透露的情况让人丝毫不应怀疑这一点。他说:"俾斯麦曾坦言,候选继承人问题是他给拿破仑布下的圈套,他还补充说,无论是威廉国王还是王储都丝毫没有觉察到这一手腕。"

〔80〕　《罗马尼亚国王查理生平》(*Aus dem Leben König Karl's von Rumanien*, Stuttgart, 1894, ii)。

〔81〕　俾斯麦给普里姆的信件是由洛塔尔·布赫尔(Lothar Bucher)带往马德里的。见莫里茨·布施的《回忆录》。另可参阅《普鲁士年鉴》(*Preussische Jahrbücher*),1895年10月,28页;洛夫托斯爵士的《外交回忆录》,第二系列,第一卷,284页。译者按:普里姆(Juan Prim, 1814—1870),西班牙将军、政客。1868年,西班牙国王伊莎贝拉二世的统治告终后,他曾为挑选国王的事宜而奔忙。

〔82〕　贝内德蒂(Benedetti, 1817—1900),法国外交官,时任驻柏林大使。——译注

〔83〕　《我在普鲁士的使节生涯》(*Ma Mission en Prusse*),308页。

〔84〕　《德意志帝国创建史》,第七卷,245页。洛夫托斯爵士的《外交回忆录》,第二

系列,第一卷,291 页。

〔85〕 见《罗马尼亚国王查理生平》,第二卷。

〔86〕 普里姆纯粹是个工具,有件事可以证明这一点:他曾在未经请示的情况下向法国驻马德里大使说:"让我感到宽慰的是,提名这个候选人并不是我的主意:他是被安插给我的。既然这个提名是完全安排好的,以我目前的处境,我难以拒绝"(《德意志帝国创建史》,第七卷,262 页)。

〔87〕 作者也说,在俾斯麦看来,西班牙问题的局面在好转(我认为这个说法表明,他并不一味认为事态的原因在于人物的看法的任意性)。"政府刚刚严厉镇压了两次骚乱,人们可以期待更稳定的未来了。"

〔88〕 埃姆斯电报是普鲁士国王于 1870 年 7 月 13 日发给俾斯麦的,内容是关于国王同法国大使就霍亨索伦家族的列奥波德亲王继承西班牙王位事宜举行的会谈,当晚俾斯麦对电报作了删改,随后便在柏林街头散发,消息很快传遍欧洲。——译者

〔89〕 勒伯夫(Edmond Leboeuf, 1809—1888)元帅时任法国军事大臣。——译注

〔90〕 转引自 W. 武亨:《皇帝威廉一世时代》(W. Ouchen, *Zeitalter des Kaisers Wihlelm I*),第一卷,792 页。另见洛夫托斯爵士《外交回忆录》,第二系列,第一卷,194 页;德·帕里约:《关于第二帝国历史的思考》(De Parieu, *Considér. sur l'histoire du seconde Empire*, 1873),22 页。

〔91〕 《日内瓦报》(*Journal de Genève*),1895 年 2 月 13 日。为俾斯麦的"伪作"而辩解的人并非无名小辈。"蒙神恩赐,那只手划去那几行文字,"汉斯·德尔布吕克说。"……如果这件事没有成功,俾斯麦会找到另一个机会的……一个优秀外交家的箭囊里总会有好几支箭。"《普鲁士年鉴》,第二十九卷,739 页。

〔92〕 《德意志帝国创建史》,第二卷,143—145 页。

〔93〕 《德意志帝国创建史》,第二卷,282—283 页。

〔94〕 我么可以看看他在第五卷第 104 页及以下文字中对毛奇战略的描述:"毛奇深知,在远方无法掌握一切细节。所以他激发起部下的主动精神,而这种做法的影响在部队的全体官兵中都能感受到……在战争开始时,他仅仅是发布全局性的命令,而他对细节的预见并不总是那么准确,"等等。

〔95〕 《德意志帝国创建史》,第一卷,251 页。

〔96〕 拉多维茨(Joseph von Radowitz, 1797—1853),普鲁士将军和政治家,曾倡导

德意志君主通过谈判实现普鲁士领导下的统一,1851 年曾担任普鲁士外交大臣。——译注

〔97〕 转引自阿尔弗雷德·冯·爱波斯坦男爵:《关于聚贝尔德意志帝国创建史的评论》(Baron Alfred von Eberstein, *Kritische Bemerkungen über H. von Sybels Begründung des deutschen Reiches*, *Wiesbaden*, 1890)。

〔98〕 序言,vii 页。

〔99〕 他在历史批判方面做得最为成功,虽然他对描写的事物不加修饰。他笔下的人物有一点漫画色彩,不过还是能反映出其轮廓。下面几句话便相当成功地勾勒出了人物形象:"马堡的拜尔霍夫(Bayrhoffer)教授是个不起眼的小个子,鼻子尖尖的,声音细小;此前他对这个世界一无所知,除了黑格尔的逻辑;这时他抛弃了黑格尔的逻辑,完全沉浸到罗伯斯庇尔的学说中,其专注的程度像从前一样。"(《德意志帝国创建史》,第一卷,210 页)

海因里希·冯·特赖奇克(1834—1896)

第四章

海因里希·冯·特赖奇克

254

1875—1895年，柏林大学的教席上出现了一位奇特的人物：他像个布道者，或者说像个使徒，其使命就是宣扬霍亨索伦制度的优越性。在这一布道工作中，他运用了大量的具体形象、丰富的表现形式，这与其使命的枯燥乏味形成鲜明对比。他的语言激情迸发，让人想起托马斯·卡莱尔，但他言谈之粗俗又使他的一位听众向我们担保说，他一半的言辞都绝不能见诸文字。

这个人叫海因里希·冯·特赖奇克，普鲁士国王陛下的传记史学家，柏林大学的当代史教授。

讲坛上的特赖奇克身材魁梧高大，面容可人，且带有相当严肃而和善的特征，明亮的目光中闪烁着诚实，总之，他给人的印象极好。但一旦他开口之后，你会觉得很不自在：他的嗓音沙哑刺耳，忽高忽低，感觉是嗓子被勒住了，很像聋哑人喉咙里发出来的声音；他的动作千篇一律："他总是不停地摇头，好像有什么神经病"[1]；他说话总是结结巴巴，似乎从来 255
不注意断句和停顿，一句话说到一半时会奇怪地堵住，好像这位演讲者需要突然停下来喘口气一样。你也许感到奇怪，他这样做到底什么意思。最终你会找到谜底：这位演讲者是个聋子，他听不到自己说话。

但是他的课堂上依然座无虚席，掌声如雷。当你克服了最初的怪异印象、开始习惯他那有缺陷的发音器官后，你会十分眷恋他的谈吐。当然，他不是个纯粹的演说者。他毫无雅典或西塞罗的作风。他曾这样谈论自己的口才："我无法流利地说话，这对我的听众来说不是件轻松的事。但至少他们在我的课堂上绝对听不到任何肤浅无聊的东西。我的言谈发自内心，我必须把希望寄托在这一点上。我绝不是个出色的演讲者，报纸上那些愚蠢的颂词根本欺骗不了我。"[2]

虽然特赖奇克不是个流利的演说者，但他能以论证的力量和新颖的表现形式吸引人们。没有人像他那样洞悉吸引听众的秘密。大学生、军官和官员纷纷前来听他的讲座。但他的课堂上唯独没有妇女，因为这位普鲁士人对女性的看法似乎与叔本华相近[3]，而且其表达方式之粗鲁颇得那些条顿年轻人的欢心。

他之所以会成功，其原因在于他的演讲始终激情澎湃，语调"昂扬"，人们从中能感受到一种炽烈的爱国热忱，感受到1870年嘹亮号角的回
256 声。他的课堂上始终回荡着这种基调。特赖奇克确实也生活在普鲁士伟大胜利的反响中。

除了这种昂扬的基调外，他还具有最不同凡响的表现才能。这个听力欠佳的人却有一双锐利的眼睛。在描绘迷人的风景时，他会提醒人们注意曾发生过历史事件的地点——城镇、原野和战场。

他向我们讲述科隆和它那雄伟的大教堂；莱茵河边忧郁而骄傲的波恩，还有环绕着它的七座山丘；海德堡的城堡"爬满常春藤，城楼仿佛矗立在鲜花树丛中"；德累斯顿的居民"一半是本地人，一半是外来游客"，是个风格独特但和谐美丽的城市；埃尔茨山上的"选帝侯城堡悬在峭壁上，山上的小镇房子很漂亮，紧靠着山丘的斜坡，作坊里回荡着织工和钟表匠劳作的声响"；施瓦本"景观多姿多彩，有地势高亢的莽原、覆盖着森林和茂盛葡萄藤的山间谷地"[4]。

这位演讲者善于将历史活生生地再现出来，听他讲课时，你肯定会以为他是个作家。你的猜想当然没有错。1879年后，他开始字斟句酌地创作一部巨著——《19世纪德国史》，该书共五卷，一直讲述到1848年。

通过这部著作，特赖奇克给了他的同胞那时尚欠缺的东西：一部笔调
257 通俗活泼的民族历史。作者描绘的画面有时过于绚丽。书中到处宣扬极

端的亲普鲁士立场，其粗暴露骨会让你震惊。从第一行到最后一行，你都能品味到一种战斗的气息。毫无疑问，这在很大程度上有助于该著作的成功，因为帝国时代的德国已在厉兵秣马。这个德国很快就在特赖奇克那里发现了自己的历史学家。

但大学人士较晚的时候才承认到该著作的优点。

大学学者一般不太看重文学性太强或以外在形式吸引读者的著作，他们最初在这部著作中只看到它的片面和夸张之处。[5]稍后他们的态度转变了。今天的人们可以说，这些学者之所以把特赖奇克抬到近乎神的高度，也许是希望为早先的怠慢开脱。这位历史学家辞世之际[6]，四面八方都响起了夸张的颂扬声。为了给他立一个纪念碑，当时还成立了一个委员会，俾斯麦亲王担任主席。在这些人的言谈中，这位普鲁士历史学家的风头盖过了德国所有的史学家。他们忘了，在历史研究的学术领域，还有比他更伟大的人物，列奥波德·冯·兰克就是其中之一。

确实，作为一位艺术家，特赖奇克无与伦比。从表达形式的魅力上说，德国无人可与他匹敌。除此之外，他还是普鲁士史学中最杰出的代表。

泰纳也许会说，特赖奇克是普鲁士史学家中最典型的代表。作为这
个群体的最后一个，他的先行者的所有优点和缺陷都总结于他身上。他 258
继承了前辈们的精神、他们的思想倾向，并以最高的水准继承了他们的方法。他是这个群体中反响最大的一位，其影响扩展的领域也最为广泛。研究他就是熟悉德国统一史中最强有力的、从形式上说也是最鲜明的一个因素。

一

特赖奇克是伟大的普鲁士史学家，但从出身和教育背景上说，他并不是普鲁士人。他出生在一个古老的萨克森贵族家庭，这个家庭从情感上说具有强烈的地方主义和保守主义色彩[7]；他的父母深深眷恋着自己的

国家和国王,他自己也说,童年时代滋养他的仅仅是"萨克森祖国的甜美乳汁"。不过他的母亲是在民族独立战争期间长大成人的,她的梦中只有那个时代的英雄——比洛夫(Bülow)、布鲁赫尔(Blucher)、格奈泽瑙——因此母亲培养了孩子们的德意志爱国主义情感。她教孩子们阅读当时战士诗人的著名诗篇:

> 祖国啊,我注定要沐浴在你的光辉中。
> (Vaterland, ich muss versinken
> Hier im deiner Herrlichkeit.)

这种德意志爱国主义激情是特赖奇克心中最激烈的情感,但它怎样与普鲁士政治合二为一呢?他在学校接受的教育便能解释这一点。

259 教导普鲁士观念的使徒不仅仅是大学中才有,中学里也有这样的人。1849 年,特赖奇克在德累斯顿的老师波迪格尔(Böttiger)博士就是这样一个人。这位博士教导他的学生,不要相信当时德国激进派的教导,不能把法国看作自由的典范国度:恰恰相反,"没有什么比法国人的精神更危害自由"。为了证明这一点,这位博士还以聚贝尔的方式教授学生法国革命史。

这样的教学内容完成后,他又向学生们揭示说,只有国家才能给予德意志欠缺的东西——自由和统一;为此他又给学生讲解普鲁士历史。

特赖奇克在这些课程中收获很大。当他 14 岁时,1848 年的危机达到了顶点,当时他一度有共和主义倾向。当然他没有像自己的同学那样激进,他说这些人"胸前挂着罗伯特·布鲁姆[8]的画像,此人乃献祭给暴政的基督",他还告诉我们,他祈祷法国的卡芬雅克将军[9]能够当选。但一年之后情况变了。受命纠正其观点的波迪格尔老师使他转向了别的思想观念。

在 16 岁的时候,特赖奇克开始激烈抨击"法兰克福议会的种种错误",并严厉谴责"弗里德里希·威廉四世的灾难性政策,由于这位国王拒绝承认帝国宪法,激进派才有了攻击他为叛国者的口实"[10]。

这位年轻人在大学里完成了政治教育。像德国人通常的做法一样，特赖奇克也上过很多大学，从1850年到1855年，他先后在波恩、莱比锡、 260 蒂宾根、海德堡和哥廷根就读。他在波恩待的时间最长，在那里他碰到自己的导师、历史学家达尔曼，他说此人对他的人生产生了“最具决定意义的影响”。

达尔曼教授留给德国的是他的名声而不是他的著作，不过与对其教学内容的回忆比起来，他的名声又算不了什么；他是那种性情冷淡、相当教条固执的人，喜欢通过历史来解决政治问题。他是个狂热的德意志爱国主义者，一个普鲁士人——如果出身上不是，至少在趣味和理想上是[11]。起初他在基尔大学任教，他称这所大学是“德意志文化在北方的前哨站”，并要唤醒这里的人们不要忘记“他们的德意志的民族情感”。

但他最初的努力并不成功。当他试图证明“石勒苏益格和荷尔斯泰因是德意志的土地”时，两个公国的居民并没有被他说服。他们奚落了这位教授，正如他们后来奚落他的一位同事威尔克(Welcker)博士一样，后者曾希望在基尔大学庆祝莱比锡战役二十周年。基尔大学的学生是丹麦国王陛下的忠实臣民，他们对这样的举动感到不满：他们没有纪念莱比锡战役，而是庆祝一场不为人知的战役——谢斯泰特战役，在这场战斗中，几支丹麦部队击溃了德国人和瑞典人的联军。

尽管如此，在基尔，达尔曼教授仍是普鲁士观念最热情的布道者之一，而他播下的种子最终结出了果实。

后来他又在汉诺威的哥廷根大学传播亲普鲁士的观念，他还是这所 261 学校中被国王恩斯特·奥古斯特(Ernst Augustus)开除的“七贤”之一，因为这七个人抗议取消国王的兄弟颁布的宪法。几年后他到了波恩，并在那里进行了卓有成效的活动。特赖奇克就是1852年在波恩遇上他的。

达尔曼就是后来人们所称的民族自由派，他竭力反对法国思想观念的影响，并主张在德国建立以普鲁士为领导的自由帝国。[12]

1848年，他曾一度认为这个时刻到来了。作为法兰克福议会的议员，是他起草了著名的帝国宪法，后来这部宪法受到俾斯麦亲王的器重，亲王在起草北德意志联邦宪法时复制了它。[13]但是,1848 年事业的失败给这位历史学家造成了他从未平复的忧伤之情。在波恩退休之后,他在给朋友盖维努斯的信中写道:“这个世界上最好的建议,如果它来自一个没有可支配的武力的人,那么它对我们便毫无用处。运筹帷幄者应首先显示自己的力量,不管他来自何方。”

就在等待这个人出现的时候——而达尔曼确信他会出现——他试图让年青一代为这个人的到来做好准备。作为一名卓越的演说者,他具有
262 进行思想交流的热情。在他的演讲中,最让人震撼的是他信念的力量。这是他影响年轻一代的原因所在。他以自己无可指责的一生和至为高尚的品行为榜样,向年轻人传播他的信念。特赖奇克在一篇献给他导师的出色论文中说道:“不止一个年轻人在与这位老人的交流中懂得了这句名言的意义:‘知识使人高贵。’”

特赖奇克是最早受达尔曼影响的人之一。他说:“从我遇上达尔曼的那一天起,我就清楚地懂得我该做什么,而且我立即便开始行动了。”[14]

在与达尔曼的交流中,他首先获得的是从道德观点来看待人生的方法。

特赖奇克很年轻的时候就为自己树立了很高的人生理想。15 岁时他写道:“永远正直、诚实、讲道义;做一个人、一个对人类有用的人、一个有价值的人:这就是我的目标。”

他一直忠实于这个人生理想。他的通信自始至终都表明他是个本色、直率、充满热情的人,他十分执著于自己的原则,但对别人满怀善意。[15]他的一些举动为他的品德增添了至高的荣誉。

除此之外,特赖奇克是个生命力旺盛的人,能量充沛,生性活跃。他的乐观主义是粗暴强悍的乐观主义,而不是那种志得意满的静谧的乐观
263 主义,它是一个历经斗争、不被厄运击倒的人的乐观主义。在很年轻的时候他就证明了这一点。他的耳聋是个意外事件,是童年时的麻疹病遗留下来的。他以极大的勇气忍受着这一病痛。

在给父亲的一封诗体信件中，他写道："我以欣喜的目光凝视着敞开在我面前的道路，那是一条充满希望的幸福之路；我应该全力在这条路上走下去，在人生的风暴和嘈杂中坚定不移。"终其一生，特赖奇克都是个不懈斗争和有责任感的人。达尔曼教导他，祖国要求它的孩子做出各种牺牲。他决心将全部生命献给祖国。他需要鼓足勇气去担当这样的人生，因为这要求他牺牲自己最钟爱的兴趣。

特赖奇克具有诗人的气质，年轻时就显露出文学天才。他发表过两部诗集：《祖国之歌》（*Vaterländische Gedichte*, 1856）和《习作集》（*Studien*, 1859）。后来他还写过一部剧本。当时吸引他的还不是学术。由于自己长于形象思维，他宣称自己很难遵守政治和社会科学、法学和历史学的严格规则。他曾抱怨"受自我印象的控制太深"。但爱国主义最终支撑了他。他发誓要成为一名政治家和史学家，并且兑现了自己的诺言。他全身心地投入与其天性最为抵触的最枯燥的研究，最终他成功了。22 岁的时候，他的学术成就已经相当可观。

当特赖奇克成为一名政治史家时，他完全追随导师达尔曼的思想。 264
达尔曼是个亲普鲁士的自由派，他认为自由取决于权力大小，而不是民族的愿望，他还认为，霍亨索伦家族在德意志的使命就是给这个伟大国家带来宪政制度。

特赖奇克也成了一名亲普鲁士的自由派。1860 年他写道："只有作为一个宪政国家，普鲁士才能真正成为所有德意志人的中心。"

但即便是那个时候，我们也可以看到，他更多是个普鲁士派，而非自由派。虽然他确实不喜欢霍亨索伦国家依然残留的封建因素，虽然他对乡绅没有什么好感——"那些贵族带有根深蒂固的褊狭思想，他们充满偏见"——但这并不影响他把普鲁士看作德意志诸国中首屈一指的国家。他说："自威斯特伐利亚和约以来，德意志每件伟大的事业都是普鲁士完成的。"他还指出，"普鲁士的存在是德国人们最出色的政治业绩"。他进一步引申出如下结论："普鲁士的制度，它的法律、陆军、海军、邮政、电报和银行，都应该扩大到全德意志。"

作为历史学家，特赖奇克的第一个举动是为传播这些观念而工作。为此他写了一部名为《社会学》(*Gesellschaftswissenschaft*，莱比锡，1859)的小书。

社会学与普鲁士政治有何关系？这正是他要说明的。

当特赖奇克的这部著作发表的时候，德国所有的史学研究都因为史学方法的运用而经历革新：这首先发生在格奈斯特和叶林(Jehring)的法
265 制史研究领域，随后是罗雪尔(Roscher)的政治经济学研究，最后是尤里安·施密特的文学史研究。[16]所有这些史学家都得出了同样的结论，这就是，学术应该从民族的角度来研究。只有社会学游离在这场运动之外，特赖奇克决心填补这个空缺。在《社会学》中，他试图揭示“没有与社会相分离的政治学”，就是说，“民族生存中的每次努力都会同时导致政治、社会和宗教方面的改革”[17]。

说到底，这本书对他而言只是表达两个问题的契机：首先，民族性理论符合各民族的生物学状况；其次，普鲁士这个唯一具有“纯粹日耳曼特质”的德意志国家是个“核心”，分裂的德意志将再次围绕它团结起来。这就是他想要论证的。

令特赖奇克感到满意的是，在德国这样的国家，科学享有崇高声誉，人们可以接受任何事情，只要它被披上科学的光环。于是，在陈述社会学的原则过后，他指出，“普鲁士政治发展的阶段”已经由这门科学预测出来了。他的社会学还指出，“小国的君主制只能是一幅漫画”。在普鲁士在战场上解决石勒苏益格-荷尔斯泰因问题的前五年，特赖奇克就通过社会学解决了这个问题。他说：“从政治科学上讲，谈论德意志联邦就必须
266 指出，丹麦兼并石勒苏益格-荷尔斯泰因与奥地利兼并匈牙利何以是大不相同的问题。只有当政治科学意识到政治观念和民族观念之间不可分割的联系时，才有权去讨论我们时代的核心问题之一——这个问题就是民族性理论要论证的问题。”[18]

特赖奇克忠实地践行了这一诺言吗？看看他在别处对“纯科学”表现出的蔑视，你就不会这么认为了。就在他准备通过社会学来解决所有

政治问题的同时，他也在信件中抨击“旧的德意志学术对民族生活之发展所做的贡献微乎其微”。

他说：“德意志思考得太多了，现在该是它采取行动的时候了。”与这些观点相呼应的是，这位纯学术的伟大蔑视者在给父亲的信中写道：“我要观察人；去体验他们的生活，考察他们的技术和农业制度。”[19]

很显然，特赖奇克不喜欢学术，除非能从学术中得出某种好处。他总是为了政治和民族的目的而研究学术。他也不是在沉默之中研究历史，而是赋予历史研究以现实感。不管街头或战场上发生什么事情，他的课堂上立即产生反响。

特赖奇克对政治现实极为敏感。如果对他的思想观念做一个逐日跟踪，我们会感受到外部的影响。事态发展会改变他的看法，因此他很愿意成为公共舆论的引导者。阿克顿爵士的这番话用到他身上再贴切不过： 267
“他们将历史和民族命运联系到了一起，并使历史具有在法国之外所不具有的影响力；他们用历史营造了比法律还强大的舆论。”[20]

二

特赖奇克的教授生涯分为三个阶段，但长短和重要性各不相同。第一阶段可以被称为开端时期，从 1859 年延续到 1866 年，他的舞台依次是莱比锡大学和弗莱堡大学。第二个阶段是他在基尔和海德堡的岁月，一直持续到 1875 年。第三个阶段直到他 1896 年去世为止，包括他在柏林大学的任教生涯。

1859—1866 年之间，德意志最重要的政治事件是普鲁士的宪法危机及其同丹麦和奥地利的战争。当时的特赖奇克还是个自由派，他反对俾斯麦的政策，他认为这个人是“企图通过战争来减轻内部困扰的波林雅克式的人物。”在普鲁士宪法危机的关键时刻，特赖奇克公开反对普鲁士政府，为此他写了一篇论自由的文章，其中有言：“19 世纪任何新颖和卓有成效的创建都是自由主义带来的。”但是，即便在那个时刻，我们也不难看出，特赖奇克并不像约翰·密尔（John Mill）和拉布莱那样看待自由，虽然他认为自由本身有些可取的东西。

他只是在某些特定的条件下主张自由。首先，自由必须依赖于制度。
268 他说：“自由取决于明智地组织起来的民族生活方式和良好的行政体制，而不是议会权威。”简言之，他真正关心的是民族问题而非政治问题。关于这一点，他在1863年纪念莱比锡战役50周年的一次演讲中做了表述：“有件事情仍付阙如，这就是国家……我们的人民是唯一没有统一的立法机构、不能派遣代表参与强国大聚会的人民。在外国的港口，没有礼炮向德意志的旗帜致敬。我们的祖国在海上没有旗帜——就像海盗。”

在他的心目中，德意志的统一和强大要比政治形式更为重要。他只有一个渴望——德意志祖国。“德意志祖国”这几个词在他的演讲中反复出现，就像反复咏叹的叠句一样。而在1863年到1870年之间，他发表了难以计数的演讲。

他利用一切机会，如乌兰德、莱辛和费希特等诗人和作家的诞辰，歌咏或唱诗会的聚会等，以不同的基调来诉说：“我们还没有德意志祖国。只有霍亨索伦家族才能给我们祖国。”[21]他的纲领越来越清晰。他逐步清除所有的自由主义诉求，就像抛弃累赘一样，而保留下来的只有普鲁士：“我想要的”，他说，“是一个霍亨索伦家族统治下的君主制德意志，应排斥其他的王室，并由普鲁士进行兼并：但现在谁敢说这一切能以和平的方式实现呢？”[22]

269 特赖奇克总是以极大的热情宣扬这些看法。他对地方主义（Particularismus）的反对比谁都激烈。最奇怪的是，当时他是在位于萨克森地区中心的莱比锡大学、在丹麦战争的前夕毫无顾忌地表达这些看法的。在指控南德国家的外交官——如马尔库斯（Malchus）、旺根海姆（Wangenheim）、伯伊斯特（Beust）、普佛滕（Pfordten）等人——时，他斥责到：“他们就是外交界的雇佣兵，随时可以为任何国家服务，只要这个国家有可能满足他们的野心。”

伯伊斯特当时是萨克森的权臣。1862年，有人向他检举说，特赖奇克是个危险的敌人，一年之后这位历史学家离开这所古老的萨克森大学，就任弗莱堡大学现代史教授。

特赖奇克不仅反对地方主义，他同样是天主教的对手。南德的这所大学从气质上说是天主教的，在这里，他认为还必须进行另一场斗争。他宣布在最初的课程中讲授德国宗教改革史以及低地国家共和派的历史，按他的说法，后者也可称为尼德兰英雄和最古老的宗教宽容的家园的历史。[23]但这立即引起所有人的愤怒。弗莱堡的主教禁止他向天主教徒授课。特赖奇克进行反击，他将议题转向了教士——他称之为一帮僧侣（Pfaffen[24]），说这些人正策划反对他的阴谋。他抨击这些愣头愣脑的教权派的愚蠢，斥责这类神学家的虚伪实为诚实之人所不齿。

他依然坚持自己的立场。虽然他发现“这是一片特别难以种植的土 270
地”，“种子生长十分缓慢”，但他没有气馁。他后来说：“对我来说，这场斗争并非无益，因为我从中更好地认识了德意志生活中不太为人所知的那些方面……我日益清楚地认识到，天主教徒和新教徒之间的对抗要远比大多数人想象的深刻。这不是几种信条之差异的问题，而是奴役和自由之对立的问题。”[25]

就在特赖奇克强化他的普鲁士信仰的时候，普奥战争爆发了。整个南德都反对普鲁士。在弗莱堡，群众的骚动情绪特别强烈。霍亨索伦家族的所有支持者都受到了攻击。特赖奇克被特别点了出来。威胁他的群众聚集在他房子前面。抨击这个“普鲁士人”的攻击性字条贴到了他的门上。好在他还有时间打点行装潜回柏林。特赖奇克唯一没有想到的是，他人生的一个庄严时刻已经到来。

确实，萨多瓦是他人生中的决定性事件。第二天上午，特赖奇克发现他成了另一个人。从政治的角度来说，他彻底割断了自由派的联系，完全转向了普鲁士的政策，而此前他对这个国家的政策多少还有一点反对。他的“大转变”既迅速又彻底，不用再自寻烦恼了。他说：“一位如此迅速地完成一项如此出色的业绩的国王，他在所有人面前都是正确的。”他还
指出：“必须承认，那天的辉煌胜利，不是像反动分子认为的那样，是保守 271
派赢得的，而是武装的人民争取来的；不是通过自由主义、而是靠王国军

队的纪律得来的。这一点不应该忘记。”

没有比这更随意地打发老伙伴的方式了。

不过在当时，特赖奇克要站在普鲁士一边确乎是需要勇气的。他父亲是位萨克森的老将军，几个月来他一直揭发“霍亨索伦家族的恶行”。他在给儿子的信中写道：“只要我还能辨别对与错、黑与白，我就会控诉当前普鲁士的政策取向，它既可恨又有害。”当决裂的时刻到来时，这位勇敢的老人宣称：“我们以忧伤的心情看待这些事情，但我们还没有失去对上帝的信赖。武力战胜正义，这是有可能的。但正义总归是正义。虽然神对普鲁士的裁决出人意料，但我们仍为自己所尽的职责、为自己在被恶狼吞噬之时还能发出抗议而感到慰藉。”[26]

但特赖奇克对此充耳不闻。这位诗人有自己的看法。因为他在普鲁士的军队中也看到了神的手臂，这只手正在惩罚哈布斯堡王朝“反德意志的罪孽”。他说：“虽然我也感到悲伤，但我庆幸自己生活在这样一个时代。不管怎样，现在我属于一个伟大的国家，被征服者的所有怨气都无法阻止我高呼，这一天对德意志来说是个伟大的日子。”[27]

272 但就在那一刻，特赖奇克的教授生涯暂时中断了。在柏林退隐的日子里，他为报纸撰写文章，并开始了自己的政论家职业，后来这一职业与他的教职并行，且成果最为丰硕。

特赖奇克也许是当时首屈一指的政论评论作家。他具备一名报刊撰稿人的全部才能：表达方式简单、直接、通俗、绘声绘色，文笔生动形象。[28]另外，他是那种迎合铁血时代的口味的作者，这个时代的人是在霍霍的刀枪声中成长起来的。作为军人的儿子，特赖奇克本人就有某种军人的气质。如果不是因为自己的残疾，他也许会投身行伍。在他看来，这是最好的职业了。在纯粹以军事问题为题材的作者当中，我怀疑是否有人对中产阶级思想的鄙视堪与特赖奇克相比。

他以激越昂扬、有如嘹亮号角的措辞斥责“工业民族的和平主义向往”。他说：“在英国人当中，对金钱的热爱扼杀了所有的荣誉感、所有对与错的区别。他们用谄媚神学的华丽辞藻掩盖自己的胆怯和物质主义。

英国人对这个无神大陆的尚武民族的勇敢深感惊骇，当我看到英国媒体把它们的视线转向苍天的时候，我想英国人是在聆听一位迂腐神甫的冗 273
长说教。仿佛万能的主——克伦威尔的铁军曾以主的名义战斗——会命令我们德国人让敌人长驱直入占领柏林。多么虚伪！假正经！假正经！假正经！”[29]

他在谈论巨大的人类杀戮场景及其道德意义时，同样采用这样的抒情格调，他在演讲中警告听众提防“中产阶级的脉脉温情”，这种情感宣扬普世和平，但在他眼里则是“最危险的乌托邦思想”。他进一步指出，“每个聪明的神学家都懂得，圣经中‘不可杀戮’的律法若要精确地理解，无非是相当于向穷人布施之类的使徒教导。只有少数贵格派梦想家看不出旧约中歌颂神圣和正义战争之光荣的诗意笔调。……只要世上有人就会有战斗：历史的每一页都在阐释苹果的纠纷和原罪的教义。”[30]

在另一处，特赖奇克歌颂战争的阴暗笔调让人想起希伯来诗人的愤懑之情。他说：“重复和平的使徒和为守财奴服务的神甫们的陈词滥调，抑或对这个时代的残酷现实视而不见，这种做法不适合于德国人。是的，我们的时代是战争时代，我们的时代是铁血时代。……强者压倒弱者……这是不容置辩的生存法则。我们在黑人部落中依然能看到的饥饿战争是非洲中部必要的经济条件，就像一个民族必须通过圣战来拯救它最珍贵的道德文明财富一样。但二者都是一种生存斗争，前者是物质上 274
的生存斗争，后者是道德精神上的。”[31]

恰好在这个时候，萨多瓦战役给了这位历史学家的理论以强有力的论证。“很久以来我们就竭力证明，只有普鲁士才有必要的精神力量以新的方案来组建德国：这个认识终于在波希米亚的战场上被印证了。虚幻的梦想家看到高雅的希腊落入粗糙的罗马武士手中，也许会发出叹息声，但此刻政治家的敏锐头脑会发觉更高妙的历史正义论。”[32]

对普鲁士政府而言，这样的人物显然很有利用价值。俾斯麦马上看出，特赖奇克的言论有利于他的政策。他竭力争取特赖奇克投靠他。但他没有成功。当然，这位历史学家对首相并没有恶意。他说：“这个时代的内阁可以追溯到腓特烈二世的最佳传统，每个善良的普鲁士人都该站到政府一边。”[33]但他是个骄傲的人。他曾经反对过俾斯麦的政策，至今他还记得这一点。另外他也不希望丧失自由。在一封信里他说：“我两次拒绝了俾斯麦的建议，因为我不希望丧失作为一个独立人士的名声，我也不希望为一个我曾反对其内部政策的政府服务。”[34]另外，在萨多瓦战役后，他觉得作家是个可鄙的职业。他写道：“玩弄笔杆的人痛苦地感觉到自己的工作缺少价值。对于德意志的事业而言，每个击倒一个克罗地
275 亚兵的重骑兵的贡献，都要超过政治头脑最敏锐、文笔最犀利的作家。”[35]

由于自己好斗的性格，特赖奇克需要比作家更为直接的活动形式。到柏林的10个月后，他再度走上了讲坛。他的教授生涯在基尔开始，在海德堡继续，最后他来到了柏林：在这里，他辉煌的履历终于在1896年告终。

基尔自从被普鲁士兼并以来一直存在强烈的联邦主义倾向，特赖奇克在那里为支持普鲁士的中央集权而斗争。他说：“认为德国可以成为一个像瑞士、美国和联省共和国那样的联邦国家是个错误的看法，德国应是一个统一的、中央集权的君主制国家。”

在德国统一的倡导者中，我认为没有谁比特赖奇克的主张更彻底了。如果普鲁士国王听从这位萨克森人的言论，也许他应该在战争结束后削平所有不驯服的君主，首先是特赖奇克故国的君主萨克森国王。[36]特赖奇克兴奋地说：“就算这位拿骚的卫队长带着火炮、侍女和七只母鸡奔赴前线，德意志也不会灭亡。”[37]

特赖奇克在此宣扬的帝国政策使他成为德国各小朝廷最憎恶的普鲁士人。“由于普鲁士的胜利，这些国家的主权现在只是个神话了”，他叫喊道，“它们的生存完全仰赖普鲁士的善意和克制。……只有对帝国的忠诚才能保全这些小王朝，正如从前背叛帝国使它们陷入深渊一样。让
276 慕尼黑和德累斯顿的小朝廷自己好好看看自己吧：如果莱茵同盟的古老幽灵还能苏醒，帝国将迎接挑战；为了完成其具有世界历史意义的任务，

帝国将毫不犹豫地采取最根本的措施来完成政治统一——英国政府在统一苏格兰和英格兰的那一天采取的就是这些措施。对于那些不驯服或反抗的小邦国,君主制帝国不必有联邦制国家的顾虑……这是一场无力者反对强者、自私反对理想的斗争,其结果毋庸置疑。"[38]

从那一刻起,特赖奇克在政治中只看到武力。萨多瓦大捷成就了一个神话,它使这位君主主义自由派转变成一个主张专制的恺撒主义者。

德国政治舞台上出现了一个像俾斯麦这样的人物,这一事实与特赖奇克的奇特转变不无关系。就像很多德国同胞一样,他不得不接受这个不可思议的强权人物的成就。特赖奇克进行了深刻的反省。他说:"在行动面前,思想算什么呢?"从那时起,古老的、沉思的、学术的、艺术的德国与那个代表权力意志的英雄人物相比实在不值一提。特赖奇克或许认为,一种文明已然从霍亨索伦家族的胜利中诞生,他以先知的口吻预测说:"正是尤里斯·恺撒的功业使得奥古斯都时代成为可能;黎塞留(Richelieu)之后才可能出现路易十四。"[39]

特赖奇克一直否认自己有在德国推动伟人崇拜或英雄崇拜的意愿。他说,"在历史学家面临的危险中,为天才树立祭坛的想法也许是最危险的。"[40]但他自己肯定没有摆脱这个危险。我们这里提到的情况都证明 277
了这一点。他比谁都更强调伟大人物的重要意义。在这个问题上,他甚至有一种言简意赅的理论:"伟大人物只可能出生在先进的文明状态中。他是种族、时代的产物,但是,他之所以能拯救民族危难、使民族能从危机中再生,靠的是个人能力。人民只有依靠伟大人物才能取得世界地位,因为只有伟人知道如何发挥人民的力量……例如,如果没有威廉三世,我们便无法设想现代英国英国是什么样子。"[41]

的确,他没有神化历史上的任何英雄人物。他对这些人物做了区分。他把他们分为两类,好的和坏的。根据他的看法,好的英雄是那些"忠实地以自己的力量为历史服务的人",换言之,就是那些全身心地为国家利益奉献自我的人。坏的英雄是那些只追求个人目标——即满足永不餍足的野心——的掌权者。这种分类极端棘手,必须以例证来说明,为此特赖奇克选择了拿破仑一世。

特赖奇克对拿破仑一世做过很多研究,其内容足够编成半卷八开本的大书,也许他可以给这些研究取个副标题:“论伟大的愚蠢”。在他眼中,这位法国皇帝是个怪物。虽然他还不至于否认拿破仑的一切才能,但
278 至少他把后者描绘成一个反常、邪恶的天才。他不认为拿破仑具有真正的政治家的才华。他说:“真正的君主是因为和平时比战争时更伟大而得到认可,但拿破仑从来不是这样。”[42]

即便是在战争中,他也怀疑拿破仑是否展现了一位伟大统帅的才华:他把拿破仑称为“野心勃勃的阿提拉(Attila)、凶暴骇人的成吉思汗”、最可憎的士兵的代表,“这类人仅仅因为战争而喜欢战争”。在提出这种看法的同时,特赖奇克在泰纳之前淋漓尽致地发挥了与意大利雇佣兵首领的著名比较,不过最早描述这些雇佣兵首领的是司汤达。他说,“与那些小个子凯尔特人很不一样,拿破仑头脑精明,性情激动暴躁,他是个地地道道的15世纪的意大利人,他那不可思议的好运并不是因为他的天才,而是因为环境造就的,之所以出现这样的环境,究其原因在于法国人的某些古怪的特性。”

于是特赖奇克开始通过波拿巴来讲述关于法国人的心理学[43],这是一种极端偏颇的心理学,这个民族的缺点被暴露在强烈而严厉的光线下,而它的优良品质则被处心积虑地涂上了阴暗色调。

大家都知道,这种关于法国人的心理学在19世纪的德国史学家那里风靡一时。法国人是躁动、虚荣的高卢人,他们热爱平等和光荣,讲风度,爱向妇女献殷勤,慷慨热情,把爱国主义推向了英雄主义的境地,但又不
279 能全身心地做好日常工作[44],他们不够庄重严肃,其权利观念令人齿冷——这是他们老是发生革命和政变的原因,亦能解释何以他们总是进攻邻国——他们从未理解过其他民族赢得的光荣,他们在政府制度上也从未懂得“让别人服从和屈服于别人之外还有中间道路”。

特赖奇克以这种简略的心理学来解释现代法国自大革命以来的整个历史。他说:“法国的中产阶级生来就是次等人物,在政治、道德和艺术

领域,他们从未做过真正有成就的工作。每件事他们都要讲究一致性:法律、军队、财政、教育、教会、大学,甚至艺术和科学也是如此。"[46]他继续指出:"所有人都须服从同样的观念,都需要有同样的信仰,但法国为了这种统一性而牺牲了政治独立和自由的宗教生活所具有的不可估量的价值[47];因此在政治上,法国人永远长不大;在本世纪,他们所经历的是彻头彻尾的绝对主义体制[48];对他们而言,警察就是和平公民的保佑者、扰 280
乱秩序者的天敌[49];法国人在思想上始终与自由的观念水火难容,即便这种观念十分明了;他们需要被人领导,需要服从命令:最符合他们天性的政治体制始终是官僚集权制,其原因也在这里。"[50]

拿破仑知道法国人需要什么并且给了他们所需要的东西——仅仅在这一点上,他的表现才像个天才。他的工作完全符合"法国历史的逻辑",这就是政治和行政上的集权化。[51]

同样是因为这种历史逻辑,法国人老想"骚扰并支配他的邻居"。拿破仑非常懂得法国人的这种本能:帝国时代的所有战争都起源于此。[52]
这对德国人是个警告:德国人的自由和民族独立会面临最可怕的危险,他 281
们应保持警惕。[53]

如果认为特赖奇克关于法国政治的这些看法是源于对法国的仇恨,那就弄错了。相反,特赖奇克喜欢法国人气质中的很多东西。他曾说:"我对这个民族的好感超过大多数同胞。"他对这个民族从灾难中恢复时表现出来的活力感到钦佩,何况这些灾难看来是不可救药的。他也愿意承认法国伟人对人类思想做出的贡献,这些人如帕斯卡尔、莫里哀和米拉波。

他斥责那些狂热的条顿主义者——他称之为"精神上的唯美论者",这些人试图以人种学来证明法兰西民族并不存在之类的无聊命题——说他们是在"嘲弄日耳曼这个名字";他还赞扬法国宗教改革的精神[54],这种精神产生了世界上最精粹的新教——加尔文主义。[55]当他的同胞大声
斥责"现代巴比伦的邪恶"时,他忍不住提醒这些人关注一下德国的现 282
状。他说:"从道德的角度看,难道我们真的比法国人优越许多、以致可以谴责他们吗?法国人迷恋女人,我们德国人贪吃,但我不知道二者之中

到底谁更好些。”

但是，特赖奇克虽然能公正地评价法国人的个人品质，但他不喜欢法国人的政治。在担任海德堡大学教授时，他尤其不喜欢法国政治，并且于1867—1869年写下了那篇论文。[56]海德堡所在的内卡河和莱茵河地区离法国边境很近，那里的人民仍受“大革命那些诱人但错误的理论”的影响。这是“必须消灭的病毒”，通过对拿破仑形象的描绘，他指出，“这样一个历史怪物”只可能产生于法兰西这样的民族，因为它从来不具备“对自由的认识”。

与此同时，为了指明德国国内该做的事，特赖奇克向他的同胞介绍了最近的意大利统一史，这场运动的核心人物是卡米尔·德·加富尔(Camille de Cavour)，很显然，他把这个人描绘成一个“好天才”，并与拿破仑的邪恶天才进行了对比。

我认为，特赖奇克对加富尔的钦佩之情超过任何人，除了后来的俾斯麦。在他看来，这位意大利人具有政治家的所有天赋：无比清晰的头脑，天才般的简单明了，注重实际，善于把握分寸。他对加富尔的关注已经有
283 很长时间了。当他还在基尔的时候，加富尔就已经是他思考的对象。他在一封信中说：“很长时间内，没有什么事情比这个人的出现更让我关注的了。他那极端注重实际的才能简直无可比拟。的确，他跟我们德国人熟知的伟大诗人和思想家很不一样，但在这个谜一般的世界上，他以自己独特的方式成为像歌德和康德一样伟大的人物。”

在特赖奇克的这些文章中，每一行都涉及现实政治问题，而就在他写下这些文字的时候，德国的政治前景变得模糊起来，而且德国和法国和爆发了战争。

如果战争与否只取决于他一个人，这场战争也许不会爆发，因为他认为“这两个民族开始斗争就意味着它们的终结”。但是，鉴于局势发展的经过，他觉得法国人是入侵者，这就唤起了他对这个试图统治世界的“雇佣兵民族”的旧仇夙愿。在战争准备的喧嚣声中，他身上的武士气质苏醒了，在德国，他写的诗歌堪称1870年战争催生出的最佳作品。这首诗

名为“黑鹰颂”(“The Ode of the Black Eagle”)。诗中写道:

振翅高飞!——哦,黑鹰,请用明亮的目光——注视条顿英雄们——那熠熠闪光的武器——自你飞走之后,过去了多少岁月——你离开自己的出生地,施瓦本的城堡——你会凯旋归来吗?——两个世纪啊!我们的人民——欣然追随你开辟的道路——我们会找回失去的幸福吗?——霍亨施陶芬帝国会重现吗?

听着!无耻的法兰克人——你们嫉妒我们的幸福——你们以粗俗狂暴的口吻——嘲笑我们的老国王——奋起吧,日耳曼的武士们!

勇敢的骑士们,跨上你们的战马!猎手们,断却自己的退路吧!
踏着血染的道路一往无前!去赢取胜利的桂冠吧:把斯特拉斯堡大 284
教堂夺回来——为那条德意志的河流而献身。

当胜利接踵而至时,特赖奇克的欣悦之情无以言表。他终于看到了自己梦想的实现。这场战争具有象征意义。有一天他高声宣布:“在民族生存出现重大危机的时刻,战争总是一种比革命更温和的药方,因为战争要求付出诚实的工作,它的结局看起来就像是神的裁决。”

现在,他觉得德国的前景无限广阔。对于他,这个国家已经开始扮演某种世界历史角色,他认为德国已经“扫荡了第二帝国的浓重烟雾、肮脏污秽以及令人生厌的放荡堕落”[57]。在他眼里,这次胜利不是武力带来的猝然成功,而是一种观念的胜利。人类的新纪元已经开启,而德国“将以它丰富的道德文化成为各民族的导师”[58]。

在他看来,法国代表两样东西:革命煽动和教权主义。普鲁士的胜利将使欧洲长期摆脱这两种威胁。这个正在组建的新帝国应该向惊愕的世界显示什么是“真正自由的、以承认个人权利为基础的民族国家”。

从情感上说,特赖奇克一直是非常亲新教的,正如他是教权主义的激烈的反对者一样。他曾说,新教是“德意志精神的标志”。

在他看来,将德国人和天主教徒这两个词放到一起时肯定要发生冲
突。他说:“真正的德国人绝不会服从任何宗教规则,除非这是他自己的 285

信仰。耶稣会的信仰对于我们民族的精神来说始终是陌生的……在这片异端的土地上，这种信仰绝不会生根。”

为进一步发挥这一理论，他试图证明，在这个世界上，维系德意志种族的凝聚力的最佳因素就是新教。他说：“每个地方都有语言和习俗的坚固防线。在阿尔萨斯、在特拉西瓦尼亚的山区、在遥远的波罗的海海滨，只要农民还在吟唱他们古老的圣歌：‘上主是我坚固的堡垒’，德意志的生命力就不会有消失之虞。[59]

1870年以后，多少有点先知味道的特赖奇克认为，普鲁士的胜利将把所有德国人团结成一个新教共同体。他到处传播这个新学说，在演讲中、在新发表的小册子中、在帝国议会上——他刚刚当选为议员。作为一名政治家，他并不是很出色，除了参加文化斗争外。他以弥赛亚的庄严口吻宣告说，路德和康德的德国曾给这个世界带来宗教改革、宽容、庄重、道德和自由，现在它终于能够让世界获得再生了。他说：“最光辉的未来在于普鲁士这个现代史上最伟大的新教强国。”他还补充道：“普鲁士将帮助其他国家摆脱天主教会的锁链并增强国家的民族性力量。”[60]

286 普鲁士的胜利摧毁了人们对于来自法国的革命观念的信念，在特赖奇克看来，这场胜利具有决定性意义。很长时间以来，跟他有相同思想倾向的政论作家就试图让德意志人摆脱他们所称的“对法国愚蠢的模仿”。不过并不是所有德国人都被他们说服了。

但是最近的胜利打开了他们的眼界。特赖奇克欣喜若狂。他觉得，现在再没有必要去驳斥“自然权利和中产阶级自由主义的乌托邦”，也没有必要去证明“在国家生活中，只有以民族的历史权利为基础的东西才是真实可靠的”。这个问题已经在色当解决了。自由派像中了魔咒一样消失了，这位历史学家欢呼雀跃地高呼道：“现在只剩下我们的社会主义者还在吞咽法国厨房中的残羹剩饭。”[61]

特赖奇克对社会主义有着奇特的看法。他对社会主义的认识还停留在以日常生活的经验来驳斥这种理想的阶段上。他说：“社会主义者的一大错误就是，他们认为生活的目标就是占有物质利益。人生的真正幸福不能在那些所有人都能获得、对所有人都一样的事物中去寻找。它不在于占有经济利益、政治权力或艺术；真正的幸福在于情感领域，在于纯粹的良知，在于能将简朴置于狡黠之上的爱的力量；但它尤其在于信仰的力量之中。”[62]

现在我们翻到了特赖奇克人生履历中很有意思的一页，他的普鲁士 287
爱国主义造成了他的最后一次转变——他成了一名宗教人士。

直到那时为止，特赖奇克一直被误为一名不信教者。他甚至自称“被宗教改革解放了的儿子”，这让他的父亲深感难过，因为他在给这位笃信宗教的萨克森将军的一封信中称自己是思想自由者。不过，尽管特赖奇克失去了年幼时的信仰，但他仍然深深眷恋着基督教的道德。在他的国家，也许没有人像他那样以雄辩的言辞斥责自己时代的堕落。“腐化已经进入了这个铜臭世界和上层阶级”，他在谈到奥地利境内的德意志人时这样说，“维也纳的媒体是欧洲最不知廉耻的，除了法国之外。今天的报纸完全是一种商业行为，那些斗胆向文学读者谈论道德的诚实人士会被当场嘲弄。……不只是重要的政治喉舌成为了这帮看热闹者的牺牲品。除了这些报纸外，还有一大堆不堪入目的小报，它们完全靠勒索和抢劫行径为生，因为在那个道德松弛的城市中，良心上的交易比比皆是，当需要某个无赖闭嘴时，钱是必不可少的。”[63]

在另一处，他还严厉谴责英国人的虚伪：“英国人在议会中谈论商业道德，他们一只手拿着圣经，另一只手拿着鸦片烟枪，在全世界传播文明的福音。”

在他的全部工作中，你都能看到，他希望突出德意志种族的鲜明性
格。他认为，如果德国要在世界上完成某种使命，那应该是向世人灌输更 288
多的伦理道德。

因此在1870年后，他表达出一种奇特的看法：他曾指望为这个世界树立美德典范的那些胜利到头来造成了恰恰相反的效应。胜利的德国诞生了一个由至为不同的因素构成的新社会。大批德性上多少有点可疑的商人、犹太金融家、股票经纪人都涌向普鲁士的首都，把这里变成了投机

的天地。这些人的到来提升了暴发户们的身份，不久民族自由派对于德国的意义就相当于后来机会主义者在法国的含义：指那些利用政府来做生意的人。年迈的兰克在孤独中痛苦地观察到这种风气的变化，这种变化之迅速让他目瞪口呆。他说："一切都在瓦解，宗教已被推翻；很快就不会有人受洗或在教堂举行婚礼了；誓言的神圣也将无人顾及。剩下的只有商业和金钱。……所有这些罪恶的源头就在我们的新制度中，但我们又无法改变这些制度。"[64]

特赖奇克也得出了与此相近的看法。他曾经全力为这个自由开明的新阶级的降临而祈祷，但现在他发现，"结果与他的期望并不相符"：古老的纽带松懈了，在这个热衷于享乐的新社会，他已经看到了堕落的征兆。

另一方面，当他反对这个新的自由社会时，他觉得最能体现他道德理
289 想的是旧式的普鲁士保守主义者，虽然他过去曾抨击这些人思想狭隘局促、具有宗派思想、过于僵化刻板。一个德国自由派曾对维克托·谢比列说："是的，这些人都属于同一类，他们思想狭隘，像铁栅栏一样顽固；但他们大部分人都具有一种重要品质，这种品质在这个投机买卖的时代确实太稀少了——这就是一种令我吃惊的无可挑剔的正直感。政治已经使得我们大部分的民主派多少有点不诚实了"[65]——特赖奇克像这个自由派一样，也认为他们仍然是德国古老的正直感和道德感的最佳代表。从这种认识到认同保守派的政策只有一步之遥，而特赖奇克看来早就准备跨过这一步，因为他早在1867年就写下了这样的话："保守派的思想倾向——在普鲁士，要否认这种思想倾向中的正直感只能是出于仇恨——将会找到卓有成效地发挥其影响力的空间。"[66]下面的话同样意味深长："对我们而言，真正的普鲁士保守派比那些仅仅满足于在爱国言论中谈论统一的夸夸其谈者更为亲近。"[67]

当时唯一的问题是这些乡绅对霍亨索伦王朝的忠诚。而现在，他们对自由主义和议会政治的仇视赢得了特赖奇克的赞赏。"议会究竟有什么用呢？"他质问道。"这样一个会议可曾实现过寄予它的希望？我们不是有国王吗？难道我们的国王是少数金融家手里驯服的工具，就像那位

奥尔良商人一样如此缺少国王的尊严吗？[68]难道我们的国家取决于少数 290
脑满肠肥的银行家吗？"[69]

这是特赖奇克政治演变的最后一个阶段。在开始自己的职业生涯时，他是个纯粹的"哥达派"(Gothaer)[70]；后来在萨多瓦大捷和俾斯麦政策的影响下，他成为帝国派和德国统一的激进支持者；而当他走向人生的终点时，他成了一个反动的君主派、反自由派和反议会派。他相继断绝了与所有自由派老朋友的联系，他谴责这些人严重缺乏"唯一能缔造真正的政治家的可靠品行"；他成为所有反动派——无论是宗教的、政治的还是文学的——的支持者。在其思想逻辑的牵引下，他开始憎恶一切现代生活表现，并最终建议我们模仿中世纪的条顿理想——这个理想就是毫无畏惧、无可指责的骑士国王，这个理想人物才是时弊的匡救者和弱者的守护神。

正是由于这一理想，我们便能理解，特赖奇克何以在他的国家逐步滑向了那些最落后的观念。他变成了一个反犹主义者。这或许是可以预见的。犹太人因为其优点和缺点而成为特赖奇克封建式的人生观的对立面。难道犹太人不是那种摆脱了各种偏见、并尤其反感恶习和暴力的现代人吗？作为政治和宗教上的理性主义者而言，犹太人的确是法国大革命的儿子，虽然他们没有参加这场革命，但大革命符合犹太历史的两大信条："神赐的统一性和弥赛亚主义，换言之，人世间法律的统一和人类公正的胜利。"[71]

在这一获得解放的现代民族中，特赖奇克已经嗅到了他希图复活的 291
条顿和封建德意志的最大敌人，虽然这些人在所有国家都是一种改革和进步的因素。他开始把犹太人当作自己的敌人。他在抨击犹太人时带有一个狭隘宗派分子的全部刻薄辛辣。他是施托克牧师队伍中的一员。为了论证这种糟糕的反犹主义，他写了一本小册子，读者可以在其中看到这样的话：

> 当我们在考虑犹太人的所作所为时，今天表现最强烈的骚动就是德国大众一种自然的反感情绪，这种情绪是针对一种在我们的生

> 活在占据了过大位置的外来因素的。……我们不要自欺欺人：这种情绪深刻而强大。……它一直渗透到最有文化的阶层，即使在那些憎恶一切宗教不宽容或民族傲慢观念的人当中，也只有一种呼声："犹太人是我们不幸的原因！"[72]

这确实是一种奇特的现象：在德国的头牌大学里，讲授历史的竟是这样一个用德吕蒙[73]的论据来攻击犹太人的教授，例如，他称呼以色列人为"没有国家的东方人，他的思想危及所有高等民族，他们只对利益充满热情，但对政治和爱国主义毫无兴致，他们总是以有害的冷嘲热讽和不知廉耻、卖身贪财的报刊来败坏纯粹的德意志美德"。

292 从此，特赖奇克丧失了作为一名追求科学的史学家的全部价值。在这个政论作家几年前开始进行的深刻研究中，我们还能感受到托克维尔的积极影响，但是现在，他已经变成了某种言辞尖刻、党同伐异的民族主义狂徒。但是他恰恰因此而获得了巨大的影响力。或许他的人格魅力也因此大大绽放出来。但他作为一名历史学家的声誉则受到了严重损害。

有的人随着年龄的增长而变得更为明智、更为随和。但特赖奇克的情况恰恰相反。随着岁月的流逝，他的极端言论更为醒目，正是在这种精神气质下，他写了自己的重要著作——《19世纪德国史》，从某些方面看，这本书很难被视为历史，它每一页都浸透着作者的党派意识，不过，由于这部著作是新德意志帝国最不同凡响的成就之一，我们还是要从某些细节上对它做一番研究。

三

特赖奇克说："一个人只能是一本书的作者。关键是要找到那本书。"而他自己则有幸写下了这本书，这就是他的《19世纪德国史》，该书堪称他毕生追求的一项事业。甚至可以说，当他开始其历史学家的生涯时，他就梦想着写出这本书。1861年他曾说：

> 我想写一部德意志邦联史，它应简洁明了、通俗易懂，应向麻木

> 的大众表明，我们缺少一切政治生活的基础：法律、权威、自由；应向他们表明，除了消灭那些小邦国之外，我们没有其他的安全保障。……我认为这部著作比任何历史书都更为必要；在那些比我更 293
> 有学问的人中间，还没有一个人有勇气去写这样的书，但我打算尝试一下——虽然我在写作该书的时候也许会目睹这个邦联淹没在人民的咒骂声中——当我再度接受教授席位时，我也会继续做下去，因为我知道这本书对于年轻人来说是一名多么出色的教师，而它也能使我更能影响新的一代。[74]

在特赖奇克的脑海里，唯一的问题是对“通过搜集零散材料所得的知识”提炼一个大纲。[75]但不久他就发现，这项工作比他预想的要困难，耗时也更长。不过这个发现没有使他气馁——恰恰相反。当他在其中看到自己的人生追求时，他感到欢欣鼓舞。

20年的时间里，特赖奇克日复一日地为这部著作搜集材料。1865年后，俾斯麦亲王准许他使用外交部的档案，并对他说：“如果你发现我们当时的政治内幕不如我希望的那样干净，我还是希望你不要回避你曾跟我说过的话：‘普鲁士比其他任何国家都更没有必要隐瞒自己邦联政策的历史’。”

随着研究的逐步深入，特赖奇克大大扩充了自己的计划。展现在他眼前的不仅仅是德意志邦联的历史，而是19世纪整个德意志的历史。他什么都看：报纸、回忆录、论著。从这些材料中，他抽象出“人类生活”的
巨幅画卷——正如他自己说的那样，这幅画卷反映了“缔造新德国的观 294
念和制度”[76]。

特赖奇克完全从政治史的角度来构思这部历史。他在书中的某个地方甚至嘲笑文明史学者，说这些人只看到“蜷曲着青蛙腿的伏打（Volta），或只看重电灯和坟地里的破罐子”。不过他还是用大量篇幅描述了德国人生活的各种外在特征。重大政治问题当然也是如此：维也纳和会、普鲁士的文化斗争、关税同盟的建立，论述这些问题的篇章具有某种世界历史意味，因为作者对每个国家都做了极为细致的描述。无论作者论述的是

普鲁士、奥地利、巴伐利亚、符腾堡这样的大国,还是述及中等国家、抑或是非常小的公国和自由市,我们都能看到十分详细的历史,以致过分的详细都快成了一个缺点。更有甚者,作者还分析了每个国家的每个省的独特个性:在特赖奇克的笔下,你能看到19世纪的勃兰登堡、波兹南、波美拉尼亚和莱茵各省是什么样子,各地农民、中产阶级和贵族又是过着怎样的生活。而且特赖奇克并不是从具有普遍性、但多少有点模糊的视角去进行描绘的,他试图从日常细节中展现人们的生活。他使用的是现实主义画派的技法,善于从几个典型事实刻画整体风貌。

特赖奇克是位无可比拟的编年史家。例如,他笔下的维也纳和会史便是篇杰作。我们不但看到所有的大臣和外交官在我们面前走过——这些重要人物如梅特涅、内塞尔罗德(Nesselrode)、卡波季斯特利亚斯(Capodistrias)、康萨尔维(Consalvi)和“一大群文官”——还有一些不太重要
295 的人物,如“阴谋家、寄生虫和乞丐成群”的汉莎同盟各城市的代表;另外还有一些背景人物,如身形庞大的卡斯尔累(Castlereagh)夫人,作者告诉我们,这个人“浓妆艳抹,头戴卷发钳,神情慵懒倦怠”。在一干光彩夺目的要人背后,作者还描写了维也纳生活的有趣画面,他称维也纳为“费阿刻斯人[77]的城市”,那里永远都是周末,烤肉叉总在转个不停。[78]

这部著作共有五卷,如果你从头到尾看一遍,你就会发现某种共同的东西:对所有德国城镇的描绘都是在讲述它们的历史:对大学、课堂、甚至最小的公国的描写不但生动有趣,且都包含有关从前哥特式遗迹的详细描述;文字中还有对德国所有重大节日的描写,甚至还提到了为某某纪念日而组织的历史悠久的盛装游行;所有这一切会让你明白这部著作的魅力何在。作者在再现德国人生活时表现出来的文字才能与麦考莱在伯仲之间,而在这些细节描写后面则有着更为深入的研究,在表现形式之中有更为出色之处。

这样一部完全违反德国史学的纯学术理念的著作不是一蹴而就的。特赖奇克的创作十分缓慢,他极为注重文字表现形式。他的文风活跃生动,内容充实。

但特赖奇克并不是一开始就形成这种平实风格的。他容易激动的天性最初把他引向一种热情喷发的风格。在早期的论文中,他的措辞就像个演说家。例如,他在为德国的政治统一祈祷时曾这样说: 296

> 所有体现着德意志的高贵的著作和艺术品,所有令我们崇敬的伟大的德国人的名字:这一切都表明了我们精神上的光荣,都表明了统一的必要性,都在召唤我们在政治领域创建思想领域中已然存在的那种统一。我们每件孤立的成就都那么令人赞叹,而我们的人民作为一个整体却受到外国人的嘲笑,每当我们想到这一点,我们的悲伤就增加十倍。

他的某些话在德国仍是非常有名的。他在一所学校庆祝莱比锡战役五十周年的仪式上说:

> 德意志人,我亲爱的同胞们,你们或生活在海边,吕贝克的灯塔和阿尔克那的白色峭壁向远航的水手指点祖国的方向;你们或来自海尔维蒂的阿尔卑斯山区,那里的山峦倒映在施瓦本辽阔的湖面上;你们的摇篮或在巴拉丁,那里银灰色的原野俯瞰着莱茵河;不管你们来自哪个家族,来自哪个方向,请与我一起高呼:"德意志万岁!"[79]

不过特赖奇克逐渐摆脱了演说味过重的词句,他的语言越来越精确了:他以能展现事物形象的具体的词语代替了宽泛而模糊的抽象观念。在他后来的论文中,对人物形象和重大历史画面的描绘展现了他作为画家的才能,谁要是读过他关于意大利统一的简论,大概都不会忘记他关于皮埃蒙特历史发展的那些最铿锵有力的篇章,还有加富尔这个富有真实感的人物,此人简单而可人的现实主义衬托出他的伟岸。 297

但在特赖奇克的史学中,堪称完美的乃是他的历史叙述。这部著作的第一卷便能说明问题。德国终于有了一位以鲜活的笔触描写已经逝去的世界、善于领会历史悲喜剧的史学家,正如他笔下的弗里德里希·威廉三世的葬礼显示的那样:

> 6月11日晚上，人们静悄悄地站立在街道两旁，灵柩沿着菩提树下大街前往夏洛藤堡的陵寝，国王生前曾希望在那里安息在爱妻路易莎的身旁。提灯暗了下来，当白色的灵车悄无声息地滑行在柔软的沙地上时，只有云层后面的月亮投下它苍白的光芒。[80]

在另一处，他又以一幅迷人的水彩画为我们展现了国王弗里德里希·威廉三世与他的孩子们玩耍的情景："在蓝色的哈维尔湖畔，在他花园中古老的树下，他俯身孩子们中间，看到这种滑稽场景，连佛斯(Voss)伯爵夫人这位礼俗的严厉监督者也忍俊不禁。"[81]

但特赖奇克尤以描绘人物形象见长。在所有德国史学著作中，他笔下的历史人物无疑是最逼真的。而这种艺术从来就不是他的同胞所擅长的。俾斯麦曾说，英国人与德国人最大的区别是，前者注重人的外在表
298 征，而后者则不这样。他说："当莎士比亚描绘哈姆雷特时，展现在我们面前的是一个肥胖、行动缓慢的人，而当我们看到这个人时，我们便能理解他的性格。"[82]

但这种责备对特赖奇克是不合适的，因为他笔下的历史人物真是栩栩如生。在这方面，与其说他的风格像米什莱或卡莱尔的快照，还不说他像福楼拜和托尔斯泰的写实笔法。你可以看到施坦因男爵"身材矮小，体格壮硕，颈部粗大，肩膀宽阔，深棕色的眼睛烁烁放光，薄嘴唇上方悬着鹰一般的鼻子"，塔列朗(Talleyrand)"衬领很高，满嘴黑牙，让人恐惧，一双灰色的小眼睛嵌得很深、不露声色，面容之单调、冷酷和漠然令人很不舒服，他脸上根本不会泛出红色或透露出他脑子里想什么"[83]，比利时国王列奥波德"矮小、疲惫，但面部轮廓鲜明，神色狡猾而忧郁，说话时嗓音低缓，处理国务时就像对待私情那样沉默寡言"[84]；巴伐利亚国王是"所有国王中最富中产阶级色彩的，他头脑里能同时想起一位退役的法国上校和一位巴伐利亚的酿酒商，还会在街上拦住别人，跟他们像拉家常一样聊天"[85]。

特赖奇克不是个只擅长表现细节的作家，而且是位精于再现整体的画家，他刻画的重大历史场景令人叹为观止。在该书的第三卷中，有一段

描写在古老习俗中抱残守缺的北德小朝廷的家长制生活的文字，我不知道是否还有比它更引人入胜的描写了。[86]

他对萨克森老国王弗里德里希·奥古斯特（Friedrich Augustus）的宫廷的描写堪称一幅地道的风情画：

> 国王依旧在宫廷中保留着1780年的风俗和礼节，这让柏林人觉得很有趣。他在音乐方面颇有才情，但他只在希尔伯曼（Silbermann）的老式大钢琴上演奏。当他星期日去望弥撒的时候，上流家庭的孩子们会挤在他庭院的路边欣赏国王排场的随行队伍：马车夫、侍臣和副官走在前面，国王穿着华丽的旧式服装，头上戴着布鲁托斯（Brutus）假发，并涂了粉，双手藏在一个巨大的手笼里，他的后面跟着安东尼（Anthony）和马克西米连（Maximilian）亲王，二人的年纪几乎和他一样大，也戴着手笼，手臂下还挂着软帽。这场景着实奇特，也许只有朴实的德累斯顿人目睹这一切而不会发笑……国王的双足绝不踏上街道。即便他想看看来演出的马戏团，他也只是让狮子、大象和蛇来他的庭院里表演。[87]

为特赖奇克的叙述增添异色的是他的语言：丰富，饱满，富有乐感，虽然有时风格过于铺陈，但总是很有表现力。

特赖奇克的词汇最为丰富。有时他给人的印象是在要弄最高超的文字游戏，这对德国人来说是件罕见的事。人们也许会说，语言对他没有秘密可言。另外，他曾说过，不可忽视表现形式。“轻视表现形式就像过分追求表现形式一样矫揉造作。”他还以歌德的话补充说：“只有成熟的思想才能产生准确的表达形式，正如花朵会产生果实一样。” 300

表现形式的问题本质上说是个思想问题，特赖奇克以其高超的技艺证明了这一点。比如，当他谈到沙皇尼古拉（Nicholas）的时候，他出色地运用了语言上的对比手法：“他是个最得体的下级军官，在进行队列操练时无人能比，但要作为将军或行政官员，他都不称职。”古怪的巴伐利亚国王路德维希（Ludwig），在寥寥数笔之间，就被他以引人入胜的方式刻画了出来:“当这位聪明的艺术家不得不开口说本土语言时,他就会偏离自己的正常表现,因为这种语言他说得实在太糟了。如果他渴望得到一件艺术品,他愿意放弃一切娱乐,不过如果他看到一个漂亮的妇女经过,那是什么东西都不能阻止他的。他会以颇具希腊风味的热情向她表白他的爱,不过在我们今天庄重的中产阶级社会,这样的热情肯定会造成某种轰动效应。”

除此之外,特赖奇克还有其他的特征:他是个风趣的德国人。如果要点出他作为一名叙述者的主要优点,人们也许会认为是他的幽默。他的幽默是地道的德国式的幽默:很像巴登诗人谢菲尔(J. V. Scheffel)和闲谈中的俾斯麦的幽默。在他即将告别柏林大学时,特赖奇克向他的朋友们出示了自己的一份粗略的著作提纲,在这份提纲中,他以极为幽默的口吻嘲笑了两位德国学者,这两个人试图搞清楚吞噬波利克拉特[88]的指环的鱼究竟是鲱鱼还是狗鱼。

特赖奇克离开大学后依然保持着那份提纲中的幽默感。对于条顿的风俗和军事力量以及普鲁士的现实主义精神,他抱有十分纯洁的理想化认识,任何偏离自己认识的东西他都要以一以贯之的善意幽默取笑一番。
301 对于那些小国生活中可笑的一面,他有大量的笑话可资利用。在这方面,他的幽默感令人吃惊。我们不妨听听他如何讲述汉堡民兵的操练吧:

> 汉堡人最大的乐事就是看他们的民兵操练,这支部队由七个营的战斗部队组成,包括轻步兵、骑兵和炮兵。这些部队自视甚高,看不起可怜的汉莎人。若你看到部队在城中街道上行进,那将是个不平常的日子。有人击鼓高喊,“伙计,来吧”。市长头戴三角帽、腰上悬着一把滑稽可笑的剑,检阅穿越城门的部队。检阅过后还要来一次豪饮:烂醉如泥的士兵跟随军女商贩一起返回城内,行军变成了散步,街头顽童走到他们前面,唱起古老的国歌:
>
> 汉堡人得胜了,嚯!嚯!嚯!
>
> 不过那场面就像“赶猪上集市”。

特赖奇克总是擅长勾勒这样的风情画。讲述趣闻轶事也是他的长项。没有人能像他那样描述“符腾堡议会中的暴风骤雨，大学生生活中的奇特而有趣的侧面，维也纳和会的内幕，小国中大人物之间的斗争。”他对各种丑闻、柏林剧坛的生活、青年德意志派激进分子讨厌艺术的脾性都了如指掌。他还为我们提供了有关莱茵地区天主教、耶稣会重返奥地利、梅特涅亲王的宗教观念的丰富知识。在讲述这一切的时候，他总是带着那种饶有兴味的幽默感。比如，还有比弗里德里希·威廉四世及其王 302
后伊丽莎白(Elizabeth)的家庭生活更优美的画面吗？

> 王后伊丽莎白无疑是国王最挂念的人。的确，他对王后的缱绻柔肠超越了一个国王应该表现出的温情的限度。当他涕泪横流、情绪失控时，他会从他先父死去时曾躺过的那张床上起身说：“伊丽莎白，支持我：我现在需要力量。”当他因公务而不堪重负时，他就会回到她身边，她总是以始终如一的平和脾气、始终如一的喜悦和温情迎接他；当国王因发脾气而不能自制时，她会一边环视房间一边说：“我来找国王”。她在宫廷礼节容许的范围内尽量让家庭生活充满欢乐。圣诞节的晚上，国王夫妇会在城堡的庭院里散步，除夕夜，守夜人会来到宫廷中吹响新年到来的乐声。[89]

1840年左右，维多利亚(Victoria)女王和丈夫的生活画面也大抵相同：

> 让宫廷中的英国人感到愉悦的是女王和蔼的居家风范，她的家庭生活，以及她每年准时生下小孩——速度之快实乃自然法则所能允许之极限。宫廷再度变成了某种社会力量，虽然它没有像斯图亚特王朝时代那样，成为首都生活的中枢；不过，伦敦的上流社会虽然本质上说是轻浮的，但他们至少要学习一下宫廷的体面风尚，对自己过分外露的表现稍加约束。自从盖尔夫(Guelph)家族[90]登基以来， 303
> 宫廷首次成为某种国民生活的中心，虽然其影响并不如人们想象的那样深刻。[91]

正因为特赖奇克生性幽默，他著作中的几个人物形象也是别具特色，例如，他曾这样勾勒帕麦斯顿(Palmerston)爵士：

> 帕麦斯顿爵士喜欢嘲弄其同胞的假正经风气，并以一个“乐天派”(bon vivant)的诚实坦言自己很喜欢女人和人世间的种种乐事。甚至到了年迈之时，他还喜欢被称作丘比特爵士。傍晚时分，当下院的漫长会议结束后，他迈着轻快的步子走出议会，纽扣孔里插着鲜花，雨伞横在肩膀上，高高的帽子微微向后倾斜，所有英国人都乐意看到这种英国式的老来俏。帕麦斯顿浑身散发着愉悦的自得之情：他那宽阔、厚实的盎格鲁-撒克逊头颅，他那明亮的、离鼻子很远的眼睛，都能让人想起斗牛狗的力量和狐狸的狡猾。对于仆人和佃户，他是个好主人，他知道如何按英国贵族的老习惯为亲朋好友谋个好位置。不过他从未因为明知故犯地任命傻瓜而受人指责。[92]

如果刻画逼真而有趣的人物形象、饶有趣味地讲故事之类的才华足以造就伟大的历史学家的话，特赖奇克肯定在德国是首屈一指的。但是伟大的历史学家还需要别的才能，还需要对政治问题有清晰的见解，需要
304 有公正的鉴别力。特赖奇克具有这样的公正吗？

当我们翻开他的历史，首先让我们震惊的是他语气的激烈。每一页上我们都能看到这样的句子：

> 梅特涅是这个大陆上最大的骗子和无赖。[93]
>
> 犹太人是享用德国农民之痛苦的食腐肉的鸟类。[94]
>
> 不管法国采取何种政府形式，它都始终是警察和被降格为警察的士兵的国度，是朋党法庭、高谈阔论的议会的国度，是群众迷狂和天主教盲信的国度。[95]
>
> 这些条顿狂热分子实际上都是些伪善的恶棍。[96]

他以这样的方式描写康斯坦丁大公(Grand Duke Constantine)的婚礼：“在女沙皇的授意下，这位母亲派来了三个女儿[97]，而举止粗俗的康斯坦丁把手帕扔向了她们中间最年轻的一个。”[98]布鲁塞尔的宫廷成了

"欧洲各宫廷之间最大的婚介所"[99]。

你不用看太多这样的文字就能发现,眼前的这位作者并不是个真正的历史学家。真正的历史学家应尊重他的对手,即便他与后者在观念上截然对立。由于特赖奇克才能出众,他在这一点上的欠缺尤为令人惋惜。

这位历史学家曾说,他的同胞在"学术探讨中经常迷失了品位和礼貌的规则"。按照这个说法,他自己就是最充分地表现出此类现象的民族主义作家。

他一直是这样、并一直希望这样做吗? 305

特赖奇克生性激烈冲动。他最亲近的朋友也承认,他无法忍受别人与他抵触。一位朋友说:"他说话无拘无束,但他听不见别人对他的回应,如果别人不赞成他所说的,他会十分震惊。他坚持自己的看法,以至于最后同最好的朋友断绝关系。"[100]

必须承认,这样的脾气对书写历史来说是不利的。谁敢说只有他掌握真理呢? 特赖奇克也认识到了这一点,起初他为了达到公正而付出了令人称道的努力。1864 年,他在给聚贝尔的信中写道:"我缺少历史学家的平静,我太容易冲动,随着时间的流逝,我希望成为一名历史学家。"后来他又写道:"对于历史学家来说,我的血脉太火热了:我要读修昔底德(Thucydides),学习真正的史家风范。"但随后特赖奇克突然改变了看法,他开始认为历史写作应"无所顾忌"(rücksichtlos),并可带有愤怒和激情。[101]

他在一封信中说:"我不指望被称为一名公正历史学家:要我获得这样的名声是不可能的。……另外,那种全无生气的客观性肯定是与真正的历史感相悖的。……所有伟大的历史学家都坦率地承认自己的片面性:修昔底德是个雅典人,塔西佗是个贵族。……准确地表述事实——这对历史学家来说就是一切;至于别的,判断是他自己的。"[102]

但他观点的转变从何时开始呢? 这是普鲁士的诸次胜利带来的效 306
应。在职业生涯开始时,特赖奇克也有激情,爱国主义的激情,但这种激情里面至少还有某种崇高和宽厚的东西。激情使他经常歪曲别国的历史。最初他承认了这一点,其坦率可以为他赢得尊重。在论述路易十四时他这样说:“我不能忘记,法国是踩着我国的肩膀而成为欧洲的头号强国的。”[103]

在另一处他写道:“像摩尔(Mohl)[104]那样卓越的裁决者曾质疑,我对于拿破仑的组织才能的判断是否足够公正。我能理解这样的指责。这位皇帝给我们国家带来的创伤依然清晰可见,它不能被遗忘。要一个德国人公正地评价德国的首要敌人,这并不是件容易事。”[105]

但1880年时,激励他的已不再是这种爱国主义激情了:他完全站到了普鲁士的政策一边。除此之外他看不到任何东西,一切都显得微不足道。他成了“普鲁士主义”的信徒,而且以这种精神来书写历史。

由此便能发现特赖奇克之所以产生严重偏见的全部秘密。

四

特赖奇克从来不掩饰这一事实:他是以严格的普鲁士观念来看待历
史的。而且他也以此为荣。对此他的理由是:“在政治上,人们只能以成
307 功者的角度来判断。”这种哲学与德国的理念是一致的。这种被勒南称
为历史“动物学”的理论深受普鲁士史学家们的青睐。特赖奇克是他们中间最出色的代表。他通过外在原因来解释普鲁士在德意志成功的根源。他说:“激进派的理论认为,国家起源于享有主权的人民的自由意志。但历史教导我们的恰恰相反:国家的崛起通常是违背大多数人的意愿、通过征服和归顺而实现的,就像战争一样:即便是在高度文明的时代,战争也始终是塑造国家的强大力量;因此各民族的内部政策不能仅仅根据舆论的变化来决定,而是要以政府行动来确定。”[106]

根据他的看法,整个德意志的历史应通过普鲁士的历史来解释。统一德意志的是普鲁士这个国家,这“更多不是靠政府的协商举措、而是靠其制度的内在力量:换言之,靠指导其政治演进的精神。”

我们已经听说过以普鲁士人民的心理学来解释德国历史的方式,但

还没有谁像特赖奇克那样以雄辩的口才和丰富的形象来发挥这种解释方式。他竭力证明，普鲁士人体现了最纯粹的德意志美德，因而他们也是德意志种族的杰出代表。

这些美德到底是什么呢？特赖奇克得意洋洋地进行了列举：首先是性格上的独立、自豪、对自己的权利信念坚定、听从良心的指引。特赖奇
克说，这些美德，“德意志人在最大程度上拥有之。的确，德国人没有艺 308
术，但这无疑是其优越于其他民族的一个原因。在边疆马克的沙地上从未出现过圣徒：在阿斯卡尼亚边地侯那粗陋的宫廷中[107]，听不到抒情诗人的吟唱。勤奋的僧侣之所以要努力工作，主要是为了赢得作为熟谙农事的农夫的声望，而不是为了获得艺术家或学者的桂冠；城镇的商人也在辛勤工作，生活至为艰苦；勃兰登堡国家只有依靠武力和强有力的民族自豪感，才能超拔于其邻国之上。”[108]

从这种观念出发，特赖奇克试图证明，这样的业绩是国王和贵族们完成的，他们是构成普鲁士力量的两大制度——行政机构和军队的缔造者。

在特赖奇克眼里，普鲁士的国王就是楷模：贫瘠土地上的辛勤劳动、不得不同邻国进行的持续不断的斗争，这些都磨炼了这群严厉而桀骜的统治者的坚韧，而这些罕见的品质已经为他们迎接伟大使命做好了准备。当他们接受新教时，这样的准备已经完全就绪了。

特赖奇克还试图以大量的论据证明新教与德意志是同义词。他指出：

> 耶稣会的信仰始终与我们民族的精神相悖。新罗马教会丰富的精神力量在罗马人的祖国可以自豪地展现出来，但在日耳曼这片充满敌意的土地上，在根深蒂固的异教人民中间，这些精神力量根本无法生根。这里不会有塔索（Tasso）和卡尔德隆的歌声，没有鲁本斯（Rubens）和牟利罗（Murillo）的绘画。德国僧侣中的懒惰、饕餮很难
> 与圣莫尔那些可敬的神甫的学术狂热相比。耶稣会把很多虔诚的教 309
> 士和能干的政治家带给了德国人……但耶稣会的所有文明都是罗马

思维的后果，正如罗马的宗教中注重享乐、令人兴奋的因素产生的效果。[109]

特赖奇克断定，作为德意志精神的最佳化身，普鲁士应该根据强者支配弱者的必然法则来征服德意志。不过这并不是他理论中的奇特之处，因为在他之前就有人这样说过：不，奇特之处在于他从中得出的推论。

他认为，构成普鲁士力量的有两个方面——对物质利益的关照和对军队的重视，而这两个方面必定要创造新德国，这就等于说，普鲁士是一台制作精良的机器，它可以自行运转而无须任何个人意志的作用。从这个前提推下去，特赖奇克便得出了这样的结论：关税同盟和普鲁士军事改革是德国统一的两大缔造者，于是统一就只是在首相府和战场上完成的，于是它便只是官僚和军官们的成就——说到底，是普鲁士贵族的成就。

正是为了得出“乡绅完成了德国统一”的荒诞结论，特赖奇克写下了五大本的《19 世纪德国史》。这部著作的字里行间都能看到这样的
310 寓意：“在德意志问题上，我们高尚的贵族总比中产阶级表现得更有远见，也更富献身精神”[110]——正如他自己说的那样。在另一个地方，他又说：“总是同一个政府在谴责国旗的飘扬、在反对成立德意志帝国议会，它认为这些东西是革命的异端，但实际上它正是新德国的创造者。”[111]

1861 年，特赖奇克曾认为自由派是“19 世纪民族生活中一切伟大业绩的创造者”，那么现在这些人又在他的著作中扮演什么样的角色呢？在这部历史中，他把他们贬低到无足轻重的地位，或者说，他们简直一无是处。当然，他毫不犹豫地承认，一些并非贵族出身的文人和思想家，如费希特、尼布尔和施莱尔马赫，曾对德意志的事业做出了贡献。他甚至热情洋溢地谈到了那些信任普鲁士的自由派，如施瓦本人普菲策尔（Pfizer），此人虽然“从未到过柏林”，但于 1830 年写了一篇支持霍亨索伦家族政策的檄文。民族自由派之父达尔曼和他的继承者聚贝尔、邓克尔和弗赖塔格等人——这些继承者 20 年后实际上都成了帝国派——也蒙他善意之评价。但对于所有其他自由派，特别是那些自由派色彩最深者，他

都一概否认其在统一事业中的任何作用。相反,他嘲笑这些人的努力,当他们展出国旗时,他讽刺说,仿佛“升起一面旗帜或发表一篇爱国主义演说就能实现统一”。他忘记了,他自己也发表过类似的演说,这些演说与其他众多的演说一起推动了公共舆论的形成,而没有公共舆论,统一事业 311
可能永远不能完成。

在德国近代史上,有一个事件可以特别鲜明地说明这一点。在北德意志联邦议会的一次著名会议上,俾斯麦就卢森堡问题接受本宁森的质询。那是萨多瓦战役结束不到一年之时。当时普鲁士胜利的真正意义已经为人理解。但是,虽然普鲁士取得了成功,它却不能自由行动,或兑现这些成就,因为它不得不尊重德意志的公共舆论。这种舆论依然具有某种支配力量。[112]

由于特赖奇克的历史只讲述到1848年,所以他不能叙述德国近代史上的这个特点;但是另一方面,在他的著作中,没有任何地方提到人民的声音对于民族统一的贡献。

是德意志民族自己实现了德国的统一。如果说普鲁士是工具,那么民族的意志就是灵魂。德意志祖国的观念绝对不是普鲁士的观念。耶拿战役过后,这种观念尤其活跃在这个民族的开明阶层、各大学和大学生中间。是教授们大力宣扬这一观念、并使它深入下层人民之中。但特赖奇克对此只字不提。而在那个反动而死板的普鲁士,他认为存在两个有助 312
于统一的因素:普鲁士的贵族和国王。

特赖奇克的偏颇还没有到此为止:他坚持认为,无论从哪个角度看,这些国王和贵族都是无可指责的。对于这些“饱受抨击、被视为头脑狭隘的保守派”的乡绅,他认为他们“比自封的自由派还更讲自由”[113]。他说,“他们没有后者的空论倾向,也没有后者中产阶级的自私”[114],“他们很务实,对外交和政治问题很有见地”[115]。很显然,1881年的特赖奇克完全是通过俾斯麦和毛奇来看待全体普鲁士贵族的。

而在论述普鲁士的国王时,特赖奇克的工作较为棘手。虽然这位历史学家初衷很好,但他根本无法让我们认为弗里德里希·威廉二世是个家庭操守的典范，认为弗里德里希·威廉三世是个聪明而富有洞察力的政治家，认为弗里德里希·威廉四世是个对其家族的伟大历史使命具有深刻认识的君主。

当然，特赖奇克并不试图让我们相信这些，但他以极端巧妙的手腕小心翼翼地避免任何错误的表态。他忽略了这些国王性格上的缺点。他们中间之所以有像弗里德里希·威廉二世那样的懒散、放纵和意志薄弱者，特赖奇克认为，其原因归咎于时局之艰难；对于弗里德里希·威廉三世这样对自己的政策缺乏洞见的顽固而懦弱的国王，这位历史学家则谨慎地淡化后者的所有缺陷，并以颂扬其私人的、"作为一个好父亲"的美德来
313 补偿之；如果特赖奇克无法掩盖国王政策中的严重错误，他会一笔带过，其手法之轻巧让你不知道该如何去褒贬。比如，他笔下最惹人怜悯的普鲁士国王弗里德里希·威廉四世是如何的温和腼腆呢？

> 弗里德里希·威廉具有艺术家的想象力，他构想的世界中充满各种宏大的计划；而现在，作为一名心地善良的主人，他无法容忍自己被各种愁苦景象包围着，他急需实现自己构想的那些计划。……他希望旧制度的严厉程度有所缓解；他宽恕了煽动分子，宽恕了波兰人，并把他们视为可怜的受压迫的人民而加以保护；他主张出版自由，但宗教自由更为优先。对于天主教徒因科隆的主教争论而引发的怒火，他希望以宽宏大量的让步平息之。……
>
> 他也长期受柏林朝廷的吝啬习气之苦；为了维持与一个霍亨索伦家族相配的豪华宫廷，他希望把全德国的艺术和学术巨匠聚集到自己周围。……唉！在这么多的计划中，要是有一项能稍加推行、有一项得以实现就好了！但是，对于这位梦想家来说，将计划付诸实践是最无关紧要的。他完全沉浸在其设想的思想游戏中，一遇到阻碍他就灰心丧气，最终一事无成。
>
> 在霍亨索伦家族的所有君主中，他是最不喜欢战争、最希望维持和平的，甚至比他父亲还热衷于和平，而且他是在位期间唯一没有打过仗的国王。在一个博物馆的正面，他命人刻下了恺撒的话："Meli-

> us bene imperare quam imperia ampliare”(良好的治理胜过辉煌的扩张),这个说法对一个世界帝国的主人而言也许是合适的,但出自 314 一个疆界凌乱、尚待完善的小国君主之口,则未必恰当。
>
> 他是最不适合于领兵打仗的,这个近视眼国王总不愿意跨上战马……他的军官们可能认为,国王履行自己的军事职责是受良心的驱使,但谈不上任何喜爱……只有在回归自我之时,或当他在热烈的讨论中宣泄自己的思想和情感、以此来娱乐听众和他自己时,他才能得到享受。“只有等到说话的时候我才能得到休息,”他在给朋友的信中这样说。……只有那些不了解他的人才会指责他装腔作势,但实际上他毫无虚荣心。……但要他倾吐内心的想法,表达自己想象中的各种意象,纯熟地使用自己的母语,这对他而言实属为难。……从这个角度看,他跟祖父腓特烈二世很不一样,后者生来就是个演说家,但总是言之有物,而且从不会忘记这一点:国王的话语只有转变成行动时才会为后代铭记。[116]

当特赖奇克论述的不是普鲁士国王时,他对王权便显得很无情。这部著作涉及的君主不下二十四位,既有德意志的其他君主,也有外国的。我认为他们中间没有一位得到过作者的嘉许。这位信仰上的君主主义者对国王的认识与中世纪的观念相仿,即国王应该匡正错谬,应该保护弱者,但是,当他论及任何外国君主时,都表现出一个 1848 年煽动家的党同
伐异的狂热之情。从来没有哪部著作中出现过如此多受尽鞭挞的君主形 315
象。他们只是一群无赖、反常、邪恶的人物,危险的傻瓜,生性放荡、狂躁,好像是从低劣的家族中冒出来的。

出现在我们眼前的有些是狡猾的国王,他们寻找的只是如何大规模地施展自己生来恶劣的天性的机会,也仅仅在这个意义上,他们要超出普通人的水准,如布伦瑞克公爵查理(Duke Charles of Brunswick),宣称其“导师是塔克文和尼禄”的符腾堡国王,奥地利皇帝弗兰茨二世(Francis II),而这位皇帝就是他所谓的典型的“戴王冠的无赖”:

> 他是个品味庸俗的佛罗伦萨人[117],但脸上总是戴着奥地利人愉快而和善的面具,以蒙蔽接近他的人。虽然他面相不善,眼神冷酷严厉,虽然他与其家族的某些成员——特别是菲利普二世(Philip II)——惊人地相似,但人人都相信这位虚伪无情的暴君那孩子般的纯洁。
>
> 他在政治上的想法至为简单。在动荡的岁月过去后,他希望安享余生;他还希望在呈送给他的大堆文件的边上写下毫无意义的批注——这个想法有点像个热心的宫廷顾问;他希望能在闲暇时拉拉小提琴,并炫耀一下自己的文章和上漆的鸟笼。[118]

另一位国王,英国的乔治四世(George IV),形象就更糟了。在指出
316 乔治四世除了挑选围巾的品味之外一无是处之后,这位历史学家总结道:

> 这位追求时尚的神明完全是个庸俗的浪荡子,一个未老先衰的年轻人,一个酒鬼,最恶劣的王位玷污者之一。……他甚至连其家族从不缺乏的那种美德也没有,这种美德就是勇敢:这个娘娘腔从未表现出些许的勇气。[119]

在无赖和浪荡子之后就是那些头脑褊狭的君主,他认为沙皇尼古拉一世就是个很好的例子,这位君主“感觉不到他的人民的渴望,在位期间从未表现出一个平庸官员或下士的优点”。

人数最多的是那些傀儡和毫无进取心的自命不凡的蠢货,后一类人在其君主的使命中只看到了自我炫耀的机会。在这一最滑稽的肖像群中,特赖奇克向我们展示了“抱残守缺的老迈王权”,如萨克森国王弗里德里希·奥古斯特,“一个严格遵循着陈旧礼仪、充满各种古老成见的人”。另一批人为数较少,他们是巴伐利亚国王马克西米连之类的“老好人”,他们适合于“你所喜欢的任何职业,除了当国王之外”。最后一类是“中产阶级国王”。特赖奇克特别憎恶这类人,他把最辛辣的讽刺留给了他们,而两个王室家族特别引发他的憎恶之情,这就是奥尔良家族和科堡家族。[120]

在奥尔良家族中，路易·菲利普(Louis Philippe)尤其被他视为中产阶级国王的典型代表。

他说："法国君主的自豪感对他来说是陌生的，就像他没有意识到自己的王朝责任一样。在他那荒芜的灵魂中，历史的力量和延续千年的卡佩诸王的权利没有唤起任何回声。他是一位细心的家长，他所关心的主 317
要是如何恢复奥尔良家族的巨大产业，而这份产业很大程度上是起源于出租罗亚尔宫的赌场。[121]他总是希望为他的家族保留一份可靠的家业(ein ruhiges Hauswesen)，以防意外。在接受国王的尊号后，他把自己的产业给了孩子们，只保留着利息收入，当然，他知道如何与交情好的银行合作以使利息增收。'我告诉你'，他老是重复说，'我的孩子不会只有一小块面包啃。'"[122]

在科堡家族中，这种精神的代表者为数更多：比利时国王列奥波德一世(Leopold I)是第一位被特赖奇克描绘得比法国国王还要恶劣的君主：

> 他说话时嗓音低沉缓慢，处理国务时就像对待私情那样沉默寡言。在英国他被称作"慢慢来先生"，"超级温柔侯爵"。德国宫廷不太喜欢他，他在那里的称号是"狡诈者列奥波德"。他到处宣扬利益协调的哲学。在他的一个侄子第一次领圣餐时，他教给他如下的行为准则："你必须学会培养自己的利己主义，以便将来能像矿山一样利用之。"他完全熟悉商人的艺术。为了给自己的政策赢得支持者，他会抑制自己的贪婪，双手分发钱财，但他与交易所的紧密关系会马上弥补他的损失。……他是第二个在那场革命中诞生的中产阶级 318
> 国王。[123]……在奥尔良和科堡家族的推动下，新的一代人挤进了欧洲上层贵族的行列：他们与商界关系密切，口袋里了总是揣着交易所的上市证券表。……他们像15世纪的意大利暴君一样，对荣誉感和历史传承下来的信念漠不关心，因此从本质上说，他们比旧式贵族中的亲王们还要傲慢。[124]

在比利时国王受到嘲弄后，科堡家族的其他人都没能幸免，英国女王

的丈夫(Prince Consort,陪护亲王)受到的批判尤为严厉:

> 阿尔贝特(Albert)亲王像所有科堡家族的人一样平淡乏味,毫无热情,缺乏宗教情感,而且毫无困难地适应了英国人觉得什么东西都“很有趣”的习惯。在布鲁塞尔的时候,他接触了统计学家盖特莱(Quételet)的机械论世界观,这种理论把社会生活的所有现象、甚至道德现象都解释为盲目的自然力的效应。他更看重机械技巧而非高雅的艺术,看重技术而非科学,看重机巧而非理想。……在英国宫廷中,这个小个子德意志亲王就像一个嫁到了外国的公主;他不再拥有自己的国籍,亦不能展现自己的民族性。确实,他已经完全成了英国人。虽然他在家庭圈子里仍说母语,他体贴的妻子也容许他用小刀吃鱼——这在英国人看来是个很难接受的事——但他已经完全忘记了自己祖国的习俗。结婚几年后,当他重返德国时,他大肆卖弄英国
> 319 的习惯,居然在巡视美因茨的卫戍部队时穿了件灰外套,这让普鲁士的将军们大为愤怒,他们彼此询问道,这个年轻人真的忘了德意志的亲王一般是穿军装向国旗行礼的吗?沾染了冷漠无趣的英国生活方式之后,他失去了作为一个真正的德意志人之特征的快乐天性;他的观念变得如此僵硬、程式化、严厉而毫无思想,以致他在孩子的培养上虽然费尽心机,也只在一两个女儿身上取得了些成就,在王位继承人的培养上他尤其失败。

我们可以看得很清楚,这位科堡家族的亲王的最大罪过就是变成了英国人。作为一个坚定的普鲁士派,这位历史学家是那些视英国为民族敌人的德国人的领袖之一,这样的德国人为数众多。他讨厌英国人。如果说他承认法国人还有一些优点,如“这个民族强烈的理想主义,它的骑士风度和慷慨品性”,如果说他还对他所称的“莫里哀和米拉波的民族”有钦佩之情,那么他在英国人那里则看不到任何可以称许的东西。在他看来,英国人就是“培根的信徒,浅薄的功利主义者,狭隘自私的岛民,一手拿着圣经、一手拿着鸦片烟枪在世界上传播文明之福利的伪善者”。

对于自己所表达的对英国人的仇恨，特赖奇克还利用皇帝弗里德里希三世的死给出了一个有趣的证据[125]，这个证据在他的这部史书中出现的频率最高。每当有英国人出场时，他总会嘲笑或辱骂一番。唯一的 320
例外是卡莱尔，他说这个人是“唯一完全理解德国人的英国人，第一个达到德国的思想高度的外国人”[126]。

在条顿气质浓厚的阅听人当中，有关英国人的俏皮话总是能取得成功。特赖奇克善于在课堂上描述古怪的英国人的形象，并附带着“希普，希普，乌拉！”的口号，而他的听众则爆出笑声。[127]

当这位普鲁士历史学家论及英国人的政策时，他看到的只有唯利是图和罔顾道德，只有英国人对弱者的无情和傲慢。“是大不列颠发动了基督教国家所曾经历过的最恶劣的战争——鸦片战争。”[128]当谈到东方问题时，他宣称欧洲应该抓住这个机会制止英国人的野心，终结英国在直布罗陀、马耳他和科孚岛的舰队的支配地位，将地中海交还给地中海民族。[129]

当论及英国人的商业气息时，他说这些人“出于利润的算计而牺牲一切，他们鄙视任何与生活之改进无直接关系的东西”，我们会觉得，特赖奇克是在将英国人和自己脑海里的德意志民族的理想主义做对比。当谈到卡罗琳娜（Caroline）王后[130]——他挑选的“德意志的天真纯洁”的典范——时，他甚至以一种滑稽的方式向我们展示了这种对比关系。他 321
说，“……卡罗琳娜王后是个地道的德意志人，自然而坦率，也许缺少一点持重、想法可能还有点荒诞，但她真诚、勇敢、充满爱心、因为英国宫廷的虚伪而热爱真实。……但在那个冷漠的岛屿上，她却受尽毁谤。”[131]

这是因为，在特赖奇克的思维中，德国人的天性不可能是邪恶的。他的著作从头至尾都是对德意志美德的颂歌。只有德意志民族才真正懂得理想主义、坦率、自豪、绝对的忘我精神[132]以及对权利的不可摧毁的执著。[133]他的历史就是要证明，他的国家的真正伟人就是符合这些理想的。

当特赖奇克论述文学时，他以抒情的笔调分析了古典时代的伟大作品和19世纪初学术研究的繁荣。“德国人知道”，他说，“很长时间以来他们就以新的典范形式丰富了欧洲传统文化的宝库，他们懂得，在文明民族的伟大共同体中，他们占有世界其他民族所不能取代的位置。热情的青年人谈论的是德意志的深邃、德意志的理想主义和德意志的普世精神。这个理想主义民族的民族自豪感与这样一种观念相匹配：没有哪个民族能在思想上与大胆驰骋的德意志人匹敌，或者能够企及我们普世精神的自由境界。”[134]

322 在所有领域——绘画、音乐、建筑、诗歌、政治和军事艺术——特赖奇克都试图进一步展现德意志的独创品质（die deutsche Eigenart）。每个伟人都体现了这些品质，而他至少发现了他们身上的一点。例如，施坦因男爵具有条顿骑士那种不留情面的直率；在沙恩霍斯特身上则是“领悟力之深刻和性格之坚定，二者都隐藏在简朴作风和谦和的性格之下”[135]，而格林和尼布尔则体现了“真诚、深刻的德意志学术以及天才的潜意识的直觉”。

但另一方面，那些辱没这一理想的德国人该是多么不幸！特赖奇克对他们毫不留情。甚至哈登堡亲王也不为他称道。在这个“过分考究的万金油和手腕圆滑的人”身上，他找不到任何德意志的气质，虽然此人“文风优雅洗练，现代德语的运用非常纯熟，表达之清晰堪称完美，但缺少雄浑的力度、对细节的品味以及唯有典型的德国人才具备的深刻性”[136]。

我们可以看出，特赖奇克关于德意志人的理想典型接近于塔西佗的描述：森林中的居民，具有不可屈服的勇气，粗糙而坚韧，品行纯洁，不追求优雅和精致，但纯真朴实，唯一的缺点就是嗜酒。他不断在自己的史书中复活这种形象。他的努力总能取得好的效果吗？对此我们可以存疑。他在书中告诉我们说，1814 年，当盟军进入法国时，巴黎的街道上走来一个小个子男子，他奇特的服饰引发了街头顽童的笑声。这个人穿着一件油腻的外套，背上搭着一个宽大的双层衣领，一头乱蓬蓬的长发垂到了肩
323 上，手里拄着一根长满节瘤的大木杖。“他是雅恩（Jahn）神甫，德国的高级中学（Gymnasium）之父，他希望复活上古时代日耳曼人的遗风，并试图

通过自己奇特的服饰向文明但腐败的法国人展示何谓纯正的德意志本性(die reine deutsche Eigenart)。”

恐怕特赖奇克的举止也像雅恩神甫那样怪异吧。他的著作通篇都在列举表现粗糙和坚韧品质的细节，都在反对任何可能“败坏德意志之纯洁”的东西，都在为此而斥责“世界主义者”的一切恶行，通过这些努力，他在德国重新唤起了对莫斯科人[137]、波兰人、丹麦人、法国人、英国人和犹太人的旧的种族仇恨。

他的工作不仅没有价值，而且是在犯罪。在19世纪刚开始时，德国曾以最博大的宽容精神、最人道和最广泛的世界主义而自豪，但现在看来，这些优秀品质已经丧失。驱逐它们的正是这些普鲁士的先知们。1870年，欧内斯特·勒南曾谴责过这一恶行：“极端的爱国主义损害了那些以圣保罗的教导为根基的普世成就，这一教导就是：Non est Jadaeus neque Graeus(既无犹太也无希腊)。80年前，正是你们的伟人为我们敞开了大道，他们并非狂热的爱国主义者，我们将追随他们的道路。我很担心，你们这极端爱国主义的一代在排斥非纯粹德意志的事物的同时，将造就一批更为狭隘的听众。耶稣和基督教的创始人都不是日耳曼人。……你们的歌德也承认，他曾受惠于伏尔泰和狄德罗的‘腐败法国’。请允许我说，‘你们已经堕落了’，让我们将这些狂热见解扔给那些低级舆论 324
吧。”[138]

特赖奇克是这些恶劣先知当中的翘楚。正是他发出了最响亮的民族主义的野蛮叫嚣：“我们已经在宽容和启蒙(Aufklärung)的大名的牵引下走得太偏了。”他是赫尔维格(Herwegh)所号召的——“爱已经足够了，现在我们要去恨”——那一代人的养父。这就是他的著作之所以有罪过的原因。

他能做出的唯一辩解是自认为从事的是一项神圣的工作。这也是所有诚实的狂热派的借口。如今他已经表明了自己的诚实。由于他对自己国家的热爱，他的思想才变得如此褊狭，他的原则才如此独断。正因为如此，这位曾把托克维尔视为楷模的自由派终于变成了宣扬不宽容的使徒。

他的错误在于他要去写历史。特赖奇克是个维约(Veuillot)[139]式的复古派,同时也是强权的辩护者、严厉而雄辩的道德家。但是他书写的历史很大程度上——除了表达形式的优美外——只具有消极意义。我们不妨再看看。他宣称自己书写历史的原则是“科学的方法论和论题的可操作性”,并希望撰写一部纯粹的政治史,但该书的大部分章节表明,他是个记述风俗的史学家,一个编年史家。他确实对所有本来就存在的政治问题进行了认真的考辨,并凭借自己的研究和对未刊手稿的了解,对很多
325 问题做了新的解释,但根本上说,他关注的是人物而不是制度。他以26页的篇幅详细讲述劳拉·蒙泰兹(Lola Montèz)和巴伐利亚国王的丑闻,但仅用了50页——即两倍的篇幅——来叙述1840—1848年间德国政治史上最重要的政治事件:普鲁士州议会的召集。

特赖奇克本人因为其激越活泼的个性而成为一个最为有趣的人物,但必须承认的是,他不是一个真正的历史学家。作为一个富有情感和想象力的人,他当然颇具魅力、充满热情——但他也肯定有斥责和咒骂之举。他不具备对某个问题本身进行科学研究的能力:对于研究对象他必定带有仇恨或热爱之情。说到底,特赖奇克让我们想起了卡莱尔——也许是一个更贴近常人的、较少忧郁气质的、更为直接、性情更温和、更为坦率、气质更欢快的(卡莱尔始终为激情支配,特赖奇克性格中的某些细致之处是他从不具有的)、不那么恼人的卡莱尔,因为特赖奇克并不装腔作势;但是说到底他还是个卡莱尔式的人物——就是说,是个说教者而非历史学家。

注　释

〔1〕 P. 弗里德里克:“德国的历史高等教育”,《比利时高等教育评论》,第25卷。

〔2〕 Th. 希曼:《特赖奇克》,188页。

〔3〕 叔本华对妇女十分轻视,曾有言:“装模作样是女人与生俱来的东西”。——译注

〔4〕《19世纪德国史》,第一卷,309,第二卷,302,第三卷,503、505、585。

〔5〕我认为,首先为特赖奇克作为历史学家的才具喝彩的是外国人。见 A. 沃德(A. Ward)发表在《英国历史评论》(1886,第一卷,809页)上的论文。

〔6〕特赖奇克于1896年5月去世。

〔7〕特赖奇克1834年出生于德累斯顿,父亲爱德华·冯·特赖奇克(Eduard von Treitschke)将军曾为萨克森国王服役,萨克森-科堡-哥达公爵(Duke of Saxe-Cobourg-Gotha)在其《回忆录》中经常提到这位将军。

〔8〕罗伯特·布鲁姆(Robert Blum, 1807—1848),德国政治活动家,1848年革命中的激进自由派首领,拥护人民主权原则,1848年11月因参加维也纳革命运动而被处决,他的死是德国1848年革命失败的一个标志。——译注

〔9〕卡芬雅克(Louis Eugène Cavaignac, 1802—1857),法国将军,阿尔及利亚战争中的老兵,曾负责镇压1848年六月起义,但在年底的大选中败给路易·波拿巴。——译注

〔10〕希曼前引书,33页。

〔11〕他于1785年出生于波美拉尼亚的维斯马,当时该地受瑞典统治。

〔12〕达尔曼试图证明,宪政观念植根于古代日耳曼法律中,在德国确立这些观念将会给予这个民族过去曾拥有的东西。

〔13〕1848年,当时普鲁士的王储、未来的威廉一世皇帝曾这样评论达尔曼:“达尔曼应该因其关于德意志的新宪政观念而享有最高的威望。”

〔14〕希曼前引书,47页。

〔15〕例如,虽然特赖奇克是德国最坚定的反犹主义者之一,但他交情最久的朋友却是个犹太人:阿尔方斯·奥本海姆(Alphonse Oppenheim),这位朋友的身份对他而言并无意义。

〔16〕我们还可以根据普鲁士的民族主义观点来补充几句。文中提到的情况尤其表现在《莱辛去世以来的德国文学史》中,特赖奇克盛赞尤里安·施密特的这部著作体现了“民族主义和新教的精神理想。”

〔17〕《社会学》(*Die Gesellschaftswissenschaft*),55页。

〔18〕同上,14页。

〔19〕Th. 希曼前引书,71,98页。

〔20〕见原书第9页注。

〔21〕 在1859年的一封信中,我们可以认为他发现了威廉一世。"我们所有的希望都在他身上,"他说。"……是的,德意志将在此为世界的自由而流血,正如两百年前一样,但这一次,将有一个强大的普鲁士引领德意志,斗争的结果将比不幸的威斯特伐利亚和约更美好!"Th. 希曼前引书,142页。

〔22〕 同上书,146页。

〔23〕 特赖奇克认为自己的职位是个"战斗岗位"。他之所以被提名,要归功于他与巴登的大臣卡尔·马蒂(Karl Mathy)的友谊,此人是个自由派,几年前与特赖奇克在莱比锡相识,当时他曾在那里担任一家重要银行的经理。

〔24〕 Pfaffe是对教士的一种蔑称。——译注

〔25〕 Th. 希曼前引书,213页。

〔26〕 同上,240页。

〔27〕 就在他吹响庆功号角的那一刻,他的一个兄弟在奥地利军队里作战,并在萨多瓦受重伤。

〔28〕 当时有两个喉舌为普鲁士的政策辩护:莱比锡出版的《前沿快报》和柏林出版的《普鲁士年鉴》。特赖奇克在莱比锡期间曾为《前沿快报》撰稿,从而开始了在报界最初的尝试。在柏林的时候,他是《普鲁士年鉴》最勤奋的撰稿人之一,并担任了该刊物的编辑,这项工作他一直干到1889年。今天这份刊物的编辑工作由汉斯·德尔布吕克负责,他像特赖奇克一样,也是柏林大学的教授。

〔29〕 《德意志斗争的十年》,281页。

〔30〕 同上,408页。[译者按:"苹果的纠纷"指的应是传说中引发特洛伊战争的"金苹果"的故事。]

〔31〕 同上,275、468页。

〔32〕 "世界的历史就是世界的法庭"(Weltgeschichte ist Weltgerichte),——他说。

〔33〕 《德意志斗争的十年》,153页。

〔34〕 希曼前引书,248页。

〔35〕 《德意志斗争的十年》,91页。

〔36〕 德国统一完成后,以前的一些德意志邦国(萨克森、巴伐利亚和符腾堡)的君主依然保留着国王的名号,并有相当大的自治权,而普鲁士的国王同时也是帝国皇帝。——译注

〔37〕《德意志斗争的十年》,113 页。

〔38〕同上,591—592 页。

〔39〕《历史和政治论集》,第二卷, 250 页。

〔40〕同上,第一卷,28 页。

〔41〕同上。

〔42〕同上,第三卷,74 页。

〔43〕这篇论文标题为“法国的政治生活和波拿巴主义”(“The Political Life of France and Bonapartism”)。第三卷,43—427 页。

〔44〕“这个民族”,特赖奇克说,“有个习惯,就是以一句漂亮话来开脱自己所有义务:‘你们的要求对我是苛求(que voulez-vous, c'est plus fort que moi)’”(第三卷,129 页)。另一处他说:“很显然,法国人中间没有真正的民主主义的质朴的影子。即使在骑士时代,到处传播骑士荣誉和风流做派的也是他们。”(第三卷,56 页)还有:“每个法国人都想出风头。嫉妒是他们特有的罪过。”(57 页)

〔45〕“路易十四的掠夺战争(Raubkriege)和拿破仑的征服没有别的根源。法国人有一种罗马式的荣誉观念:民族自负感和军事上的傲慢。”(《历史和政治论集》,第三卷,75 页)

〔46〕“这个民族”,他说,“不会让任何人越出大多数人的整齐划一观念,它害怕摧毁国家的全权”(第三卷,60 页)。

〔47〕《历史和政治论集》,第三卷,58 页。

〔48〕同上,62 页。

〔49〕同上,60 页。

〔50〕“德国的自由派首领向我们指出,‘勇敢的法国人是天生的共和主义者,’而德国人是‘驯服的君主主义者,’但他们完全没有认识到法国人本能上的君主主义。法国人的语言是唯一有主权这一说法的。……所谓的 89 年观念,实际上无非是相互排斥的专制和自由观念的糟糕混合。……法国的官僚制中央集权是世人所知的最丑恶的制度。……法国人的天才只有在巴黎才能得到奖赏。法国是唯一将外省一词等同于愚昧和狭隘的国家”(《历史和政治论集》,第三卷,50—70 页)。

〔51〕“拿破仑发现集权行政体制是很适合于他的制度,这种制度将一直延续下去,

直到这个民族的需求和观念彻底改变为止”(第三卷,52 页)。

〔52〕 “拿破仑的方案完全决定了法国在现代史上的政策……今天我们可以拭目以待,看看这种政策何日再度浮现出来”(第三卷,83 页)。

〔53〕 “法国人将会给全世界的自由带来最大的危害……如果德国人民不保持戒备的话”(第三卷,83 页)。

〔54〕 “我们这些新教徒”,他说,“在考虑自己民族迅速皈依新教时,不能不为将新教信仰驱逐出法国的罪恶行径而感到痛心。当一个勇敢而智慧的民族只能在教会和徒劳的拒绝之间作出选择时,可怕的冲突就发生了,恐怖笼罩的社会只能在奴役中寻求安全。”

〔55〕 特赖奇克把法国成就的伟大业绩过多地归因于新教精神。他之所以认为“法国人的议会制尝试并非完全不值一提”(第三卷,115 页),那是因为他要把这些尝试的光辉之处归功于新教理念。他还说,“我们德国人不应该忘记,法国在其社会斗争中是在为世界其他地方经受痛苦”(第三卷,228 页);他也承认,法国的激进派——虽然他的确不喜欢他们的观点——表现了高尚的牺牲精神和英勇气概(第三卷,229 页)。

〔56〕 指的应是前面提到的关于法国人心理的论文。——译注

〔57〕 《历史和政治论集》,第二卷,559 页。

〔58〕 《德意志斗争的十年》,284 页。

〔59〕 同上,313 页。

〔60〕 《路德和德意志民族》(*Luther und die deutsche Nation*),小册子,1884 年。

〔61〕 《德意志斗争的十年》,466、516 页。

〔62〕 同上,488 页。

〔63〕 同上,370 页。

〔64〕 兰克:《自传》,597 页。

〔65〕 V. 谢比列:《布拉格和约以来的德国政治》(1870),133 页。

〔66〕 《德意志斗争的十年》,192 页。

〔67〕 同上,28—29 页。

〔68〕 这里的奥尔良商人指的应是法国七月王朝的国王(出身奥尔良家族),而七月王朝被认为是金融资产阶级的王朝。——译注

〔69〕 《德意志斗争的十年》,516 页。

〔70〕 这里指的哥达应是1848—1849年革命期间曾召开过议会的哥达。法兰克福国民议会失败后,1849年5月,一些原来的自由派议员到哥达聚会,商讨以和平方式实现德国统一。——译注

〔71〕 J. 达摩斯泰特:《犹太民族历史概论》(*Coup d'oeil sur l'histoire du peuple juif*),1881。

〔72〕 《略论我国的犹太人》(*Ein Wort über unser Judenthum*)。当皇帝弗里德里希三世去时,他曾写道:"认为一位霍亨索伦家族的君主会成为自由派的皇帝的看法对他而言是不公正的,这种看法意味着他要成为反君主主义的柏林的皇帝、那些在政治上迷失方向的教授们的皇帝、一小撮不安分的商人和巨大的犹太国际势力的皇帝"(《两位皇帝》[*Zwei Kaiser*], Berlin, 1888)。

〔73〕 德吕蒙(Edouard Adolphe Drumont, 1844—1917),法国记者及作家,1889年成立法国反犹同盟,创办反犹报纸《自由之声》,其反犹思想是纳粹的精神来源之一。——译注

〔74〕 Th. 希曼前引书,156页。

〔75〕 同上,158页。

〔76〕 《十九世纪德国史》,第一卷,序言,vi页。

〔77〕 费阿刻斯是荷马史诗《奥德赛》中的一个岛屿,奥德赛在岛上受到国王的热情款待。——译注

〔78〕 《19世纪德国史》,第一卷,602页。

〔79〕 《德意志斗争的十年》,7页。

〔80〕 《19世纪德国史》,第五卷,20页。

〔81〕 同上,第一卷,148页。

〔82〕 比维尔:《在俾斯麦身边》(Bewer, *Bei Bismarck*, Dresden, 1891)。

〔83〕 《19世纪德国史》,第一卷,616页。

〔84〕 同上,第四卷,83页。

〔85〕 同上,第一卷,611页。

〔86〕 "北德旧等级制度风情画"("Altständisches Stilleben in Norddeutschland")(《19世纪德国史》,第三卷,456—556页)。

〔87〕 《19世纪德国史》,第四卷,506, 507页。

〔88〕 波利克拉特(Polycrates),公元前6世纪古希腊政治人物,曾任萨摩斯的僭

主。——译注

〔89〕《19世纪德国史》,第五卷,17页。

〔90〕亦称威尔夫家族(House of Welf),11—20世纪德国和英国的许多君主出自这个家族;这个家族在英国亦被称作汉诺威王朝(House of Hanover),从1714年维持到1901年。——译注

〔91〕《19世纪德国史》,第四卷,126、127页。

〔92〕同上,第四卷,27页。

〔93〕同上,第四卷,265页。

〔94〕同上,第四卷,529页。

〔95〕同上,第四卷,423页。

〔96〕同上,第二卷,390页。

〔97〕女沙皇指叶卡捷琳娜二世,是她将康斯坦丁抚养大;文中的母亲也许是指康斯坦丁的妻子Julia of Saxe-Coburg-Saalfeld的母亲,前者是后者的第三个女儿。——译注

〔98〕《19世纪德国史》,第三卷,85页。

〔99〕同上,第三卷,86页。

〔100〕《民族》(*Die Nation*),No. 31, 1896年5月2日。

〔101〕《19世纪德国史》,第五卷,序言。

〔102〕Th. 希曼前引书,226页。

〔103〕《历史和政治论集》,第三卷,79页。

〔104〕也许是指植物解剖学家摩尔(Hugo von Mohl, 1805—1872)。——译注

〔105〕《德意志斗争的十年》,207页。

〔106〕《19世纪德国史》,第四卷,350页。

〔107〕阿斯卡尼亚(Ascanian Dynasty)是统治勃兰登堡边区的第一个家族(1157—1267)。——译注

〔108〕《19世纪德国史》,第一卷,25页。

〔109〕同上,第一卷,20页。

〔110〕同上,第二卷,序言。

〔111〕同上,第三卷,350页。

〔112〕德国的舆论被新的胜利震慑住了,但它并没有因此被摧毁,在经历短暂的消

沉后，舆论再度深刻影响了后来的局势发展。萨多瓦战役后，维克托·谢比列说："这世上有一种神秘的力量，它充满各种机巧和诡计，会戏弄最伟大的政客，从后者高超之极的手腕中引出他们未曾预想到、也不想接受的后果。"

〔113〕《19世纪德国史》，第三卷，8页。

〔114〕同上，第四卷，499页。

〔115〕同上，第三卷，86页。

〔116〕同上，第五卷，7—9页。

〔117〕奥地利（或神圣罗马帝国）皇帝弗兰茨二世1768年生于佛罗伦萨，其父为托斯坎尼大公。——译注

〔118〕《19世纪德国史》，第一卷，604页。

〔119〕同上，第四卷，543页。

〔120〕一般称萨克森-科堡-哥达（Saxe-Coburg-Gotha）家族，这几块德意志领地在1826—1918年之间存在家族联系，该家族在19世纪的欧洲王朝政治史上扮演着重要角色。——译注

〔121〕罗亚尔宫是奥尔良家族在巴黎市中心的一份产业。——译注

〔122〕《19世纪德国史》，第四卷，19页。

〔123〕列奥波德一世1831年7月成为比利时国王，那场革命指的应是1830年革命，而第一位中产阶级国王可能就是法国七月王朝的路易·菲利普。——译注

〔124〕《19世纪德国史》，第四卷，83页。

〔125〕在关于皇帝弗里德里希三世的讣告中，特赖奇克公开对英国医生摩莱尔·麦肯齐（Morell Mackenzie）提出指控，他认为是后者"杀害了这位高贵的病人"。"这位病人"，他说，"被置于一个英国医生之手，不久，这个人在病情报告中就以闻所未闻的谎言来玷污我们古老而光荣的普鲁士的美好声誉。日渐焦虑的德国人开始觉得，这位可爱病人的生命已经落到了最邪恶的双手中。结果超出了他们最坏的预感。当威廉皇帝撒手人寰时，继承皇位的已经是个行将就木的人"（《两个皇帝》，20页的小册子，柏林，1888年）。

〔126〕《19世纪德国史》，第三卷，685页；第四卷，409页。

〔127〕同上，第一卷，606页。

〔128〕同上，第五卷，53页。

〔129〕同上，64页。

〔130〕 这里指的应是布伦瑞克的卡罗琳娜(Caroline of Brunswick, 1768-1821),英王乔治四世的妻子。——译注

〔131〕《19 世纪德国史》,第五卷,147 页。

〔132〕 同上,第五卷,279 页。

〔133〕 同上,第二卷,154 页。

〔134〕 同上,第一卷,195 页。

〔135〕 同上,第一卷,290 页。

〔136〕 同上,第三卷,253 页。

〔137〕 “莫斯科的特性”(“Das Moskowitenthum”),《19 世纪德国史》,第四卷,87 页。

〔138〕 勒南:“给施特劳斯的新信件”,《思想和道德改良》(“Nouvelle Lettre à Strauss”, *La Réforme intellectuelle et morale*, Paris, 1871)。

〔139〕 维约(Louis Veuillot, 1813—1883),法国记者,文人,极力传播教权至上论。——译注

结　论

> 1870 年 12 月 3 日。今天，皇帝和帝国终于作为不容撤销的制度确立下来了；65 年的空位期由此告终[1]；今天，没有皇帝的帝国这一可怕的空缺终于填平了。 326

这是王储弗里德里希·威廉日记本上的一段简短的话，此人后来不幸当了两个月的皇帝，称弗里德里希三世。王储也许可以加上一句："帝国也有我的部分功劳。"

实际上，他是霍亨索伦家族中唯一一个在胜利之前就渴望建立帝国的人。这的确是他终生的梦想。他属于 1848 年的自由主义的一代，这些人从年轻时代起就生活在霍亨索伦为领导以复兴民主帝国的梦想中。他最亲密的朋友、最亲近的知己——艺术家、诗人、文人——都是对这个梦想最为热情的德国人。对于历史学家以学术的名义提出的主张，他们则在火热的诗句中歌唱之。诗人埃曼努埃尔·盖贝尔(Emmanuel Geibel)就是这样一个人，他是王储的一位朋友，1834 年，当别人都在谈论政治权利和要求宪法的时候，盖贝尔只提出了一个要求："一位巴巴罗萨的继承者。"夜间，他在莱茵河畔梦想着这位继承人，"在月光中闪耀的葡萄藤覆盖的山丘中间"，他仿佛看到"手中持剑、肩披紫袍"的查理曼(Charle- 327
magne)行走时的魁伟身影。

每到民族生存的危机时刻，盖贝尔就会呼唤这位救世主。1840 年，当尼古拉·贝谢尔(Nicholas Becher)唱出"他们不会拥有我们自由的德意志的莱茵河"时，这位诗人则高呼"不，我们渴望的不是奴役中的安逸，不是高卢平等时代的血腥动荡。我们要的是德意志帝国。坚持下去,我的人民!……战场的雷鸣声将诉说必然性何在。碧绿的春天就要到来:这就是帝国,强有力的光荣帝国。”

同样,在1848年,这个诗人要求的不是自由,而是“一个人”。

“哦,命运女神啊”,他呼喊道,“请赐予我一个人——只要一个人。我们需要一个人,一个尼伯龙根的伟大儿子。……我不要因内脏里的癌症而腐烂,我宁愿到战场上去迎击敌人。炮弹如雨点般落在摩泽尔两岸之时就是最幸福的时刻!……战争!战争!赐我们以战争以取代榨干我们骨髓的恼人争吵吧。”

诗人还预言了这场圣战中的战利品:“斯特拉斯堡的老牧师将敲响教堂的钟声说道:‘日耳曼的艺术曾教导我在更美好的岁月里建立直通星辰的塔楼,然而我依然在高卢人的奴役中受煎熬!’”

萨多瓦战役之后,这位武士-诗人终于满意了:他的诗歌现在只是一曲献给威廉国王的欢乐颂歌。

“蒙神涂油,您终于恢复了我们自尊的权利。”但这还只是伟大胜利的前奏。色当战役之后,这位胜利者高呼道:“所多玛,你这纵情享乐的
328 城市,如今终于要在德意志燃烧的利剑下颤抖!”还有:“我们终于从高卢的压迫下解放了:我们已经把我们心中谎言的邪恶种子连根扫除,并且根除了我们信仰、语言和行动中一切高卢的东西(das Welchthum auszumerzen in Glauben, Wort und That!)”

弗里德里希亲王不像他的诗人朋友那样好战,但某种意义上说,他也是个诗人,在那些他本来并不期待的圣战中,他看到了自己家族复兴古老的德意志帝国的光荣使命:1870年他终于实现了自己的梦想,他像诗人盖贝尔一样被胜利陶醉,并高呼道:

> 我向你致敬,圣火之雨,狂怒的风暴,你终于在如此漫长的悲伤岁月之后爆发了!我们在你的火焰中痊愈,我们的心因欣喜而跳动,这就是对你的应答。翱翔的雄鹰啊,前进吧!德意志已经焕发生机,已经拨弄竖琴来庆祝她的胜利!

这胜利的日子看起来应该是他的节日。难道他不就是文人、历史学家和诗人们的青年德意志的代表么？很长时间以来，正是这些人给了模糊的德意志帝国观念一个具体的形象。几个月来，在大炮的咆哮声中，当那些老普鲁士人在战场上搏斗的时候，他则欢欣鼓舞地体验着正在掀开的德国历史的伟大篇章。在他的官邸，周围的德意志王公已经以未来德国亲王的身份向他致敬。这就是一幅明日德国的画面。那里已经感受不到普鲁士纪律的严厉，一切都表现得那么华丽。所有王公看来都非常的现代、世俗和开放。魏玛公爵接管了剧院，那里上演了法国人的戏剧《窟 329
窿夫人》(*Trou Madame*)。[2]他们的宴会持续了很久，大家都为胜利而举起香槟酒杯。官邸里的人流往来不息，各色人等都能碰到，新闻记者——有时还有英国的——认为得到了王储“非常热情的接待”[3]。在所有人中间，王储显然就是新德国、未来的德国的代表。虽然他的品味简单质朴，但他对于自己的角色却很看重。他是个高大、威严、帅气、注重装饰的人，这时他特地穿了一件战地斗篷，仿佛是裹在皇袍里，虽然斗篷刻意追求简朴，但这恰恰突出了他佩戴的唯一的装饰物——一等铁十字勋章，这是他在维森堡的战场上赢得的。

他比谁都强烈地意识到其家族的光荣未来。夜间，他跟朋友们、特别是古斯塔夫·弗赖塔格谈起这些。他告诉弗赖塔格，一个辉煌的帝国需要一个能在年龄上承前启后的人。古斯塔夫·弗赖塔格虽然是他的自由派朋友中最亲普鲁士的，但他并不赞同这个观点。[4]他认为：“最华丽的皇袍也比不上霍亨索伦的简朴蓝军服。”[5]当然他小心翼翼地不去触犯 330
他的王储，直到死后他的看法才被披露：他从来不赞成“那位高贵人物的幻想”。

王储的官邸光彩夺目，而他父亲的官邸则面貌萧瑟。你在那里只能碰上个把老普鲁士人——衣着朴素的将军，他们完全关注于自己的军务，避免抛头露脸。年迈而不动声色的国王显得很安静。即使是在他的随从王公们——如巴伐利亚王储路特博尔德(Luitpold)——面前，他也十分矜持。[6]在他那里，炫耀被降到最低点。桌上的餐具从不超过35套。“菜单简单至极，那是埃姆斯的菜单”，他的首席大臣这样说，“一盘汤，三个碟子，奶酪和啤酒，红葡萄酒和白葡萄酒”。有时为庆祝胜利会喝一点香槟，但夜里很早就要熄灯。

有时，在那些挂满十字勋章的王公和将军的背影中，你能看到魁梧而静默的毛奇。他比其他人都更沉默寡言。路特博尔德亲王曾恶意地评价说：“从他那里休想知道任何事情。”

所有这些人都是老普鲁士政策——或称“狭隘的霍亨索伦政策”的
331 代表。当人们考虑到这些辉煌的胜利时，也许会觉得这种政策就要永远消失了。一个年轻的德国、一个全体乡绅从不喜欢而且依然难以信任的民主的德国，难道它不正在胜利的鼓声中崛起吗？当王储第一次向普鲁士的乡绅们表达德意志王公们“重建德意志帝国”的愿望时，这些老派的普鲁士贵族对这个建议的态度冷淡之极。国王说，在他看来，没有哪个头衔比普鲁士国王的头衔更好，而当时的俾斯麦也是这个意见。然而，随着胜利接踵而至，形势有了变化，建立帝国的必要性已经成为一个现实的政治问题。于是一件奇特的事发生了：在那些铁腕人物的操办下，王储和他的朋友们梦想的自由德意志帝国变成了一个大普鲁士。

普鲁士的力量在于军事力量、节俭的作风和严密的行政体制。于是唯一要做的就是把这些制度推广到整个德国。新德国伟大的缔造者俾斯麦已经预见到各种扭曲的现象，不过他说：“现在，普鲁士就像一件法兰绒背心；初看起来它不是很讨人喜欢——它惹人恼怒——但它保暖且贴近肌肤。”

从此，王储和普鲁士的当权派开始了长期的斗争，前者曾渴望帝国，而后者则希望按照自己的意志造出一个帝国来。王储是个自由派。他是在针砭时弊、反对狭隘而恼人的官僚体制的岁月中长大的，那时标志着国家进步的还不是军事力量，而是人民运动，而且他依然深深眷恋着当时的思想观念。他与维多利亚女王之女的婚姻肯定有利于他强化自己的观
332 点。他被所有自由派看作真正的领袖。这些人当时还没有参与攻击英国的制度和科堡家族。相反，他们深信统一只有与自由结合才能实现，他们

期待着王储登基后能实现这些梦想。

1861 年,普鲁士宪法危机处于最激烈的阶段,自由派反对者得知王储和他们站在一起、并以此为荣。后来他还抗议普鲁士的兼并行动,他说,兼并损害了普鲁士的声誉,普鲁士应该从精神上征服德意志。但这一次,所有的自由派都不和他站在一起了。在帝国建立之后,他们彻底背叛了。王储的老朋友全都离他而去,投入了俾斯麦的阵营。

于是现在这位帝国的皇储成了一位没有军队的将军。像大部分德国人一样,这些自由派现在都崇拜武力,都有了纪律感。他们无法抗拒成功。曾几何时,他们还向王储致敬,争相歌颂他的自由主义、他精神之崇高、他人格之伟大、他思想之修炼。但现在,他们骨子里不再坚持过去的观念了:有了俾斯麦这个新偶像,他们开始欢呼相反的东西了。

未来的皇帝因为其自由主义而受到指责。由于他不赞同首相的政治手腕——他不习惯其中的残酷性——他便招来了人们的恶意。

此外,人们还指责他不够普鲁士,就是说,他没有充分赞成普鲁士派的成见、没有像后者一样憎恨英国人、法国人和犹太人。他的英国味道尤其重！他不是娶了个英国女人吗？他的老朋友古斯塔夫·弗赖塔格开始
揭发“那个英国女人”的不良行为。第一条罪状竟是她丈夫太喜欢她了！ 333
人们不是看到王储在战争期间还每天给她写信,以致邮车都可能被耽搁吗？他的桌上摆着这个女人的像,“有时他还眼含泪水看着画像”[7]。能够容忍未来的普鲁士国王和皇帝就这样任由情感摆布,让一个女人从他那里夺走这样一个帝国吗？

到了这里,离质疑他是否有能力领导德国走上新的道路、离他的朋友跟他断绝关系只有一步之遥了。果然他们一个个抛弃了他。有些人还记得他,如弗赖塔格,虽然他严厉批评王储的政策,但依然尊重他个人。但实际上,他们能容忍一个不讲实际的理想主义者登上霍亨索伦的王位吗？[8]如果说他至迟应在 1870 年开始为自己的国王职责做准备的话,他就应该立足于自己的国家,像一个经营地产的地主巡视自己的牲畜、考察自己的干草料那样,逐渐熟悉各种行政工作,了解人民的需求和渴望,了

解农村经济的各种利益关系[9],这样他才能为迎接国王的使命做好准备:但他什么都没有做,而且,由于缺乏主动精神、创造性才华和指挥才能,他只适合于当作一块废铁被扔掉。

王储的另一位朋友、《耶稣传》的作者大卫·施特劳斯,此人此前在政治上一直是个自由派,在精神上是个进步主义者,但现在已经投靠到了
334 俾斯麦的政策一边,他高呼道:“我们当然不能忘记,是普鲁士贵族给了我们俾斯麦和毛奇。”这个老自由派曾写下名为《王位上的浪漫主义者》的小册子[10],对弗里德里希·威廉四世进行过最辛辣的讽刺,如果他现在都开始吹捧普鲁士的乡绅,那么还有谁值得信任呢?

这些背叛深深刺激了弗里德里希王储。除了每年检阅一次南德军团、为博物馆和艺术馆揭幕之外,他回避一切事务,他染上了某种忧郁症。“倦怠和忧郁常年伴随他,袭扰他。”[11]他妻子努力驱散他的灰暗思想,但她并不总能成功。“他不再具有一个即将登上皇位的男人所应具有的勇气。”[12]甚至在病倒之前,他就考虑逊位给他的儿子,而他的朋友也曾劝他这么做。

但疾病袭来,并产生了后果。病痛仿佛是应他的老伙伴的期望而来,让他不得安息。对那些把他的儿子威廉亲王视为真正的霍亨索伦君主的人们来说,他的死就是一种解脱。当时俾斯麦对莫里茨·布施说:“威廉亲王要把政府掌握在他自己的手里:他精力充沛、意志坚定,而且他不能
335 容忍议会政体——真是个合格的警卫兵!他不高兴看到父亲会见蒙森、维尔科夫、佛兴贝希(Forchenbech)之类的教授!也许有一天他会是我们需要的青铜基石!”

这是因为威廉亲王看来就是普鲁士现实主义历史学家们期待的人物。他是在后者学说的教导下长大的。当他于1870年初次涉足公共生活时,他属于那狂热好战的一代人,他们的爱国主义激情在伟大胜利的鼓舞下进一步膨胀起来。

当时的德国正在发生一场奇特的转变。这个从前持重而谨慎的民族,现在变得活跃而激动了。过去那种平静的习惯消失了。再也碰不到

抽着陶瓷管烟筒的人。到处是雪茄和香烟。所有人的头脑里都在高速运转。工业、商业、银行获得了惊人的发展。在这日益发展的公共生活中,有一种颇为奇特的现象,这就是:旧式的、军国主义的、王朝制的普鲁士对社会所有角落的渗透似乎更深了。

19 世纪初,亨利希·海涅在普鲁士兼并的莱茵各省已经很难看出从前的模样了。随着普鲁士的尖顶头盔和军事操练的到来,这些从前幸福的教会领地(La Crosse)[13]便失去了全部魅力。甚至那些身着制服的僵硬而严肃的海关职员,在他看来也好似木头做的。

今天,整个德国都变样了。普鲁士就像进驻一个巨大的兵营一样散布到德国全境,现在只剩下循规蹈矩的机械式的生活。过去那个爱梦想的、浪漫的德国完全被营房里的务实主义窒息了。文学和艺术经历了 20
年的死亡期。唯一繁荣的文学是军事文学,如总参谋部的著作,毛奇的通 336
信,俾斯麦的演讲和信件,杜·福尔蒂·杜·维尔诺伊斯(Du Verdy Du Vernois)[14]的战术论著,特赖奇克的《19 世纪德国史》,当时还有一部论述战争哲学的宏大著作:科尔马·冯·德·格尔茨少校[15]的《武装民族》。

没有哪部著作比《武装民族》影响更大,它最为出色地阐述了将德国变成一座庞大的普鲁士兵营的观念。这是一部军国主义的无情辩护书,书中以抒情的笔调歌颂人类大规模的杀戮场景的道德价值,吹捧武士国家的优越,鞭笞商业国家的低劣,并把军队视为人民的教育者和民族文化的中心。

> 只要这个世上的人们企图获得现实利益,只要他们怀有为后代人争取安逸、和平和舒适的生存空间的渴望,只要他们在那些超越日常生活之狭小范围的伟大人物的领导下、为实现某种文明开化的政治理想而努力,这个世界上就会有战争。我们必须接受神的赐予……战争是人类的命运……战争也是各民族不可逃避的天命。在这个世界上,人类绝不可能享有永久的和平。

这些话就像主旋律一样回荡在新帝国时代的所有著作中。它是以坚定有力的笔触写出来的，其明确与简练与过去德语散文的散漫风格形成
337 鲜明对照，因此它立即引起了巨大反响。1840 年叔本华写下的这番话对普鲁士的军国主义作家看来并不合适："德国作家最好明白这一点：他们必须做尽可能高深的思考，但必须以人人皆能理解的语言来表达他的思想。"

年轻的威廉亲王接受的就是上述思想的教育。[16]他是新德国最典型的产品之一。没有谁比他更深刻地浸染着那个时代的精神，也没有谁像他那样接受过如此典型的普鲁士的学校和兵营的双重教育。

在学校里，这位未来的皇帝是个勤奋、守纪律的学生，对于思想问题他不感兴趣，也没有多少哲学化倾向，但他讲实际、爱行动、很活跃、爱好各种比赛和激烈的运动，具有钢铁般的意志，不过，尽管有上述特点，他还是个慷慨、浮夸、高傲的人。他总是力争第一，而且要通过自己认真而细心的努力取得第一。

在父亲的家中，他有一位最出色的老师，这就是欣茨彼得（Hinzpeter）博士，此人讲求实际，没有教条主义倾向，他给了亲王有关国王之使命的最崇高观念。他只要讲授亲王家族的历史就可以向后者揭示其使命了。欣茨彼得博士也属于那种认为普鲁士是德意志的脐带、而德意志是世界的脐带的历史学者，而且像潘克拉塞（Pancrace）博士一样，他也以确凿的理由向我们证明德意志在世界上的历史使命。未来的皇帝听得入了迷。
338 1870 年后，他的国家的主要敌人已经不再是法国而是英国。"当尖顶头盔和红裤子一起前进时，迦太基就感到不安了"[17]，他对自己的法语老师这样说。[18]这的确是新德国胜利的呼喊声，而当时 14 岁的年轻亲王便已经展露了自己雄心勃勃的爱国情怀。

在大学里[19]，他又形成了另一种观念——俾斯麦崇拜。在当时的德国（1877 年），对铁血首相成就的认可正转变为对他个人的崇拜。但有趣的是，此前的威廉亲王还不是俾斯麦的迷恋者。亲王童年时代的教师是列文特洛夫伯爵夫人（Countess Reventlow），她出生在石勒苏益格-荷尔斯

泰因,由于1864年的那段痛苦记忆,他对首相抱有明显的憎恶之情,而在这位夫人的影响下,未来的皇帝对俾斯麦亦无好感。但是,在大学里,一位教授注定要纠正他的认识,这个人就是毛伦布雷谢(Maurenbrecher)教授,俾斯麦的一位狂热崇拜者。[20]"当亲王离开大学后",他说,"他已经在我的影响下成为了俾斯麦亲王热情的赞赏者。取得这样的成就让我自豪;而且,虽然我从未写过书,但我依然能证明自己度过了光辉的一生。"

他后来不得不低调一点,可怜的教授!因为他在有生之年看到了这 339
位年轻学生的忘恩负义。但是当时,他被这个年轻人的崇拜之情迷惑了,他觉得帝国亲王的这种崇拜乃受他的启发。教授自己对首相的崇拜确实无以复加。这个年轻人找到了自己的开导者。教授的情感溢于言表,且总是那么灼热,他将自己的条顿主义激情一股脑地倾注在亲王身上,以致他的做法都有些过分了。他不顾亲王的家族关系,大胆表露了自己对英国的仇恨。作为一名褊狭的——其褊狭昭然若揭——民族主义者,他公开为施托克牧师的反犹太的十字军号召而欢呼。他在那些虔诚的军事团体中找到了知己,在瓦德西伯爵(Count Waldersee)神秘的招待会上,他呼吁"培养人民对权威的敬重感和对君主制度的热爱。"

对于这样一位年轻果敢、精力充沛的亲王,怎能不充满信心呢?现在不至少有了一位真正的霍亨索伦君主吗?他不是以自己的言行充分证明了这一点吗?

历史学家们对此尤其欢欣鼓舞:他们不是还写了一些著作吗?于是,当亲王的父亲、皇帝弗里德里希在登基两个月后驾崩之时,他们中间的一位——海因里希·冯·特赖奇克忍不住表达自己的喜悦之情:"生命属于有活力者。现在,这个民族把满怀希望和信任的目光投向了这位年轻的皇帝。迄今为止,他对人民说的每句话都充溢着力量和勇气、虔诚和正义。现在,我们知道,威廉国王时期的上佳天命并没有作古,就在这最初 340
的哀悼之日,我们已经经历了德国历史上的一个伟大时刻。"[21]

但这种幻觉为时不长。不安的迹象从一开始就清晰地显露出来:德国人并没有看到他们期待的"霍亨索伦家"的简朴,相反,他们发现,这位杰出的国王不仅生活在珠光宝气的奢华中、不仅利用一切机会增添其皇帝的威仪,而且有瓦格纳歌剧中的角色的做派,任何情形下都要追求一点戏剧效果,这完全违背德国人的脾性;出现在德国人面前的不是一位谨慎而称职的、而是一个热衷行动的人,他对任何事情都要议论一番,任何事务都要插上一手——他既是士兵,又是外交家、演说家、音乐家、建筑师;今天他大力鼓吹建造战舰,明天他又为战争而鼓噪;德国人之所以容忍俾斯麦的专制主义,那是因为他们觉得它还是能够接受的,但现在,他们面对的是一种乖张离奇的专制主义,对其任性胡乱的做法给出的理由竟是某种神意启示。当老威廉国王援引神意为罗斯巴赫[22]和萨多瓦战役辩解时,施特劳斯和海克尔(Haeckel)的弟子们完全谅解:当问题涉及重新点燃对霍亨索伦制度的信仰崇拜时,他们容忍国王借用神的旨意;但当新皇帝以神的名义进行有悖他们理想的活动时,他们便开始反叛了。在他们看来,皇帝的脑子有点偏离正轨了;不过,虽然有些批评者斗胆称呼他
341 们的君主为"世纪末皇帝",但这些人还不敢有过多的抗议。[23]

但在最高层,俾斯麦的问题终于爆发了。一件难以置信的事情发生了:皇帝竟敢对德国人的偶像采取了亵渎手腕,于是,皇帝的一切魅力都荡然无存了。这个国家的整个开明阶层都宣布反对他。皇帝犯下了双重罪过:对德意志帝国的缔造者忘恩负义,因伤害最深厚的人民情感而亵渎民族(lèse-nation)。

受打击最深的看来是民族自由派。皇帝曾两次采取反对他们的措施:第一次是他决心进行他们所反对的社会改革。他们还希望皇帝能回到他们的路线上来。当皇帝在深入干涉社会问题、以致触及最敏感之处——就是资本主义和社会组织之间的可怕难题——当他不得不灰心丧气地猝然终止自己的行动时,这些人看到了希望,他们相信皇帝将回到那
342 位被他解职的老手的政策上来,也许还会召回俾斯麦。但皇帝根本没有这样做。于是他们陷入了悲伤,并参与了一场唤醒弗里德里希·威廉四世时代的陈旧的反动思想的运动,但这种思想本质上说是封建的,并具有虔敬派色彩。

皇帝和他过去的老师们之间的隔阂注定越来越深。实际上,双方已经没有任何共同之处。我们的确应仔细打量这位头脑清晰敏捷的理想战士,他是个完全现代的人,蔑视古典学术,从气质上说他是个革命派,会毫无顾虑地割断钳制他的传统,而且他瞧不起对事实的耐心考究,只相信自己天才的洞察力——在那些自称代表德意志最佳传统、讲究科学和方法论的人士面前,这难道不是一个注定要与他们年深日久的习惯发生冲突的人吗?所以他们的悲伤之情是深刻的。在他们看来,所有可能的灾难都会落到德国的头上。他们中间最杰出的代表之一、作家菲里克斯·达恩(Felix Dahn)说:“我在考虑这样的问题,自威廉一世去世、俾斯麦去职以后,我们是否已经从最高点跌落下来了?我不得不悲伤地给自己以肯定的回答;我还想说,必须指出的是,我们的内外敌人早就看出了这一点;我们没有任何证据表明他们对此不感到兴高采烈。由于领导层的不稳定而产生的焦虑感正在德国人中间蔓延,而帝国、普鲁士和霍亨索伦家族最热情的支持者——过去和现在都是如此——也正是在这些人当中:让他们感到失望难道是爱国主义的做法吗?”

但这还只是失望的开始。威廉二世将要让他们品尝苦酒杯底的残渣。

俾斯麦退隐后不久,皇帝便在柏林主持召集了一个负责中学教育改 343
革的学术委员会。在会上,他抓住剑柄的手紧攥成拳头,仿佛不容许任何人提出质疑,接着他将教育改革计划和盘托出,这个计划具有如此明显的功利性,简直是狄更斯笔下的托马斯·葛雷硬(Thomas Gradgrind)[24]草拟出来的,因为这个人觉得任何教育都只能关注实用性(“请注重实效,先生”)。

可以想见的是,他的演讲让到场的文人学者们目瞪口呆,因为这些人虽然在政治上信奉现实主义,但毕竟还深深眷恋着古典文化。

此前不久,他们中间最杰出的代表特赖奇克——虽然此人还不能被视为纯粹科学的崇拜者——就发出了警告:“必须指出”,他惊呼道,“武器的喧嚣声催生了新的庇奥提亚人[25],这会窒息科学和艺术。俄国人曾派将军去管理植物园,而我们今天也在这样做,我们为何还要嘲笑他们呢?”[26]

威廉二世给这些人的印象纯粹是个野蛮主义者,他对华丽的兴趣强于对美的兴趣,对外表的注重甚于实在,看待艺术仅仅着眼于为他的伟大增光添彩。

另外,他对自己的判断力充满信心,对任何事情都要指手画脚。画家帕拉姬(Parlaghy)夫人的一幅十分平庸的肖像画曾两度被画展评委会拒
344 绝,后来不是皇帝向评委会施加压力的吗?再有,不是他不顾负责评判大选侯塑像雏形的委员会的决定、否定已经选定的设计方案的吗?而且他每次都发现自己置身于本国大多数文化学术人士的对立面。

但另一方面,皇帝在历史学上表达的观点与历史学家们确实是一样的。

他说,“为什么那么多的德国人批评他们的政府呢?这是因为年轻人不知道他们的民族是如何发展起来的。现在,既然帝国已经建立,就必须让年轻人知道,这个新的国家体制必须保持下去。……如果学校履行了人们对它正当期待的职责,那它首先就要与社会民主主义进行全力决斗。如今,我将获得一些可资使用的工具,它们将帮助我更迅速地掌握形势之演变。”

是的,他不断重复着曾经学到的东西;但他还补充了一些观念、一种与历史学家的方法论完全相左的理路。他不是说历史应该教会人们向后看吗?

如果说有件事令普鲁士的历史学家们感到骄傲的话,那就是他们的史学方法,它宣称能通过对过去的研究而探知政治制度。正是得益于这种方法,他们阐明了普鲁士的德意志使命的理论。

但是,威廉皇帝仅仅保留了他们的学说中的实际效用,他嘲笑所谓的方法论。

当他与普鲁士历史学派的两位最杰出的代表——聚贝尔和特赖奇克
345 发生冲突时,这一点便看得十分清楚。

德国有一项民族历史学奖,曰凡尔登奖。它设立于1844年那个仇法言论喧嚣刺耳的时代,那时正是铺张煊赫的凡尔登条约千年庆典之后不久——这个条约终于使德国作为一个实体同法国分离了。1894年,负责评判这个奖项的柏林科学院一致指定历史学家聚贝尔——鉴于他的巨著《德意志帝国创建史》——最有资格获得此奖。批准这个决定的权责在于皇帝。没有人对此有过怀疑。但是,他竟然一笔勾掉了海因里希·冯·聚贝尔的名字,但没有做出任何解释;他把这个奖颁给了一位可敬的博学者埃德曼斯多夫尔(Erdmansdorffer),此人是海德堡大学的教授,写了一部有关大选侯的十足难啃的著作。

此事在大学界引起轩然大波。难道聚贝尔先生不是一位对霍亨索伦王朝怀有赤诚之心的普鲁士派历史学家吗?是的,但他不是按皇帝指点的好方式书写历史。皇帝曾宣称,在德国历史中,普鲁士君主应披上"英雄的伟大光辉"。而聚贝尔先生远远没有做到这一点,他在其"历史"中把俾斯麦置于首要地位。仅此一件事就足以激怒这位心怀怨恨的皇帝。他最后的判决是:君主之意愿即至高之法律(Suprema lex Regis voluntas)。

不久之后轮到特赖奇克讨麻烦了。他曾因为不满"新路线"政策而 346
以讽刺短诗影射这位年轻的皇帝。在他新出版的著作中(1895年),在刻画威廉二世的伯祖父、富于幻想的弗雷德里希·威廉四世时,实际上也是在描述这位皇帝:

> 这是一个宏大计划的世界,这些计划是弗里德里希·威廉以其艺术家的梦幻气质想象出来的,而现在,既然他已经当上了主人,他当然希望能实现这些计划。但很长时间以来,他颇受柏林宫廷的吝啬习气之苦;为了维持一个与霍亨索伦家族相称的豪华宫廷,他希望搜罗艺术界的所有伟大作品。只有当他思想和情感如决堤洪水般宣泄时他才感到满足……"只有等我发言时我才感到舒适"等等——他在给一位朋友的信中这样说道。

这里的暗示显而易见,皇帝肯定要向这位老教授发泄自己的怨恨——他受到档案馆向他关闭的威胁——如果不是死神中断了这段争吵的话。

从那一刻起，这些历史学家与这位君主之间已经毫无共同之处了，虽然他们长期把后者看作“他们最出色的作品”。

他们的晚年是凄凉的。在不幸的打击下，他们睁开了眼睛。他们知道自己走上了一条错误的道路。在专制主义的折磨下，他们就像弗里德里克鲁厄（Fredericksruhe）的老隐士一样，重新成为了自由的朋友。确实，他们至少可以争辩说自己一度热爱自由。

这时他们变得清醒而公正。到了垂暮之年，他们意识到，现存的帝国不是他们一度梦想的那个帝国。

347 不可否认的是，不管这些人的政治观念多么狭隘，他们毕竟都有一个很高的理想。他们在私人生活中的正直堪称完美，他们的意愿十分真诚，他们所祈祷、所召唤的德国应是一个伟大的、强有力的德国，但也是一个开明而道义的德国。可是看看！二十年后，他们在这个新德国看不到些许符合他们理想的东西。德国在胜利的陶醉下得意忘形，它已经在幸福的阳光中腐败下去。蓬勃滋长的不是美德，而是邪恶。无处不见的是高傲和夸耀。过去曾以各色曲调歌唱“战争会像风暴一样涤清空气”的人们，现在则意识到，德国局势的发展“很难让人相信上次战争是一次净化行动”[27]。也许是暮年的孤独必然使他们得出这样的认识；也许是他们对那位粗鲁的、不领情的年轻君主的鄙视——因为后者对学者和教授的态度从来就是轻慢的。但不管怎样，他们中间最勇敢的人特赖奇克还是以他一贯的直率说出了自己的看法。为此他甚至利用了色当战役25周年的机会。1895年7月19日，即离他去世不到一年的时候，他在柏林大学大礼堂发表了一篇爱国演讲，该演讲在德国风靡一时。

特赖奇克首先唤起人们对那个“伟大年份”的光辉记忆，并指出帝国既没有解除其内部敌人、也没有解除其外部敌人的武装，紧接着他说道：

我们一切的习俗都变得更加粗劣了，无论是在政治中还是在生

> 活中。……如果说政治变得更为粗劣,其直接的原因就在于我们公
> 共生活中发生了令人不安的变化。过去我们曾认为,罗马帝国衰落 348
> 之时所发生的一些特别情形,很大程度上是剧烈的城市文化的产物,
> 但现在,我们正遭受这种文化的入侵。民主社会并不像一些梦想家
> 认为的那样,它从来不在才干之士中寻找自己的领袖——因为才能
> 永远是贵族的品质——而是在有钱人或煽动家、或同时在这两类人
> 中间寻找。曾被歌德称为一切道德教育的最后目标的尊重,现在已
> 经令人炫目地在新一代人中间迅速消失了:如对神的尊重,对自然和
> 社会在两性之间确立的关系的尊重,对国家的尊重,所有这些尊重感
> 都由于寻欢作乐的人类的幽灵而变得日益虚弱。文化传播的范围越
> 大,它也就变得越浅薄;古代世界的深邃受到鄙视,唯有能带来直接
> 效用的东西才被认为有意义。今天,当人人都像报纸和百科全书那
> 样谈论所有问题的时候,要碰到一个具有创造性思想、敢于承认自己
> 无知——天才的真正特点就在于此——的人,那确实是稀罕事儿。
> 学术曾一度深入到无法窥视的玄奥之处,但今天它已迷失在肤浅的
> 表面。……在百无聊赖的空虚生活中,赌马之类的消遣具有了实在
> 意义;鉴于我们今天有了马戏英雄和耍把戏的英雄,在回想卡拉卡拉
> 浴池里28位摔跤者那怪诞而又昂贵的马赛克画像时,我们当然很反
> 感。所有这些都是时代的重要征象。[28] 349

这些评论细致入微,恰如其分;但是,在揭露事物本质到时候,我们至少能思考一下,如今抱怨的人们是否就是这种局面的主要造作者。

如果不是他们,那么是谁在德国青年当中培养出他们哀叹的那种自吹自擂、那种民族骄傲感、那种极端的爱国主义呢?

在他们的国家,如果说还有一种美德被改造而没有为人注意,那就是谦逊。正是因为宣扬德国人不应该天真轻信,他们唤起了德国人过分的自信心,而这种自信很快就堕落为傲慢。

还有,当他们抱怨"野蛮主义的入侵、文化和思想的普遍下滑"时,如果他们不责怪自己,他们还能怪谁呢?难道不是他们首先宣称过分的学

术追求连累了德国吗？德国的思考太多、现在该是行动的时候了，一个国家的力量不在于思想、而在于意志，这些观点难道不是他们首先提出来的吗？当特赖奇克不屑一顾地评论罗马圆形剧场遗址——“什么！那不就是一堆破烂！”——时，这难道不是他本人的野蛮主义在发作吗？难道不是特赖奇克一再盗用马西莫·达泽格里奥(Massimo d'Azeglio)[29]的话：“一个好商人比一个诗人对国家更为必要”吗？

当他们培养出来的年青一代对他们的思想进行合乎逻辑的推演、终于从威廉二世口中说出“科学如果不以实用和实效为目的就毫无用处”的话时，难道还有什么好惊诧的吗？

350 最后，当他们为失去自己的自由而哀叹时，他们只需记得，当俾斯麦提出针对天主教徒和民主派的“特别法”，从而迎合了他们的社会、政治和宗教方面的怨恨之情时，是他们首先辱没了自由的声誉。

如今他们为自己所称的“公共精神的错乱”和“人性的堕落”而苦恼，但是，他们以前不是以历史的名义为最恶劣的政治罪行寻找合法性、为所谓的“人间的神明”树碑立传、从而推动了上述反常现象的蔓延吗？

他们的人间神明，他们找到了一个：俾斯麦，那是一个怎样的俾斯麦！毫无疑问，他们崇拜的是有史以来最伟大的政治天才之一；他们之所以如此热爱他，那是因为他给了他们一个国家。但他们的崇敬和热爱变得漫无边际了。他们把人变成了神明，他们在任何问题上都为他辩护。他们竟然美化招摇撞骗的行径：“篡改埃姆斯电报的那只手乃蒙神所赐！”[30]他们中间的一个人高呼道。他们歌颂的俾斯麦就是帕斯卡尔所称的“外在的伟大”，是拿破仑之后19世纪最恶劣的人物：他是个巨型嗜血者，专门为生存斗争而设计出来的；他是个毫无顾忌的人，对于他，凡能取得成功的手段都是好的，牌运不好时他会设法作弊；这个人鄙视人类，闲谈之中流露出对人的厌恶；他是个完全缺乏情感的人，断言人生最大的乐事就是在捕猎时猎杀到第一只野兔；他是个报复心和嫉妒心很重的人，夜里他
351 会回想自己曾经遭受而又无法报复的伤害。他们吹捧的这个人还是个用尽谎言的人——从丹麦战争的前夜直到埃姆斯电报的那一天，在前一次，

他对贝恩施托夫(Bernstorff)说:“你提出的战争理由问题根本不值一提。如果你想打仗,我保证在24小时内给你提供最出色的战争理由”;在后一次,他以手里的铅笔对电报做了删改,电报有了进攻的味道,它势必要引发战争。但是当时他意识到了自己行为造成的巨大责任了吗?——千万名英勇的士兵誓死割断对方的喉咙;满目的废墟、苦难和悲伤;两个武装到牙齿的民族因为军备而濒临破产,一个想要保住已得的东西,一个要夺回失去的东西。他根本没有看到这些;而且,根据他自己的说法,他“从来没有这样好的胃口”。

这样一个人就是普鲁士历史学家们为后来人塑造的崇拜对象。在德国,俾斯麦崇拜达到了拿破仑崇拜在法国从未企及的高度。今天,关于俾斯麦的作品在德国最为丰富,甚至超过了歌德。

这种崇拜的本质是什么呢?是对强权政治的赤裸裸的辩护。为了做到这一点,德国失去了世界上最富理想主义和最富人道精神的作家。由此带来的惩罚不久便来临了。欧内斯特·勒南在给朋友大卫·施特劳斯的一封出色信件中已经预见到这一点——后者也已经成为强权的赞美者:

> 走极端是不好的;高傲是这个世界上唯一会受惩罚的缺点。耀武扬威总是个错误,这其中无论如何有某种不合哲理的东西。我们注定安随一切所有之物一起消亡(Debemur morti nos nostraque)。不
> 要以为你们比别人少犯错误。去年,你们的报纸无疑自认为比我们 352
> 的报纸知道的更多,但其狂热、其道德之匮乏、其盲目却不遑多让。……你们德国人好像很信仰瓦拉拉[31],但瓦拉拉绝非神的王国。……啊!亲爱的大师,最好还是让耶稣来建立神的王国吧,那将是一个超越仇恨、嫉妒和骄傲的世界;神的国度与我们正在经历的悲哀时代不同,最受敬重的不是那些为恶最大的人——那些攻击、杀戮和侮辱别人的人,那些最能撒谎、最不诚实、教养最坏、最背信弃义、最坚定的反对怜悯和宽恕的人——而是最和善、最谦虚、最远离浮夸的人。……战争是罪孽的渊薮,是反自然的状态。……你不是说过,

无论是在山上誓言[32]、还是在福音书中、抑或是在早期基督教文献中,都没有任何将武力德行列为赢取天国的美德的字句吗?[33]

勒南说得对,最近德国发生的丑闻,皇权的捍卫者和教权的捍卫者之间的攻讦,选举中揭发出的隐秘的腐败行为——历史学家聚贝尔在谈到第二帝国时代法国的选举腐败时曾这样说:"其他尚未熟谙这些习俗的国家,如今也不必羡慕法国了"[34]——所有这些,难道不都是那种恶劣得难以名状的政策——俾斯麦的政策、秘密手腕的政策、卑躬屈膝的媒体的
353 政策、密探和边境挑衅的政策——的遗产吗?

如果考虑到这一政策在最近的普鲁士历史学家当中有最热情的辩护者,我们便可以说,这些历史学家就是道德蜕化的始作俑者。虽然他们为自己的理论涂上了一层道德的光泽,但由于公然为武力和诡计喝彩,他们对扭曲公众的思想起了推波助澜的作用。正如哲学家勒努维叶(Renouvier)所精彩评论的:"他们唤醒并刺激了对于历史的危险兴致,最终引起了一场灾难性的普遍潮流:历史高于理性,行动高于权利,强权高于正义。"因为他们的历史理论,他们成了最恶劣的政治信条的宣扬者,虽然人类曾为反对这些信条而血流成河。

他们以后肯定对结局感到震惊——他们的工作促进了社会民主制度的发展。

因为,靠欺骗和谎言维系的东西绝不会长久——自食其果是早晚的事。

注 释

〔1〕 指的是1806年拿破仑废除神圣罗马帝国名号到德意志第二帝国建立之间的65年。——译注

〔2〕 维尔莫夫斯基:《战地来信》(*Feldbriefe*, Breslau, 1894)。

〔3〕 G. 弗赖塔格:《王储和德意志帝位》(*Der Kronprinz und die Deutsche Kaiserkrone*, Leipzig, 1889)。

〔4〕 古斯塔夫·弗赖塔格说,弗雷德里希王储虽然单纯且平易近人,但他有一种十

分强固的等级门第观念。弗赖塔格说，“他对头衔、品位和荣誉考虑得太多。组织招待会时，所有仪式上的细节对他而言都很重要；新皇冠、王子和公主的志向，在他看来都是很严肃的事。”

〔5〕 “旧德意志帝国留给北德人一个非常不好的印象，那就是许多世纪的屈辱，以及会再次带来屈辱的罄竹难书的民族苦难”。见 G. 弗赖塔格：《生平回忆录》（*Lebenserinnerungen*），30 页。

〔6〕 “国王对他十分尊重，”首席大臣维尔莫夫斯基说，“但从不向他透露作战方案，除非实施方案的时间已经到来——就是说，要等到人人都知道这些方案之时。”

〔7〕 G. 弗赖塔格：《生平回忆录》，136 页。

〔8〕 同上，47 页。

〔9〕 同上，68 页。

〔10〕 这本小册子发表于 1847 年，他在书中指控说，“腓特烈二世的一个后代成了宗教和保守派的双重反动的怂恿者。”施特劳斯欣赏毛奇和俾斯麦等人身上那种好战的、现实主义的虔敬主义。

〔11〕 G. 弗赖塔格：《生平回忆录》，68 页。

〔12〕 同上，73 页。

〔13〕 莱茵地区原为教会大领主集中之地，如科隆、美因茨、特里尔三位大主教的驻跸地和领地都在这里。——译注

〔14〕 福尔蒂（1832—1910），德国将军、参谋部官员，普法战争期间曾辅助毛奇。——译注

〔15〕 即格尔茨男爵科尔马（Colmar Freiherr von der Goltz, 1843-1916），后任普鲁士陆军元帅。——译注

〔16〕 威廉二世曾在卡塞尔中学就读。

〔17〕 尖顶头盔即指普鲁士军队，法国军队穿的是红色的裤子，迦太基指英国，英国早就被人指为“海上迦太基”。——译注

〔18〕 F. 埃默：《威廉二世》（*Guillaume II*, 1897）。

〔19〕 威廉二世上的是波恩大学。

〔20〕 W. 毛伦布雷谢是位历史学家，他声称俾斯麦已经成功地证明了民族主义理论的真理性。“我们历史学家”，他说，“不能通过任意反复的实验来证明我们

政治判断的正当性。……提供论据的是政治家们。……因此,就历史学家们关于普鲁士国家的德意志使命这一论点而言,俾斯麦亲王是检验其真理性的令人信服的实验品。……假说来自普鲁士的早期历史,俾斯麦的行动则是论据。”

〔21〕《两位皇帝》,柏林,1888 年。

〔22〕指的应是七年战争期间普鲁士同奥法的一次会战(1757 年 11 月)。——译者

〔23〕马克西米连·哈尔登(Maximilian Harden)在《法兰克福报》(*Frankfort Gazette*)的一篇文章中通过一个迷人的寓言批判了“开口是银,沉默是金”的说教。文中有这样的话:“10 世纪末,一个年轻的神秘主义者奥托三世(Otho III)统治神圣罗马帝国。由于患有癫痫,他像所有的癫痫患者一样,沉迷于奇特的幻想中。……他想革新一切、复兴一切、改革一切。……由于对自己的无限权力和使命之根源抱有荒谬的看法,他完全沉醉在神秘的荒诞想法中,而且思想变得越来越混乱。这位世纪末改革家的本质就是向后改革。”

〔24〕葛雷硬是狄更斯的小说《艰难时世》中的人物,早期工业家的典型。——译注

〔25〕庇奥提亚人原属古希腊庇奥提亚地区的居民,可能是因为邻近的雅典人在文化上的优越感,庇奥提亚人后来亦指没有文化教养的人。——译注

〔26〕《德意志斗争的十年》,384 页。

〔27〕科尔马·冯·德·格尔茨:《武装民族》(*La Nation armée*),453 页。

〔28〕特赖奇克:《大战纪念》(*Zum Gedächtniss des grossen Krieges*, Leipzig, 1895)。

〔29〕马西莫·达泽格里奥(1798—1866),意大利政治家、作家、画家。——译注

〔30〕汉斯·德尔布吕克在《普鲁士年鉴》里说的话。

〔31〕瓦拉拉是位于巴伐利亚雷根斯堡城附近多瑙河畔的一座新古典主义建筑,建于 1807 年拿破仑占领德国期间,它是一座历史纪念堂,纪念罗马帝国时代条陀堡战役之后 1800 年中德意志历史上的重要人物和事件。——译注

〔32〕见圣经新约,马太福音:5—7,为耶稣对其信徒的训诫。——译注

〔33〕勒南:《精神和道德改良》,184、192 页。

〔34〕《德意志帝国创建史》,第四卷,100 页。

参考文献

导 论

Acton(Lord). *German Schools of History.* Article de la *English Historical Review* , January 1886.

Seignobos(Charles). *L'enseignement de l'histoire dans les Universitès allemandes.* Article de la *Revue internationale de l'enseignement*, 1881.

Frédéricq(Paul). *De l'enseignement supèrieur de l'histoire en Allemagne.* Article de la *Revue de l'Instruction publique en Belgique*, t. XXV. Bruxelles, 1882.

Lefranc(Abel). *Notes sur l'enseignement de l'histoire dans les Universitès de Leipzig et de Berlin.* Article de la *Revue internationale de l'Enseignement*, 1888.

Holst(H. von). *Methods of Historical Inquiry as pursued at German Universities*, brochure. Baltimore, 1884.

Gervinus(G. -G.). *Geschichte des 19ten Jahrunderts seit den Wiener Verträgen*, 8 volumes. Leipzig, 1855-66.

Stern(Alf.). *Geschichte Europas seit den Verträgen* 1815, *bis zum Frankfunter Frieden* 1870, 2 volumes ont paru jusqu'à présent(1815-1829). Berlin, 1894-97.

Hausser(Ludwig). *Deutsche Geschichte vom Tode Friedrichs des Grossen, bis zür Gründung des deutschen Bundes*, 4 vol. Leipzig, 1854-57.

Treitschke(H. von). *Deutsche Geschichte im 19ten Jahrhundert*, 5 vol. Leipzig, 1886-95.

Lévy-Bruhl (L.). *L'Allemagne depuis Leibniz.* Essai sur le développement de la conscience nationale en Allemagne, 1 vol. Paris, 1890.

Behrens (F. -W.). *Deutsches Ehr-und National-Gefühl in seiner Entwickelung durch Philosophen und Dichter* (1660-1815), 1 vol. Leipzig, 1892.

Fichte (J. -G.). *Reden an die Deutsche Nation.* Berlin, 1808.

Arndt (E. -M.). *Geist der Zeit.* Altona, 1806.

——. *Schriften für und an seine lieben Deutschen*, Leipzig, 1845.

Jahn (F. -L.). *Deutsches Volksthum.* Lübeck, 1810.

Chants patriotiques de Th. Körner, Th. von Schenkendorf, E.-M. Arndt, F. Rückert.

Bach (Theodor). *Denknisse und Erinnerungen aus der Zeit der Erniedrigung Preussens*, 1 vol. Berlin, 1886.

Goette(R.). *Das Zeitaltet der Deutschen Erhebung*, 1807-1815, 1 vol. Gotha, 1891. 1er Band des Werkes: *Geschichte der Deutschen Einheitsbewegung im 19. Jahhrundert.*

Droysen (J.-G.). *Vorlesungen über die Freiheitskriege*, 2 Theile. Kiel, 1846.

Steger (F.). *Deutschlands Erniedrigung durch Napoleon Bonaparte*, 1792-1813, 1 vol. Leipzig, 1860.

Bauer (Bruno). *Der Einfluss Frankreichs auf die preussische Politik und die Entwickelung des preussischen Staates*, 1 vol. Hannover, 1888.

Schmidt (A.). *Geschichte der Deutschen Verfassungsfrage während der Befreiungskriege und der Wiener Congresses*, 1 vol. Stuttgart, 1890.

Cavaignac (Godefroy). *La formation de la Prusse comtemporaine*, 2 vol. Paris, 1891-1897.

Pertz (G.-Ⅱ.). *Das Leben des Ministers Freiherrn vom Stein*, 6 vol. Berlin, 1849-1855.

Seeley(Robert). *Life and Times of Stein*, 3 vol. Cambridge, 1878.

Hardenberg (Fürst von). *Denkwürdigkeiten*, herausgegeben von L. von Ranke, 5 vol. Leipzig, 1877.

Lehmann (M.). *Scharnhorst*, 2 vol. Leipzig, 1886-87.

Delbrück (Hans). *Das Leben des Feldmarschalls G.-F. von Gneisenau*, 2 vol. Berlin, 1882.

Droysen(J.-G.) *Das Leben des Feldmarschalls Grafen Yorck*, 3 vol. Berlin, 1851-52.

Boyen (Herm. v.) *Erinnerungen aus dem Leben des Generalfeldmarschalls* (1771-1813), 3 Theile. Leipzig, 1889-90.

Köpke (R.). *Die Gründung der K. Friedrich-Wilhelms Universität zu Berlin.* Berlin, 1860.

Les Universitès allemandes dans la permière moitiè du XIXe siècle. Article de la *Revue germanique*, t. XVI.

Dahlmann(F.-C.). *Kleine Schriften und Reden.* Herausg. von C. Varrentrapp. 1 vol. Stuttgart, 1886.

Döllinger(Ignaz von). *Akademische Vorträge*, 2 vol. Munich, 1891.

——. *Kleinere Schriften.* Herausg. von F.-H. Reusch., 1 vol. Stuttgart, 1891.

Droysen(Gustav). *Abhandlungen*, 1 vol. Leipzig, 1876.

Hausser(Ludw). *Gesammelte Schriften*, 2 vol. Berlin, 1869-70.

Giesebrecht(W. von). *Deutsche Reden*, 1 vol. Munich, 1871.

Freytag(Gustav). *Gesammelte Aufsätze*, 2 vol. Leipzig, 1888.

Sybel(H. v.) *Kleine historische Schriften*, 3vol. Stuttgart, 1863-81.

Treitschke(H. v.) *Historische und politische Aufsätze*, 3 vol. Berlin, 1885-86.

Delbück(Hans). *Historische und politische Aufsätze*, 3 vol. Berlin, 1886.

Maurenbrecher(Wilhelm). *Geschichte und politik*, Akademische Antrittsrede gehalten zu Leipzig, Oct. 1884, brochure. Leipzig, 1884.

Hillebrand(Karl). *Zeiten, Völker und Menschen*, II^{ter} Band: *Wälsches und Deutsches*, 1 vol. Berlin, 1875.
Heine(Henri). *De l'Allemagne*, 2 vol. Paris, 1855.
Quinet(Edgar). *De la Teutomanie.* Article de la *Ravue des Deux-Mondes*, avril 1842.
Janssen(J.). *Frankreichs Rheingelüste*, 1 vol. Freiburg in B., 1883.
Nietzsche(Frédéric). *Vom Nutze und Nachteile der Historie für das Leben*, brochure. Leipzig, 1879.
Gorel(Ludwig). *Der deutsche Professor in der Politik*, brochure. Leipzig, 1887.
Flach(Joh.). *Der deutsche Professor der Gegenwart*, brochure. Leipzig, 1886.
Fustel de Coulanges. *De la manière d'ècrire l'Histoire en France et en Allemagne. Revue des Deux-Mondes* de septembre 1872.

尼布尔

Römische Geschichte, 3 vol. Berlin, 1811-13.
Vorträge über römische Geschichte, an der Universtität zu Bonn gehalten, 3 vol. Berlin, 1846.
Lectures on the history of Rome from the first Punic war to the death of Constantine, 2 vol. London, 1844.
Vorträge über alte Geschichte, herausg. von M. Niebuhr, 3 vol. Berlin, 1847-51.
Nachgelassene Schriften B.-G. Niebuhrs nicht philologischen Inhalts, 1 vol. II, 1842.
Geschichte des Zeitalters der Revolution, Vorlesungen, 2 vol. Hambourg, 1845.
Preussens Recht gegen den Sächsichen Hof, 1 vol. Berlin. 1814.

Lebensnachrichten über B.-G. Niebuhr, aus Briefen desselben und aus Erinnerungen einiger seiner nächsten Freunde, 3 vol. Hambourg, 1838-39.
Lieber(Franz). *Reminiscences of an intercourse with Niebuhr.* London, 1835 (Traduct. allem. de Thibaut. Heidelberg, 1837).
Golbéry. *Notice historique sur la vie et les ouvrages de Niebuhr.* Strasbourg, 1831.
Nissen (H.). *Niebuhr*, biographie de l'*Allgemeine Dentsche Biographie*, t. XXIII.
Classen(J.). *Niebuhr. Gotha*, 1876.
Sihler(E.-G.) *Notes on Niebuhr's Life and Works.*
Gilman(D.-C.). *Lieber's Reminiscences of Niebuhr Annual reports of the John Hopkins University*, 15 novembre 1878. Baltimore.
Eyssenhardt(F.). *Barthold Georg Niebuhr.* Gotha, 1886.
Meyer(Otto). *Biographie Niebuhrs.* Gotha, 1886.
Taine(H.). *Essai sur Tite-Live*, 1 vol. Paris, 1856, Niebuhr, p. 102-118.
Schmidt(Julian). *Geschichte der deutschen Literatur seit dem Lessing's Tode*, 3 vol. Leipzig, 1867.
Wegele(X.-V.). *Geschichte der deutschen Historiographie*, 1 vol. München, 1885.

Niebuhr, 5tes Buch.

Seitz(D^{r} Ch.). *L'oeuvre politique de César jugée par les historiens de Rome au XIXe siècle*, 1 vol. Genève, 1889. Niebuhr. p. 6-13.

兰　克

(1)兰克著作

Geschichten der Romanischen und Germanischen Völker von 1494-1535. Leipzig und Berlin, 1824.

Mit einer Beilage: *Zur Kritik neuerer Geschichtsschreiber*, *ibid.*, 1824, 3te Auflage. Leipzig, 1885, t. XXXIII et XXXIV des *Œuvres complètes*.

Fürsten und Völker in Südeuropa. Berlin, 1827. Nouv. édition: *Die Osmanen und die spanische Monarchie*, 2te Auflage. Leipzig, 1877, t. XXXV et XXXVI des *Œuvres complètes*.

Geschichte der Revolution in Serbien, 1 vol. Berlin, 1829. Nouv. édition: *Serbien und die Türkei im* 19ten *Jahrhundert.* Leipzig, 2 vol., t. XLIII et XLIV des *Œuvres complètes*.

Die Verschwörung von Venedig im Jahre 1618, 1 vol. Berlin, 1831, t. XLII, des *Œuvres complètes* avec un essai: *Venedig im* 16ten *Jahrhundert und in der ersten Hälfte des* 17ten, Leipzig, 1878.

Die römischen Päpste, ihre Kirche und ihr Staat im 16 *und* 17 *Jahrhund.*, 3 vol. Berlin, 1834-36, 9te Auflage. Leipzig, 1889, t. XXXVII, XXXVIII et XXXIX des *Œuvres complètes*.

Historische und politiseche Zeitschrift, 2 vol. Hambourg-Berlin, 1832-35.

Deutsche Geschichte im Zeitalter der Reformation, 6 vol. Berlin, 1839-47, 6te Auflage. Leipzig, 1882, t. I à VI des *Œuvres complètes*.

Neun Bücher Preuss. Geschichte, 3 vol. Berlin, 1847-48. Nouvelle édition en 1874 sous le titre de: *Zwölf Bücher Preuss. Gesch.*, 5 vol. Leipzig, *Œuvres complètes*, t. de XXV a XXVIII.

Französische Geschichte vornehmlich im 16 *und* 17 *Jabrhund.*, 4 vol. Berlin, 1852-56. Dans les *Œuvres complètes*, 6 volumes, t. VIII à XIII.

Englische Geschichte, vorn. im 17ten *Jahr.*, 6 vol. Berlin, 1859-65. Dans les *Œuvres complètes*, 9 vol. t. XIV à XXII.

Zur deutschen Geschichte vom Religionsfrieden bis zum 30 *jährigen Kriege*, 1 vol. Leipzig, 1868. *Œuvres complètes*, t. VII.

Geschichte Wallensteins, 1 vol. Leipzig, 1869. *Œuvres complètes*, t. XXIII.

Der Ursprung des 7 *jährigen Krieges*, 1 vol. Leipzig, 1871. *Œuvres complètes*, t. XXX.

Die deutschen Mächte und der Fürstenbund, Gesch. von 1780 *bis* 1790, 2 vol. in-8°. Leipzig, 1871-72. *Œuvres complètes*, t. XXXI et XXXII.

Abhandlungen und. Versuche 1re *Sammlung*, 1 vol. Leipzig, 1872. *Neue Sammlung*, herausg, v. A. Dove und T. Wiedemann. Leipzig, 1888. *Œuvres complètes*, t. XXIV, LI et LII.

Zur Geschichte von Oesterreich und Preussen, zwischen der Friedensschlüssen von Aachen und Hübertsburg, 1 vol. Leipzig, 1875. *Œuvres complètes*, t. XXX.

Ursprung und Beginn der Revolutionskriege, 1 vol. Leipzig, 1875. *Œuvres complètes*, t. XLV.

Denkwürdigkeiten des Staatskanzlers Fürsten von Hardenberg, 5 vol. Leipzig, 1877. *Œuvres complètes*. t. XLVI à XLVIII.

Historische biographische Studien, 2 vol. Leipzig, 1877. *Œuvres complètes*, t. XL et XLI.

Weltgeschichte, Neun Theile, 16 vol. Leipzig, 1878-1888.

Zur Geschichte Deutschlands und Frankreichs im 19 Jahrhundert, Herausg. von Alf. Dove, 2 vol. Leipzig, 1887. *Œuvres complètes*, t. XLIX et L.

Zur eigenen Lebensgeschichte, Herausg. von Alf. Dove, I vol. Leipzig, 1890. *Œuvres complètes*, t. LIII et LIV.

Sämmtliche Werke, 54 vol. Leipzig, 1877-1890.

Histoire des Osmanlis et de la monarchie espagnole, pendant les xvie et xviie siècles, trad. de l'allem. et accomp. de notes par J.-B. Haïber, 1 vol. Paris, 1839.

Histoire de la papautè pendant les xvie et xvne siècles, trad. de l'allem, par J.-B. Haïber, publ. et précéd. d'une introd. par Alb. be Saint-Chéron, 4 vol. Paris, 1838.

Histoire de France, principalement pendant les xvie etxviie siècles, trad. par J. Porchat, 6 vol. Paris, 1854-1889.

Macaulay. *Critical and Historical Essays*, t. IV, p.97: *Ranke's History of the Popes*.

Taillandier(St René). *L. Ranke*. Article *Revue des Deux-Mondes* du 1er avril 1854.

Grenier(J.). *L. Ranke*. Article *Rev. Germ.*, t. VIII, p.305.

Waitz(G.). *L. Ranke*. Article *Hist. Zeitschr.*, t. VI, p.349.

Noorden. *Ranke und Macaulay*. Article de l'*Hist. Zeitschr.*, t. XVII, p.87.

Sorel(Albert). *Sybel et Ranke*. *Revue historique*, t. X. p.469.

Cherbuliez(V.). *Frèdèric-Guillaume IV et Lèop. de Ranke*. Article publ. par la *Rev. des Deux-Mondes* du 1er septembre 1887.

Scherrer(Hans). *Ubersicht über die vaterländische Geschichtschreibung*, 1 vol. Heidelberg, 1886. *Ranke*, p.61-64.

Stubbs. *Seventeen lectures on the study of modern history*, 1 vol. Oxford, 1886.

Michael(E.). *Ranke's Welgeschichte*. Eine Kritische Studie, in-8°. Paderborn, 1890.

Fester. *Humboldt's und Ranke's Ideenlehre*. Article de la *Deutsche Zeitschr. für Geschwissenschaft*. Freiburg in B., 1891.

Wiedemann(Th.). *Sechzehn Jahre in der Werkstätte L. von Rankes*. *Deutsche Revue*, nov. 1891 et *passim*.

Reumont (A. von). *L. v. Ranke.* Article de l'*Histor. Jahrbuch der Görresgesellsch.*, vol. VII, p. 608. München, 1886.

Stern (Alf.). *Gedächtnisrede auf L. v. Ranke und G. Waitz*, brochure in-8°. Berne, 1886.

Schmidt (Julian). *L. von Ranke.* Étude publ. par la *Deutsche Rundschau*, t. XLVII, p. 218.

Valbert (G.). *L. Rake.* Article nécrologique publié par la *Revue des Deux-Mondes*, le 15 août 1886.

Zeller (Jules). *Lèopold Ranke*, notice lue à l'Académie des Sciences morales et politiques, le 3 juillet 1886. Publ. par la *Rev. intern. de l'Enseign.*, t. XII, p. 1.

Pautz (H.). *Leopold von Ranke.* Article de *Unsere Zeit*, 1886, 2e volume.

Sybel (H. von). *Gedächnisrede auf L. v.* Ranke, brochure in-4°. Berlin, 1887.

Giesebrecht (W. von). *Gedächnisrede auf L. v.* Ranke, brochure in-8°. München, 1887.

Articles nécrologiques, entre autres:

Gardiner. *Academy*, t. XXIX, p. 380.

Neue Freie Presse, 25 mai 1886.

Sidgwick. *Macmillan Magazine*, t. IV, p. 85.

Ward (A.). *English Historical Review*, t. III, p. 184.

Reuss (R.). *Revue historique*, t. XXXI, p. 364.

Ranke (Henri). *Jugenderinnerungen*, 1 vol. München, 1886.

Weisse (Sophie). *Reminiscences of Berlin*, 1884-1886. *Blackwood Magazine*, t. CXL, p. 251.

Dove (Alf.). *L. von Ranke*, eine biographische Skizze. *Allg. deutsche Biographie*, t. XXVII. Leipzig, 1888.

Lorenz (Ottokar). *Leopold von Ranke*, 1 vol. Berlin, 1891.

Keussler. *L. von Ranke's Leben und Wirken*, 1 vol. Petersbourg, 1892.

Guglia (Eugen). *Leopold von Ranke's Leben und Werke*, 1 vol. Leipzig, 1893.

Ritter (Th.). *Leopold von Ranke.* Seine Geistesentwickelung und seine Geschichtschreibung, 1 vol. Stuttgart, 1896.

Biedermann (Karl). 25 *Jahre deutscher Geschichte*, 1815-1840, 2 vol. Breslau, 1890.

Briefwechsel des Generals Leopold v. Gerlach mit Otto von Bismarck, 1 vol. Berlin, 1893.

Gerlach (Léop. v.). *Denkwürdigkeiten*, 2 vol. Berlin, 1891-92.

Bernhardi. *Aus dem Leben Theodor von Bernhardi*, 7 Theile, 7 vol. Leipzig, 1893-1897.

Ranke (L. v.). *Friedrich Wilhelm IV, König von Preussen. Allg. deutsche Biogr.*, t. VII.

Reumont (A. v.). *Aus Friedrich Wilhelm IV gesunden und kranken Tagen*, 1 vol. Leipzig, 1885.

Aus dem Biefwechsel Friedrich Wilhelm IV mit Bunsen, von L. v. Ranke, 1 vol. Leipzig, 1873.

Arneth (Alf. von). *Aus meinem Leben*, 1819-1890, 2 vol. Stuttgart, 1893.

Varnhagen d'Ense. *La Prusse en* 1848 *et* 1849. Journal publié par la *Revue germanique*, t.

XIX, XX, XXIV et XXV.
Droysen(J.-G.). *Beiträge zur neuesten Deutschen Geschischte*, 1 vol. Braunschweig, 1849.
Biedermann(Karl). *Erinnerungen aus der Paulskirche*, 1 vol. Leipzig, 1849.
Rümelin(Gustav). *Aus der Paulskirche*, 1848-49, 1 vol. Stuttgart, 1892.
Ranke(L. von). *Politische Denkschriften aus den Jahren*, 1848-51, 1 vol. Leipzig, 1887.

蒙 森

Römische Geschichte, 3 vol. Berlin, 1854-56.
Die Provinzen von Caesar, bis Diocletian, 1 vol. Berlin, 1885.
Histoire romaine, traduite par de Guerle, 7 vol. Paris, 1882.
Histoire romaine, traduite par Alexandre, 5 vol. Paris.
Agli Italiani. Berlino, 30 agosto 1870.
Geffroy(F.) *Le manifeste de M. Mommsen à l'Italie. Revue des Deux-Mondes*, de novembre 1870.
Rede zur Feier des Leibnischen Jahrestages. Discours pron. à l'Acad. des sciences de Berlin, 1874.
Die deutschen pseudo-Professoren. Article des *Preussische Jahrbücher*, t. XXXVII, p. 17.
Le vicariat catholique à Berlin sous Frèdèric II. Ibid., t. XXXIX, p. 141.
Festreden. Ibid., p. 417.
Reden im Hause der Abgeord. 1875-1880. Berlin.
Rede zur Feier des Geburtstages sein. Majestat des Kaisers. Berlin. Akad. Abhandl., 1875.
Königin Luise. Berl. Akad. Abh., 1876.
Auch ein Wort über unser Judenthum, brochure. Berlin, 1880.
Luther und die Gebrüder von Humboldt. Berlin, 1883.
Zum Geburtstage des Königs Friedrich II. Berlin, 1886.

Seidel(E.). *Montesquieu's Verdienst um römische Geschichte.* Annaberg, 1887.
Lange(L.). *Die römische Gesch. v. Mommsén.* Article de l'*Allg. Monatschrift*, p. 793, 1854.
Peter(C.). *Studien zur römischen Geschichte.* Halle, 1863.
Nitzsch(K.-W.). *Recension der romischen Gesch. v. Mommsen.* Berlin, 1856-58.
Vallier(Arm.). *L'histoire romaine de Mommsen.* Article de la *Revue germanique*, t. I.
Wedde. *Die römische Geschichte von Mommsen.* Article de la *Neue Zeit*, IV^ter Jahrgang, p. 42. Stuttgart, 1886.
Jullian(C.). *L'histoire romaine de Mommsen.* Étude critique publ. par la *Rev. crit. d'hist. et de littèr.*, IIe sem. de 1886, p. 297.

Taillandier(St-René). *Th. Mommsen.* Article de la *Rev. des Deux-Mondes* du 15 mai

1864.

Freeman(Edw.). *The Methods of Historical Study.* London, 1887, p. 289.

——. *Historical Essays*, 1re et 2e séries. London, 1873.

Boissier(Gaston). *Th. Mommsen.* Article de la *Revue des Deux-Mondes* du 15 avril 1872.

Schmidt(Julian). *Gesch. der deutsch. Lit. Th. Mommsen*, t. III, p. 471.

——. *Th. Mommsen.* Article de la *Deutsche Rundschau*, t. XLIV, p. 660.

Seitz(Ch.). *Les historiens de Jules Cèsar au XIXe siècle. Mommsen et ses critiques*, p. 23-83. Genève, 1889.

Bernays(Jakob). *Mommsen als Jurist.* Article de la *Deutsche Rundschau*, t. II, p. 61.

Nangemeister(Karl). *Th. Mommsen als Schrifsteller*, Heidelberg, 1887.

Taillandier(St-René). *La Jeune Allemagne.* Article de la *Revue des Deux-Mondes*, mars 1844.

Proelss(Johannès). *Das junge Deutschland*, ein Buch deutscher Geschichte, 1 vol. Stuttgart, 1892.

Haym(R.). *Die romantische Schule.* Ein Betrag zur Geschichte des deutschen Geistes, 1 vol. Berlin, 1870.

Köstelin(K.). *Hegel in philosophischer, politischer und nationaler Beziehung für das deutsche Volk dargestellt*, 1 vol. Tubingen, 1870.

Grün(K.). *L. Feuerbach in seinem Briefwechsel und Nachlass dargestellt*, 2 vol. Leipzig, 1874.

Ruge(Arnold). *Briefwiehsel und Tagebuchblätter aus den Jahren* 1825-1885. Herausg. von Paul Nerrlich, 2 vol. Berlin, 1886.

Büchner(Ludwig). *Am Sterbelager des Jahrhunderts*, 1 vol. Giessen, 1898.

Moleschott(Jak). *Für meine Freunde. Lebenserinnerungen*, 1 vol. Giessen, 1894.

Vogt(Karl). *Aus meinem Leben.*, 1 vol. Stuttgart, 1896.

Strauss(David Fr.). *Ausgewählte Briefe.* Herausg. von E. Zeller, 1 vol. Bonn, 1895.

Freytag(Gustave). *Erinnerungen aus meinem Leben*, 1 vol. Leipzig, 1887.

Fester(R.). *A. Schopenhauer und die Geschichtswissenschaft. Deutsche Zeitschr. für Gesch.*, t. III.

聚贝尔

De fontibus libri Jordanis de origine actuque Getarum. Berlin, 1838.

Geschichte des ersten Kreuzzuges. Düsseldorf, 1841.

Entstehung des deutschen Königsthums, 1 vol. Francfort, 1844. Nouv. édition refondue, 1881.

und Gildemeister (J.). *Der heilige Rock zu Trier und die zwanzig andern heiligen ungenähten Röcke*, 2 Theile. Bonn, 1844-45.

Die politischen Parteien in Rheinaland in ihrem Verhältnis zur preussischen Verfassung ges-

childert. Düsseldorf, 1847.

Ueber das Verhältnis unserer Universitäten zum öffentlichen Leben. Marbourg, 1847.

Edmund Burke und die französische Revolution. Article de *Schmidt's Histor. Z.*, t. VII, p. 1(1847).

Edmund Burke und Irland. Ibid., t. VIII, p. 489.

Geschichte der Revolutionszeit von 1789-1800, 5 vol. Düsseldorf, 1853-70. Nouvelle édition. Stuttgart, 1877. Édition populaire en cours de publication, Stuttgart jusqu'à présent (oct. 1899), 9 vol. parus.

L'Europe et la Rèvolution française, trad. de l'allem, par Mlle Dosquet, 6 vol. Paris, 1869-87.

Catharina II. Ein Vortrag gehalten am 26 März 1859. Münich, 1859. Münich, 1859.

Joseph de Maistre. Histor. Zeitsch., t. I. 158-198.

Die Erhebung EuropaS gegen Napoleon. Drei Vorlesungen. Münich, 1860.

Kaiser Leopold II. Münich, 1860.

Joseph II. Bluntschlis Staatwörterbuch, V, 421-430.

Prinz Eugen von Savoyen. Drei Vorlesungen. Münich, 1861.

Lafayette. Bluntschlis Staatsw., VI, 180-190.

Napoleon I. Ibid., VII, 106-128.

Die deutsche Nation und das Kaiserreich, brochure. Düsseldorf, 1862.

Ueber die Entwickelung der absoluten Monarchie in Preussen, brochure. Bonn, 1863.

Ueber die Gesetze des historischen Wissnes. Rede. Bonn, 1864.

Kleine historische Schriften, 3 vol. München, 1863, 69, 81.

Preussen und Rheinland, brochure. Bonn, 1865.

Die deutschen und die auswärtigen Universitäten, brochure. Bonn, 1866.

Das neue Deutschland und Frankreich. Sendshreiben an Herrn Forcade in Paris. Bonn, 1866.

La Prusse et la nouvelle Allemagne. Article publ. par la *Revue des Deux-Mondes* de sept. 1866.

Die Gründung der Universität Bonn, brochure. Bonn, 1868.

Ueber die Emancipation der Frauen, brochure. Bonn, 1870.

Denkschrift des Prinzen von Preussen über die deutsche Frage im Jahre 1850. Article de l' *Historische Zeitschrift*, 1870, t. XC, p. 5.

Der Frieden von 1871, brochure. Düsseldorf, 1871.

The German empire. Article de la *Fortnightly Review*, t. IX, p. 1

Les droits de l'Allemagne sur l'Alsace et la Lorraine, brochure. Bruxelles, 1871.

Die Lehren des heutigen Socialismus und Communismus, brochure. Bonn, 1872.

Was wir von Frankreich lernen können, brochure. Bonn, 1872.

Napolèon III, 1 vol. Bonn, 1873.

Die klerikale Politik im 19ten Jahrhundert, brochure. Bonn, 1874.

Vorträge und Aufsätze, 1 vol. Berlin, 1874.

Die erste Theilung Polens. Article de la *Deutsche Rundschau*, t. II, p. 34(1874).

Der alte Staat und die Revolution in Frankreich. Ibid., t. XXI(1879).
Hardenberg. Article de l'*Allgem. deutsche Biographie*, t. X, p. 572-590.
Ueber Frauen Bildung. Zwei Vorträge. Deutsche Rundschau, 1885.
Pariser Studien. Deutsche Revue, 1886.
Die Begründung des Deutschen Reiches durch Wilhelm I, 7 vol. München und Leipzig, 1889-95.
Neue Mittheilungen und Erläuterungen zur Begründung des deutschen Reiches. München und Leipzig, 1895.
Vorträge und Abhandlungen, mit einer biographischen Einleitung von C. Varrentrapp., 1vol. Müchen, 1897.

Challemel-Lacour. *H. de Sybel.* Article de la *Revue des Deux-Mondes* du 15 décembre 1867.
Rambaud(A.). *H. de Sybel. Revue bleue*, t. XII de la 2e série.
Roget(Ph.). *L'histoire de l'èpoque rèvolutionnaire. Revue germanique*, t. X, p. 282, t. XI, p.300.
Sorel(Albert). *L'enseignement de l'histoire diplomatique. Revue intern. de l' Enseig.*, t, I, p.20. Paris, 1881.
Valbert(G.). *H. de Sybel et son Histoire de la fondation de l'Empire allemand.* Article de la *Ravue des Deux-Mondes*, 1890, t. XCVIII, p. 190-201.
Eberstein(Frhr von). *Kritische Bemerkungen über H. v. Sybel's Begr. des dtsch. R.*, 2 Theile. Wiesbaden, 1890.
Oechsli. *Zu Sybel's Darstellung der Neuenburger Verwickelung*, brochure. Zürich, 1890.
Lebon(A.). *Die Begründung*, etc. Article de la *Revue historique*(mai-juin 1891), t. XLVI, p.169.
Boglietti(G.). *Il nuovo impero tedesco e il suo primo storico.* Article de la *Nuova Antologia*, 1er mars 1891.
Delbrück (H.). *Die Fortführung des Sybelischen Werkes.* Article des *Preussische Jahrbücher*, t. LXVIII, p.83.
Hartwig(Otto). *Die Begründung*, etc. *Die Nation*, 1895, n°12.
Miller(W.). *Die Begründung*, etc. *English. histor. Review*, 1er juillet 1895.

Uchtritz(Fr. von). *Blicke in das Düsseldorfer Kunst und Kunstleben*, 2 vol. Düsseldorf, 1839-40.
Caro(J.). *Heinrich von Sybel.* Article de la revue *Nord und Süd*, janvier 1892.
Article nècrologique. Neue Freie Presse de Vienne, 6 août 1895.
Schmidt(Julian). *Gesch. der deutsch. nat. Liter. Sybel*, t. III, p.514.
Frédéricq(P.). *De l'enseignement supèrieur de l'histoire en Allemagne. Revue de l'Inst. publ. en Belgique*, t. XXV. Sybel, p.33.
Marcks(Erich). *H. von Sybel.* Article de la *Zukunft*, 26 octobre 1895.
Schmoller(Gustav) *H. von Sybel.* Rede gehalten in der Leibnizsitsung der Akademie des

Wissenschaft in Berlin, 2 juillet 1896.
Varrentrapp(C.). *Sybel's Abhandlungen und Versuche*, mit einer biog. Einleitung, 1 vol. München, 1892.

Klüpfel. *Geschichte der deutschen Einheitsbestrebungen, bis zu ihrer Erfüllung*, 1848-1871, 2 vol. Berlin, 1872.
Haym(R.). *Das Leben Max Dunckers*, 1 vol. Berlin, 1891.
Freytag(Gustav). *Karl Mathy*. Gesch. seines Lebens. Leipzig, 1870.
Gervinus(G.-G.). *Leben von ihm selbst*, 1860. Leipzig, 1893.
Curtius(E.). *Heinrich Gelzer*. Gotha, 1892.
Pey. *L'Allemagne d'aujourd'hui*, 1862-1882, 1 vol. Paris, 1883.
Lagarde(Paulde). *Deutsche Schriften*, 1 vol. Göttingen, 1886.
Bamberger(Ludwig). *Politische Schriften*, 5 vol. Berlin, 1895-97.
Die National-Liberal Partei, 1807-92. Leipzig, 1892.
Comte de Paris. *L'Allemagne et ses nouvelles tendances politiques*. Article de la *Rev. des Deux-Mondes*, août 1867.
Hillebrand(Karl). *La Prusse cotemporaine et ses institutions*, 1 vol. Paris, 1867.
Cherbuliez(Victor). *L'Allemagne politique depuis la paix de Prague*, 1867-1870, 1 vol. Paris, 1870.
Challemel-Lacour. *La politique allemande de la Prusse*. Article de la *Rev. des Deux-Mondes*, de décembre 1867.
Bamberger(Louis). *Monsieur de Bismarck*, 1 vol. Paris, 1868.

特赖奇克

Vaterländische Gedichte. Göttingen, 1856.
Studien. Leipzig, 1857.
Die Gesellschaftwissenchaft. Leipzig, 1859.
Historische und politische Aufsätze, vornehmlich zur neuesten Deutschen Geschichte, 3 vol. Leipzig, 1865-1871, 5e édit. augmentée en 1886.
Zehn Jahre deutscher Kämpfe, 1865-1874. Schriften zur Tagespolitik, 1 vol. Berlin, 1874, 2e édition continuée jusqu en 1879. Berlin, 1879.
Der Socialismus und seine Gönner, brochure. Berlin, 1875.
Deutsche Geschichte im 19ten Jahrhundert, 5 vol. Leipzig, 1879-1895.
Ein Wort über unser Judenthum, brochure. Berlin, 1880, *Luther und die deutsche Nation*, brochure. Leipzig, 1883. *Zwei Kaiser*, brochure. Berlin, 1888.
Die Zukunft des deutschen Gymnasiums, brochure. Leipzig, 1890.
Reichstagsreden (1871-1884). Herausgeg. von O. Mittelstädt, in-8°. Leipzig, 1896.
Deutsche Kämpfe. Schriften zur Tagespolitik, 1 vol. in-8°. Leipzig, 1897.
Biographische und historische Abhandlungen, vornehmlich aus der neueren deutschen Ge-

schichte, 1 vol. Leipzig, 1897.
Treitschke(H. v.). *Politik*, Vorlesungen gehalten an der Universität zu Berlin, 2 vol. Leipzig, 1897-98.

Bamberger(L.). *Ueber Rom und Paris nach Gotha, oder die Wege des Herrn von Treitschke*, brochure, 1869.
Baumgarten(H.). *Treitschkes Deutsche Geschichte*, brochure. Strasbourg, 1883.
Treitschke(H. von). *Erwiederung an H. Baumgarten. Preuss. Jahrbücher*, t. L et LI.
Offener Brief an Geheimenr. Herrn v. Treitschke ordent. Profess. zu der Berliner Universität, von einem deutschen Israeliten, brochure. Berlin, 1888.
Bamberger(Ludwig). *Die Nachfolge Bismarcks*, brochure. Berlin, 1889.
Nerrlich. *Treitschke und das junge Deutschland.*
Geissler. *Stiglitz und H. von Treitschke*, 1890.
Bourdeau(Jean). *Un apologiste de l'État prussien. Rev. des Deux-Mondes* du 15 juin 1889.
Acton(Lord). *German Schools of History. English Historical Review*, Treitschke, t. I, p. 33.
Ward(A.). *H. von Treitschke. English Historical Review*, t. I, p. 809.
Lefranc(Abel). *Notes sur l'enseignement de l'histoire dans les grandes Universitès allemandes*, brochure. Paris, 1888.
Lenz(M.). *H. v. Treitschke*, brochure. Berlin, 1896.
Schmoller(G.). *Gedächtnisrede auf H. von Sybel und H. v. Treitschke.* Berlin, 1896.
Bailleu(P.). *H. v. Treitschke.* Articles de la *Deutsche Rundschau*, 1896-97.
Philippson(M.). *H. de Treitschke.* Article de la *Revue historique*, t. LXI, année 1896.

Baumcarten(H.). *Fr. Chr. Dahlmann, Beilage zur Allg. Zeitg.*, 1886, n°59.
Waitz(Georg.). *Fr. Chr. Dahlmann.* Gedächtnisrede gehalten in der Aula der Universität Kiel, brochure, Kiel, 1885.
Lévy-Bruhl. *Gervinus et Dahlmann.* Article de la *Rev. des Deux-Mondes* du 1er juillet 1888.

结 论

Cherbuliez(Victor). *Études de littèrature et d'art*, 1 vol. Paris, 1874.
Gaidoz(H.). *Le Pangermanisme. Revue des Deux-Mondes* de février 1871.
Sorel(Alb.). *La presse allemande. Revue des Deux-Mondes* d'avril 1873.
L'Allemagne actuelle, 1 vol. Paris, Plon, 1887.
Lavisse(Ernest). *L'État politique de l'Allemagne.* Article de la *Revue des Deux-Mondes* du 1er juillet 1887.

——. *Essais sur l'Allemagne impèriale*, 1 vol. Paris, 1888.

Lebon(André). *Études sur l'Allemagne politique*, 1 vol. Paris, 1890.

Cherbuliez(Victor) [Valbert G.]. *Hommes et choses d'Allemagne.* Croquis politiques, 1 vol. Paris, 1877.

——. *Hommes et choses du temps prèsent*, 1 vol. Paris, 1883.

Whitman(Sidney). *Imperial Germany.* A critical study of fact and character, 1 vol. London, 1890.

Schneider(L.). *Aus dem Leben Kaiser Wilhelms*, 1849-1873, 3 vol. Berlin, 1888.

Marcks(Erich). *Kaiser Wilhelm I*, 1 vol. Leipzig, 1897. *Aus dem Leben König Karl's von Rumänien*, 3 vol. Stuttgart, 1894-1898.

Busch(Moritz). *Les Mèmoires de Bismarck*, 2 vol. Paris, 1899.

Bismarck(le prince de). *Pensèes et souvenirs*, trad. de l'allem. par Jaegelé, 2 vol. Paris, 1899.

Schmoller, Lenz, Marcks. *Zu Bismarcks Gedächtnis*, 1 vol. Leipzig, 1899.

Jahns(Max). *Feldmarschall Moltke*, 1er Theil. Berlin, 1894.

Roon(Gr. von). *Denkwürdigkeiten*, 2 vol. Breslau, 1892.

Freytag(Gustav). *Der Kronprinz und die deutsche Kaiserkrone.* Erinnerungsblätter, 1 vol. Leipzig, 1889.

Aus Kaiser Friedrichs Tagebuch, 1870-1871, veröffentlicht von H. Geffcken. *Deutsche Rundschau*, 1888-89.

Delbrück(Hans). *Personliche Erinnerungen an den Kaiser Friedrich und sein Haus*, 1 vol. Berlin, 1888.

Prothero(R.-E.). *Frederic III and the new Germany.* Article de la *Nineteenth Century*, 1888.

Hinzpeter(G.). *Kaiser Wilhelm II.* Eine Skizze nach der Natur gezeichnet, brochure. Bielefeld, 1888.

Ayme(François). *Une èducation impèriale: Guillaume II*, 1 vol. Paris, 1897.

L'empereur allemand, 1 vol. Paris, 1893.

Bamberger(Ludwig). *The German Crisis and the Emperor.* Article de la *New Review*(avril 1892).

Barth(Th.). *Kaiser Wilhelm II und die öffentliche Meinung.* Article de *Die Nation* (1892), n^{08} 30 et 31.

Am Hofe Kaiser Wilhelms II. Berlin, 1893.

Hamel(Rich). *Das deutsche Bürgerthum unter dem Kaiser Wilhelm II*, 1 vol. Halle, 1890.

Ziegler(Th.). *Der deutsche Student am Ende des 19 Jahrh.*, 1 vol. Stuttgart, 1895.

索　引

（索引页码为边码）

A

Abélard 阿贝拉尔　33

Acton, Lord 阿克顿，爵士　9, 148, 253, 267

Adrian VI, Pope 阿德里安四世，教皇　113

Albert, Prince Consort 阿尔伯特，陪护亲王　302, 318

Aldobrandini, Peter 阿尔多布兰蒂尼，彼得　113

Amurath III 阿穆拉特三世　112

Ancillon 安希隆　32, 108

Appius 阿匹乌斯　132

Arnim, Count 阿尔宁，伯爵　24, 240

Arnold, Dr. 阿诺德，博士　42, 56

Attila 阿提拉　278

Aimye, Francis 埃默，弗朗西斯　338

Azeglio, Massimo d' 达泽格里奥，马西莫　349

B

Baader 巴德尔　46

Bamberger, Louis 班贝格，路德维希　137

Barnave 巴那夫　231

Baudot 博多　187

Baumgarten, H. 鲍姆加登，H.　224, 228

Bayrhoffer 拜尔霍夫　253

Beaufort 博福尔　49

Becher, Nicholas 贝谢尔，尼古拉　327

Beck, F. 贝克，F.　87

Bendemann 本德曼　175

Benecke 贝尼克　53

Benedetti 贝内德蒂　246

Benningsen 本宁森　243, 311

Berg, Moritz von 贝格，莫里茨，冯　156

Bergenroth 贝根罗特　117

Bernhardi, Th. von 伯恩哈迪，Th. 冯　223, 239

Beseler 贝泽勒　213

Beust, von 伯伊斯特，冯　239, 269

Bibulus 庇布鲁斯　147

Bismarck 俾斯麦　11, 17, 82, 118, 119, 124, 136, 137, 147, 148, 168, 199, 212, 220, 221, 228, 232, 235, 237,

239, 241-51, 257, 261, 267, 274, 276, 282, 293, 300, 311, 312, 331-34, 338-42, 345, 350-52
Blucher 布鲁赫尔 258
Blum, Robert 布鲁姆,罗伯特 259
Boccace 薄伽丘 152
Bückh 毕克 45, 53, 215, 216
Bühmer 博麦 46, 116
Boileau 布瓦洛 31
Boissier, Gaston 布瓦塞,加斯东 142
Boleyn, Anne 波莱茵,安妮 110
Bopp, Franz 葆朴,弗兰茨 53
Böttiger, Dr. 波迪格尔,博士 259
Bourget, Paul 布尔热,保罗 131
Bucher, L. 布赫尔,L. 245
Büchner 毕希纳 122
Buckle 巴克尔 88,140
Bülow, von 比洛夫,冯 258
Bunsen 本森 105
Burke 柏克 28, 32, 75, 194, 195
Busch, Moritz 布施,莫里茨 122, 244, 245, 334
Büsching 庇兴 26

C

Caesar, Julius 恺撒,尤里斯 55, 58, 94, 126, 137-39, 147, 148, 153, 156-59, 162, 163, 276
Calderon 卡尔德隆 45, 175, 308
Calvin 加尔文 111
Canning 坎宁 11, 78, 173
Capodistrias 卡波季斯特利亚斯 294
Carlyle 卡莱尔 88, 298, 320, 325
Carnot, Lazare 卡尔诺,拉扎尔 55
Caroline, Queen 卡罗琳娜,王后 321
Cassiodorus 卡西奥多鲁斯 132
Castlereagh, Lady 卡斯尔累,夫人 295
Catilina 喀提林 34, 160, 165
Caton 加图 147, 166
Catullus 卡图卢斯 152
Cavaignac, General 卡芬雅克,将军 259
Cavour 加富尔 173, 282
Charles I of Roumania 罗马尼亚国王查理一世 244, 245 247
Charles V 查理五世 112
Charles VII 查理七世 100
Charles X 查理十世 56
Charles, Duke of Brunswick 查理,布伦瑞克公爵 315
Charles Theodore, Elector 查理·特奥多尔,选帝侯 175
Cherbuliez, Victor 谢比列,维克托 34, 118, 135, 149, 289, 311
Cicero 西塞罗 148, 162, 165, 167
Clarendon 克拉伦敦 40, 91
Clausewitz 克劳塞维茨 23, 46
Clement VII 克莱芒七世 114
Clement VIII 克莱芒八世 113
Consalvi 康萨尔维 294
Constant, Benjamin 贡斯当,邦雅曼 57,

186
Cornelius 科内柳斯 175
Cromwell 克伦威尔 159, 164, 273

D

Dahlmann 达尔曼 10, 26, 28, 213, 219, 223, 260-64, 310
Dahn, Felix 达恩,菲里克斯 342
Dante 但丁 45, 152
Darmesteter, James 达摩斯泰特,詹姆斯 290
Darwin 达尔文 29, 122, 128, 235
Davout 达武 71
Delbrück, Hans 德尔布吕克,汉斯 9, 28, 244, 248, 272, 350
Demosthenes 德谟斯梯尼 215
Désaugiers 戴佐杰 55
Descartes 笛卡儿 32, 33, 109
Dickens 狄更斯 343
Diderot 狄德罗 122, 323
Diez, Fred. 迪茨,弗雷德里希 53
Docen 多岑 26
Döllinger, Canon 杜林谔,神甫 13, 118
Dove, H. W. 道夫,H. W. 121
Droysen, Gustave 德罗伊森,古斯塔夫 10, 39, 47, 117, 213, 215-17, 223
Drumont, Edouard 德吕蒙,爱德华 291
Du Verdy du Vernois 杜·福尔蒂·杜·维尔诺伊斯 336
Duncker, Max 邓克尔,马克斯 10, 217, 218, 310

E

Eberstein, Alf. d' 爱波斯坦,阿尔弗雷德 251
Eichhorn 艾希霍恩 26, 27, 117
Eliot, George 艾略特,乔治 112
Elizabeth, Queen 伊丽莎白,王后 302
Erdmansdorffer 埃德曼斯多夫尔 345

F

Fabius 费边 166
Feuerbach 费尔巴哈 122, 123
Fichte 费希特 18, 45, 46, 53, 104, 146, 193, 268, 310
Flach, J. 弗拉赫,J. 35
Flaubert, Gustave 福楼拜,古斯塔夫 167, 298
Fleury, General 弗勒里,将军 239
Fontane, Peter 冯特纳,皮埃尔 108
Fontane, Theodore 冯特纳,特奥多尔 108
Forchenbech 佛兴贝希 335
Fox 福克斯 193
François I 弗朗索瓦一世 127
François II 弗兰茨二世 315
Frederick Augustus of Saxony 萨克森的弗里德里希·奥古斯特 299, 316
Frederick II 腓特烈二世(腓特烈大帝) 13, 15, 16, 73, 82, 91, 99, 100, 115,

127, 159, 210, 234-39, 243, 274, 314, 334, 339
Frederick III 弗里德里希三世　291, 319, 326-34
Frederick William I 弗里德里希·威廉一世(腓特烈一世)　15
Frederick William II 弗里德里希·威廉二世　104, 205, 209, 210, 214, 312
Frederick William III 弗里德里希·威廉三世　19, 42, 45, 104, 105, 107, 108, 235, 297, 312
Frederick William IV 弗里德里希·威廉四世　69, 79-82, 104, 105, 119, 135, 157, 239, 249-51, 259, 312, 312, 313, 334, 342, 346
Fredericq, Paul 弗雷德里克,保罗　174, 216, 217, 254
Freeman, E. A. 弗里曼,E. A.　118, 148
Freytag, Gustave 弗赖塔格,古斯塔夫　97, 123-26, 218-20, 310, 329, 330, 332-34
Fustel de Coulanges 菲斯泰尔·德·古朗日　38

G

Gagern, Henri de 加戈恩,海因里希,冯　119, 234
Gans, Edouard 甘斯,爱德华　47
Gardiner, S. R. 加迪纳,S. R.　118
Gautir, Théophile 戈蒂叶,特奥菲尔　130
Geibel 盖贝尔　326, 327
Gentz, Chevalier 根茨,骑士　14
George IV 乔治四世　315
Gerlach, Leopold de 盖拉赫,列奥波德,冯　79
Gervinus 盖维努斯　117, 213, 261
Gibbon 吉本　51
Giesebrecht, Wilhelm 基泽布雷希特,威廉　9, 10, 37, 38, 39, 223
Gildemeister, Otto 基尔德麦斯特　181
Giovio 乔维奥　91
Gladstone 格拉斯顿　11
Gneisenau 格奈泽瑙　18, 28, 46, 53, 258
Gneist 格奈斯特　10, 220, 264
Goethe 歌德　12, 13, 32, 60, 87, 109, 130, 150, 167, 168, 176, 263, 299, 323, 348, 351
Gogol 果戈理　167
Golbéry 戈贝里　55
Goltz, Colmar von der 格尔茨,科尔马,冯,德　24, 336, 347
Görres 格列斯　26, 46, 85
Green, J. R. 格林,J. R.　118
Gregory XV 格利高里十五　112
Grimm, Jacob 格林,雅各布　26, 53, 322
Grimm, Wilhelm 格林,威廉　26, 53, 322
Grotius 格劳秀斯　40
Guichardini 圭恰尔迪尼　40, 91

Guizot 基佐　213
Gustavus Adolphus 古斯塔夫·阿道夫　105
Gutschmidt 古奇米特　125
Gutzkow 古茨科夫　130

H

Haecker 海克尔　340
Hannibal 汉尼拔　163
Hansemann 汉泽曼　175
Harden, Maximilian 哈尔登,马克西米连　341
Hardenburg, Prince von 哈登堡,亲王　18, 20, 44, 322
Harrison, Frederick 哈里森,弗雷德里克　194
Haupt 豪普特　134
Häusser, Louis 豪伊瑟,路德维希　9, 10, 39, 40, 213-15, 223
Hébert 埃贝尔　198
Heeren 希亨　26
Hegel 黑格尔　13,46, 95, 121, 122, 146
Heine, Heinrich 海涅,亨利希　13, 35, 36, 116, 129, 335
Helmholtz 亥姆霍兹　121
Helvetius 爱尔维修　122
Helwing 赫尔文　238
Henriot 昂里奥　204
Henry VIII 亨利八世　110
Herder 赫尔德　4, 12, 193
Hermann, Gottfried 赫尔曼,哥特弗里德　87
Heydt, von der 海特,冯,德　175
Hillebrand, Karl 希尔德布兰,卡尔　40, 171
Hinzepeter, Dr. 欣茨彼得,博士　337
Hirzel, Solomon 希策尔,所罗门　125
Hoenel 霍内尔　228
Höfler 霍夫勒　116, 224
Horace 贺拉斯　151
Hormayer, von 霍尔迈耶,冯　26
Hufeland 胡夫兰德　45
Hüllmann 许尔曼　26
Humboldt, Alexander von 洪堡,亚历山大,冯　79, 108
Humboldt, Wilhelm von 洪堡,威廉,冯　45
Hume, David 休谟,大卫　44
Hummel, A. 胡梅尔,A.　154

I

Immermann, Karl 伊梅尔曼,卡尔　175

J

Jahn, Otto 雅恩,奥托　134
Jahn Vater 雅恩,神甫　322, 323
Janssen, Jean 扬森,约翰内斯　46
Jehring 叶林　264
Jenghizkhan 成吉思汗　278
Jordan, Max 约尔丹,马克斯　125

Jordanès 约尔丹内斯 132, 177, 178

K

Kamphausen 康普豪森 175
Kant 康德 146, 192, 283, 285
Kaufmann, J. 考夫曼,J. 124
Kaunitz 考尼茨 102
Klopstock 克罗普施托克 12,193
Kobell, Louise de 科贝尔,露易丝,冯 13
Kohlrausch 科尔劳什 45
Kotzebue 科策布 63

L

Labienus 拉比努斯 166
Laboulaye 拉布莱 173, 267
Lafayette 拉法耶特 57, 76, 131
Lamennais 拉梅内 46
Lasker, Edouard 拉斯克,爱德华 137
Laube, Heinrich 劳伯,海因里希 131
Leboeuf 勒伯夫 248
Leibniz 莱布尼茨 17, 132
Leo, Heinrich 列奥,海因里希 35, 40
Leo X 列奥十世 112, 113
Leopold II, Emperor 列奥博德二世,皇帝 205
Lessing 莱辛 12, 115, 124, 167, 227, 268
Lieber, Francis 里贝尔,弗朗西斯 54, 59
Loebell 罗贝尔 223
Loftus, Lord 洛夫托斯,爵士 107, 244-46, 248
Lola Montèz 劳拉·蒙泰兹 325
Lorenz, Ottokar 罗伦茨,奥托卡尔 75
Louis Philippe, 路易·菲利普 316
Louis XIV 路易十四 15, 37, 98, 103, 127, 276, 279, 306
Louis XV 路易十五 15
Louis XVI 路易十六 205
Louisa, Queen 路易莎,王后 19, 108, 297
Loyola 罗耀拉 105
Lucretius 卢克莱修 166
Lucullus 路库鲁斯 161
Ludovic the Moor 摩尔人路多维克 111
Luitpold, Prince 路特博尔德,亲王 330
Luther 路德 93, 97, 105, 285

M

Macaulay 麦考莱 68, 110, 144, 148, 295
Machiavelli 马基雅维利 91, 149, 152, 161, 162
Mackenzie, Dr. Morell 麦肯齐,摩莱尔,医生 319
Malchus 马尔库斯 269
Malebranche 马勒伯朗士 33
Mallet-Dupan 马莱-杜潘 194
Manteuffel, general von 曼托伊费尔,将军 118, 239

Manuel, Deputy 曼纽尔,议员 57
Marat 马拉 204
Marcks,Erick 马尔克斯,埃里克 186, 224
Maria Theresa 玛丽亚·特丽莎 210
Marie-Antoinette 玛丽-安托瓦内特 206, 231, 232
Mathy, Karl 马蒂,卡尔 125, 269
Maurenbrecher, W. 毛伦布雷谢, W. 338
Maximilian of Bavaria 巴伐利亚的马克西米连 100, 219, 298, 316
Melanchton 梅兰希顿 111
Mendelssohn, Felix 门德尔松,菲里克斯 108, 175
Mentchnikoff, Leon 蒙钦尼科夫,莱昂 31
Menzel 门采尔 37
Mercy, Count 迈尔西,伯爵 231
Metellus 米特鲁斯 161
Metternich 梅特涅 96, 294, 301, 304
Mevissen 默维森 175
Meyerbeers 迈耶比尔斯 108
Michelet 米什莱 46, 64, 111, 133, 142, 187, 192, 213, 298
Mignet 米涅 40, 98, 187
Mill, J. Stuart 密尔,J. 斯图亚特 267
Mirabeau 米拉波 200, 281, 319
Mohl, Jules 摩尔,儒勒 306
Moleschott 摩莱肖特 122
Molière 莫里哀 23, 33, 281, 319
Moltke 毛奇 16, 47, 126, 128, 231, 250, 312, 330, 334, 336
Mommsen, Theodore 蒙森,特奥多尔 10, 31, 39, 40, 64, 66, 117, 120-70, 172, 178, 223, 228, 235, 335
Monod, Gabriel 摩诺,加布列尔 118
Montesquieu 孟德斯鸠 26,115
Müller, Johannes von 缪勒,约翰内斯,冯 12, 59
Müller, Ottfried 缪勒,奥特弗里德 86
Mundt, Theodore 蒙特,特奥多尔 130
Murillo 牟利罗 308

N

Napoleon I 拿破仑一世 12, 13, 14, 19, 37, 55, 70, 76, 127, 138, 198-200, 206, 277-80, 282, 306, 351
Napoleon III 拿破仑三世 150, 184, 227, 241, 244
Necker 内克 35
Nero 尼禄 130, 315
Nesselrode 内斯尔罗德 294
Nicholas I 尼古拉一世 300, 316
Niebuhr, Carsten 尼布尔,卡尔斯滕 41
Niebuhr, George 尼布尔,格奥尔格 10, 18, 26, 27, 39, 40, 49-68, 70, 86, 90, 96, 97, 134, 139, 140, 143, 172, 178, 310, 322
Nietsche, Friedrich 尼采,弗雷德里希

105, 160, 162, 168
Nordau, Max 诺尔道,马克斯 168

O

Oppenheim, Alphonse 奥本海姆,阿尔方斯 262
Overbeck 奥夫贝克 32

P

Palacky 帕拉斯基 224
Palmerston, Lord 帕麦斯顿,爵士 303
Pascal 帕斯卡尔 33, 108, 159, 281
Paul III 保罗三世 114
Paul IV 保罗四世 114
Perry, W. C. 佩里,W. C. 172, 190
Pertz, G. H. 佩尔茨 26
Pfister 普菲斯特 26
Pfizer, Paul 普菲策尔 310
Pfordten 普佛滕 269
Philippson, M. 菲利普松 248
Podewils 伯德威尔斯 243
Polignac, J. de 波林雅克,J. 德 78, 220, 267
Polybius 波利比乌 140
Pompey 庞培 157, 160, 165
Prim 普里姆 245
Puchta 普赫塔 46
Puffendorf 普芬道夫 17

Q

Quételet 盖特莱 318
Quinet, Edgar 基内,埃德加 35, 187

R

Radowitz 拉多维茨 79, 251
Rahel 拉赫尔 108
Rancès 兰塞斯 245, 246
Ranke, Leopold von 兰克,列奥波德,冯 9, 10, 14, 29, 32, 37, 39, 68-119, 143, 172, 176-78, 257, 288
Raumer, von 劳默,冯 26
Reclus, Elise 雷克吕,埃利泽 30, 31
Rehm 莱姆 117
Reil 莱尔 45
Renan, Ernest 勒南,欧内斯特 64, 66, 139, 166, 323, 324, 351, 352
Renouvier 勒努维叶 353
Richelieu 黎塞留 276
Rickert 李凯尔特 228
Robespierre 罗伯斯庇尔 105, 131, 198
Roederer, Count 罗德勒,伯爵 14
Roon, General von 罗恩,将军 36, 239
Roscher, Wilhelm 罗雪尔,威廉 264
Rothan, G. 罗堂,G. 244
Rousseau, Jean Jacques 卢梭,让-雅克 12, 44
Rubens 鲁本斯 308
Rückert 吕凯特 130
Rudhart 鲁达特 26
Rühs 吕思 26

S

Sainte-Beuve 圣伯夫 91, 231
Salluste 萨卢斯特 152
Sand, George 乔治-桑 36
Sarpi, Paolo 萨尔皮,保罗 113
Saul 扫罗 116
Savigny 萨维尼 26, 27, 45, 46, 176
Savonarola 萨沃纳罗拉 111
Schadow 夏多夫 175
Schäffer, Adolphe 舍费尔,阿道夫 40
Scharnhorst 沙恩霍斯特 18, 23, 45, 53
Scheffer, Joseph Victor 谢菲尔,约瑟夫·维克托 300
Schelling 谢林 104
Scherer, Edmond 谢雷 124
Scherrer, Wilhelm 谢莱,威廉 98, 330
Schiemann, Theodore 希曼,特奥多尔 163, 180, 255, 259, 262, 266, 270, 271, 293, 305
Schiller 席勒 12, 59, 64, 130, 175, 193
Schlegel 施莱格尔 26
Schleiermacher 施莱尔马赫 45, 46, 54, 310
Schlippmann 施里普曼 30
Schlosser 施罗瑟 26, 40, 105, 117
Schmidt, Adolphe 施密特,阿道夫 37
Schmidt, Julian 施密特,尤里安 36, 118, 124, 169, 178, 265
Schmoller, Gustave 施默勒,古斯塔夫 9, 176
Schopenhauer 叔本华 167, 168, 255, 337
Schwann 施旺 121
Scott, Walter 司各特,沃尔特 83, 84
Seeley, Sir J. R. 希莱,J. R. 21, 22, 24, 25, 56, 63, 118
Seitz, Charles 塞茨,夏尔 58
Shakespeare 莎士比亚 34, 118, 160, 175, 298
Silbermann 希尔伯曼 299
Socrates 苏格拉底 34
Solomon 所罗门 116
Sorel, Albert 索雷尔,阿尔贝 30, 31, 33, 118, 195
Spener 施皮讷 17
Spinoza 斯宾诺莎 85
Splitter 施普利特 59
Stanley, Dean 斯坦利,迪恩 42, 57
Stein, Baron 施坦因,男爵 18-27, 29, 41, 42, 44, 45, 53, 174, 221, 298, 322
Stendhal, Heinrich Beyle 司汤达,亨利·贝尔 278
Stephani 斯特凡尼 125
Stöcker, Pastor 施托克,牧师 136, 291, 339
Stoffel, Colonel 施托菲尔,上校 17, 22
Strauss, David 施特劳斯,大卫 118, 122, 127, 128, 167, 223, 333, 3410, 351

Stubbs 斯塔布斯　119
Sulla 苏拉　163, 164, 166
Sybel, Heinrich von 聚贝尔,海因里希,冯　10, 39, 40, 101, 102, 117, 134, 171-253, 259, 305, 310, 345

T

Tacitus 塔西佗　152, 305, 322
Taine 泰纳　64, 66, 129, 140, 142, 152, 167, 188, 192, 194, 211, 278
Talleyrand 塔列朗　298
Tarquin 塔克文　315
Tasso 塔索　308
Theiner 泰内尔　116
Thierry, Augustin 梯叶里,奥古斯坦　64, 106
Thiers 梯也尔　98, 103, 118, 144
Thomasius 托马齐乌斯　17, 18
Thucydides 修昔底德　305
Titus Livy 狄特-李维　161
Tocqueville 托克维尔　120, 143, 183, 292, 324
Tolstoy 托尔斯泰　112, 298
Treitschke, General von 特赖奇克,将军　258
Treitschke, Heinrich von 特赖奇克,海因里希,冯　10, 11, 20, 28, 30, 34, 36, 40, 61, 63, 106, 108, 117, 120, 125, 130, 134, 163, 168, 180, 181, 199, 213, 214, 218, 224, 239, 240, 253-325, 336, 339, 343, 345-49, 352

U

Uhland, 130 乌兰德　268

V

Valori 瓦罗里　99
Varnhagen von Ense 凡哈根·冯·昂泽　28, 74, 79, 108
Varrentrapp, Conrad 瓦伦特拉普,康拉德　219, 221, 223, 228, 229
Veuillot, Louis 维约,路易　324
Victoria, Queen 维多利亚,女王　302, 331
Virchow 维尔科夫　137, 228, 335
Vivenot, A. de 维维诺特　208, 225, 226
Vogt, Karl 福格特,卡尔　122
Voigt 佛伊特　26
Volta 伏打　294
Voltaire 伏尔泰　32, 48, 64, 109, 123, 131, 323
Voss 佛斯　104

W

Wagner, R. 瓦格纳　123
Waitz, George 魏茨,格奥尔格　9, 10, 177, 180, 222, 223
Waldersee, Count von 瓦德西,伯爵　339
Wallenstein 华伦斯坦　105
Wangenheim 旺根海姆　269

Ward, A. 沃德,A. 257
Washington 华盛顿 164
Weimar, Duke of 魏玛公爵 328
Welcker 威尔克 260
Wieland 维兰 12
Wienbarg 温巴克 130
William I 威廉一世 23, 69, 119, 234, 244, 249, 261, 268, 327, 340, 342
William II 威廉二世 334-46, 349
William III of England 英国国王威廉三世 277
Wilmowski 维尔莫夫斯基 330
Wolf 沃尔夫 49, 104
Wordsworth 华兹华斯 193

Z

Zarncke 藏克 125
Zeller, Edouard 策勒,爱德华 223